梅陇
人文梅陇丛书

金恒源 著

雍正帝与家人

上海人民出版社

总 序

“人文梅陇丛书”与读者见面了，这是梅陇镇打造群众文化、培育人文精神、践行社会主义核心价值观所做出的一个新尝试，也是闵行区当前大力推进文化建设的一个缩影。

这是一套涵盖社会、文化、生活诸方面并且充满乡土气息的丛书。文章的每一位作者都是生活于同一片热土的梅陇人。在他们中间，有的是笔耕不辍的知名作家，有的是初出茅庐的草根一族，有的是忙碌而充实的“小巷总理”，还有的是长期工作在一线的基层工作者。他们用不同的视角和表达方式向我们展示了一道温馨而朴素的人文风景。他们告诉我们：在身处并不缺少物质滋养的年代，什么是好的生活方式？究竟应该怎样生活才算幸福，或者为了幸福该怎样生活？在真正的幸福生活中，又包含了哪些可贵和必需的人文内涵？在社会转型时期，他们所表达的这份坚守无疑是非常珍贵的。

党的十八大指出：“文化是民族的血脉，是人民的精神家园。全面建设小康社会，实现中华民族伟大复兴，必须推动社会主义文化大发展、大繁荣，兴起社会主义文化建设新高潮，提高国家文化软实力，发挥文化引领风尚、教育人民、服务社会、推动发展的作用。”如果说文化是一个民族的根和魂的话，那么，人文精神就是一个民族、一个社会，也是每个人最核心的文化。因为，一个国家的强大，首先是价值认同和文化归宿的加强。

习近平同志指出：“把培育和弘扬社会主义核心价值观作为凝魂聚气、强基固本的基础工程，继承和发扬中华优秀传统文化和传统美德，广泛开展社会主义核心价值观宣传教育，积极引导人们讲道德、尊道德、守道德。追求高尚的道德理想，不断夯实中国特色社会主义的思想道德基础。”核心价值观，是执政党凝聚人心民力的实现载体，推进基层文化建设必须落脚在核心价值观的内化人心，使最大公约数的价值认同在老百姓的精神世界里日用而不觉、信守而不疑，践行而不惑。

在大力倡导践行社会主义核心价值观和加强社会治理的当下，丛书的推出具有相当的现实和实践意义。它不仅说明发展群众文化大有作为，更深远的意义在于：在社会管理创新中重构当代人文精神将更有利于促进社会稳定、实现社会和谐。

是为序。

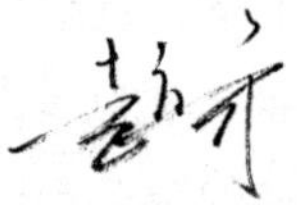

（作者原为闵行区区委书记，现为上海市人民政府副秘书长）

自 序

电视剧《甄嬛传》热播以后，《天津日报》副刊及上海图书馆先后连载了我写的《〈甄嬛传〉与雍正真实后宫》，我还在上海作了多场讲座。2014 年，台湾一家出版社又以《你所不知道的雍正后宫》为书名向我约稿，出版了上、下两册，同年在港、澳、台上架销售。因 2015 年我正在埋头于一部 50 万字的学术新著，故，虽然台版《你所不知道的雍正后宫》一书内的相关内容（或论文）已先后在国家级专业刊物摘要发表，并得到了一些著名专家的好评，但作为一部原创著作，尚未在大陆出版。这次上海梅陇镇文化中心领导从发扬光大梅陇人文成果的角度，资助本书出版，书名定为《雍正帝与家人》，使它成为一本通俗易读的大众化历史读物，创意很好。好就好在它把读者更想关注的真实历史与电视剧的戏说作了认真区分并以雅俗共赏的方式与更多读者对话交流。

读者通过阅读历史，不仅可满足人类与生俱来的好奇欲、窥秘欲、求知欲，还可在阅读过程中，扩大个人的历史视野，提升个人的知识结构与文化品位。近年来，我也一直想就读者对某些历史人物和历史事件的关注点，搞一本内容丰富、研究观点有所创新的历史通俗读物。虽然它只是一本历史通俗读物，也要尽可能地努力在内容上厚实一些，尽可能地多介绍一些他人未言之事，也尽可能地多讲一些他人未言之观点。尤其想在当下社会各界对雍正帝的一片叫好声中，尽可能地用史料和事实，实话实说，向读者介绍一些迄今为止读者闻所未闻、见所未见、他人尚未言及而雍正身上又确实存在的负面的东西，以利于读者对雍正这个历史人物有一个更加全面、更加深入的了解。笔者希望本书既可适合普通百姓休闲阅读，也可适合专业研究者参考阅读之用。

雍正的后宫同所有中国古代帝王的后宫一样，既充满着政治与权力斗争的诡诈与残酷，又在神秘莫测、光鲜奢华、卿卿我我的背后，充满着无数历史谜案的问号及许多常人意想不到的惊叹号。通过剖析雍正帝与其家人，如父、母、妻、妾、子、兄、弟及臣、友的内幕，或可有助于读者更加全面、深入地了解雍正帝其人其事。

本书的叙述方式，着力于口语化，使叙述有点像是在说故事，更想在叙述中告诉读者——当时为什么会发生这些故事，并努力尝试在叙述事件中揭示一下这些历史人物当时的心理活动，努力使事件的叙述更符合人物性格、更符合历史事件逻辑上的必然性，从而也努力尝试解答读者可能会有兴趣提出的这样那样的历史疑问。

这是一个现代梅陇人经过多年苦心考证后，用通俗的叙述形式，把雍正后宫的围墙、幕布逐层打开，通过向读者介绍雍正帝与其家人真实事件的真实关系，更客观地介绍雍正帝的一次努力与尝试。虽然进行得很艰难也很辛苦，却也乐此不疲。

希望此书也能与其他拙著一样，能得到社会各界乃至海内外读者的喜爱。

再次对上海市梅陇镇党政及文化体育发展中心的领导表示衷心感谢；笔者对能够再次与上海人民出版社合作，更要表示衷心感谢。也真诚欢迎方家贤达、各界读者对这本小书的内容、观点给予批评教正。

作者于梅陇淀浦河畔清源斋

2016 年 3 月 10 日

目　录

一、畅春园与乾清宫里的政治风云

1. 康熙帝之死与四阿哥谋位之嫌疑

在封建社会，皇帝与太子、诸皇子之间的父子关系，是宫廷内最为重要，也是最为复杂、最为险恶多变的关系。其核心、焦点、根本原因，就是围绕在皇位、皇权的更替上。或平稳过渡，或刀光剑影，充满蹊跷与诡诈。

清朝自公元1636年皇太极入关在沈阳称帝始，直至公元1911年溥仪在北京逊位，276年间，12个皇帝你去我来地兴替，基本上未发生过子篡父位的事情。12个皇帝里，唯一存在继位疑问或争议的，就是雍正帝。

雍正帝继位存在疑问或争议的焦点，主要有三个：其一，康熙帝究竟是不是正常病故？四阿哥胤禛在康熙帝之死事件上究竟存不存在谋父之嫌疑？其二，康熙帝临终前究竟有没有留下传位遗嘱、布置制作传位遗诏？四阿哥胤禛究竟有没有破坏、篡改并伪造康熙帝的传位意旨？其三，康熙帝晚年究竟有没有为解决接班人大事作过人事安排？他晚年意有所属的接班人，究竟是不是皇四子胤禛？

如果是，为什么满文遗嘱、满文遗诏的原件中均不见明确、完整的记载，为什么满文遗嘱、满文遗诏的原件中在应该可见继位人名字的部位，都出现损坏、空白？如果康熙帝意有所属的接班人不是皇四子，那又是谁？

在以上疑问或争议中，最先值得关注和追究的，就是康熙帝之死。如果康熙帝确系正常病故，则胤禛阴谋篡位的可能性就要小得多，或根本就不存在。反之，如果康熙帝确系非正常死亡或非正常死亡的可能性与嫌疑很大很多，那么，胤禛谋父篡位的可能性与嫌疑的概率也就相应随之很大很多。

故，对康熙帝之死，决不可等闲视之。它是康、雍改朝换代之际一个十分重大的政治性事件，也是检验胤禛继位是否存在阴谋的第一道程序、第一面镜子。

胤禛为篡位而谋父的可能性与嫌疑，究竟全是民间传说，全是雍正帝政敌造谣中伤，还是并非空穴来风？抑或这些历史真相被胤禛上台后自上而下的政治宣传所篡改、所掩藏了呢？

早在康熙五十八年（1719）、康熙帝第二次废黜太子十年之后，康熙帝就对自己会遭到谋害的可能性作过公开谕旨：

“朕临御以来，一切机务必皆躬亲，从不敢稍自暇逸。但少壮时精力有余，不觉其劳。今气血渐衰，精神渐减，办事殊觉疲惫，写字手亦渐颤。仍欲如当年事事精详，则力有不能。若草率办理，此心又所未安。从来书生论历代帝王，多指摘过失。谓其安享富贵，耽于逸乐。朕披阅史书，历观古来帝王，因深知为君之难。即朕六十年宵旰勤劳，虽金石为质亦应消耗，况气血之身乎？又如诗文一事，皆出朕心裁。内书房翰林辈，不过令其校对誊写耳。见今在位大臣，年老者大约与朕年相仿。衙门办事不过一二时辰，即可归寓安息，有疾亦可告假”。“……今天下大小事务，皆朕一身亲理，无可旁贷。若将要务分任于人，则断不可行。所以无论巨细，朕必躬自断制。早夜焦劳而心血因之日耗也。但年力虽衰，而志意始终如一，仍未敢稍少懈。自朝至于日昏，坐卧起居，曾无片晷余闲。勉强支持，心劳力竭。尔诸臣无一人为朕勉抒诚者。或有不肖之徒，见朕精神气血不如前，因以为奸，亦未可定。此诸臣俱应留心者也。”

这一段话，主要讲述了两个意思。其一，他勤政近60年，心血消耗巨大、年力衰弱明显，但意志仍始终坚强如一。这个意志，既有他每日治国理政的坚强意志，又有他深思熟虑后选定接班人的坚定意志；其二，皇子中或有不肖之徒，见其精神气血不如从前，因此怀有奸诈之心、施以阴险之术加害于他，说不定也极有可能，身为大臣者、要对此留心。

归纳以上原话后可知，康熙虽已年老体衰，但并无大碍，头脑仍清醒、照常勤于理政、意志之坚强一如从前。但，这也就引起了皇子中不肖之徒的小人对其施加阴险奸计的可能性。

那么，康熙心中要防范的“不肖之徒”是指谁呢？他虽然并没有明说，但犹如下棋，其心中意图与计划会在布局进行中，一步步、一层层展现出来。无论是当时的人，乃至几百年后今天的人，仍可从这段话前后大量的连贯的、重要的人事安排与政治动态，及当时宫内宫外、全国上下乃至国内国际的社会舆论中看出——康熙心中要树立的接班人乃是皇十四子胤祯。

清史泰斗孟森先生说：“圣祖末年，诸王大臣所默喻上意，知为将来神器之所归者，乃十四阿哥胤祯”；这是当时历史“众望如此、上意如彼”的事实。所谓隆科多受康熙临终末命、“诸皇子同受命于

（康熙）崩日之寅刻者（凌晨3—5点），（皆）后来修《实录》时斟酌而出、非当时实状”。

康熙帝为了实现这一国之大计，又通过长年累月实践之观察，形成了他对皇四子胤禛的有所不满、有所轻视的态度。康熙帝早先所喜爱、所信任的，是皇三子、皇十二子、尤其是皇十四子。康熙帝开始时对皇十三子也颇喜爱，但后来居然也像对大阿哥胤禔、二阿哥胤礽（被废黜太子）一样，将他长期圈禁（软禁府中、不许出门）。除了对八阿哥胤禩一直冷落、压制、加以防范外，还对皇四子胤禛持有戒心，而皇四子同皇十四子是同父同母所生的同胞兄弟，其他皇子都是同父异母兄弟。

从康熙朝的最后两年，特别是最后一个月，可明显看出，康熙帝对皇四子胤禛的防范，已远胜于对八阿哥的防范。这也是心高气傲、城府极深、心狠手辣的皇四子胤禛终于在关键时刻与康熙帝父子摊牌、一决胜负的原因之一。

以下，试将这层层幕布徐徐揭开，将掩藏在幕布后面的真实故事展现给各位读者。

先简单讲一下（后面还会有专节细述）第二次废黜太子后，康熙五十七年（1718）特授大将军统领20万大军西征一事（对外宣称30万），这是康熙晚年重新选择新太子人选、花落谁家的一个十分重要的政治风向标。之所以这样说，是因为康熙为这次西征既定的大计方针是政治为主、军事为辅；康熙帝对特授大将军王的皇十四子胤祯再三叮嘱的，是要他把“得人心”时刻放在心上，要他通过赴万里之外独当一面的政治、军事、民族、宗教、边疆、社会的锻炼，能成为“志坚男子汉”，能成为令众兄弟和众人心服口服的“牢固可托之人”。

二阿哥胤礽深知这是建功立业、获取政治资本的千载难逢绝好机会。为了恢复太子爵位或至少为了重新取得父皇信任，他以矾水密书，通过太医贺孟頫转给大臣普奇，极力求其向康熙帝保举自己领大将军一职。普奇并不是太子党圈内人，由他出面保举，不会引起康熙生疑。可见，这个大将军职是个非常重要职务，众皇子中谁领大将军职，于政治前程关系重大，否则，二阿哥不会如此用心谋取。

如果康熙晚年有意选皇四子胤禛为新太子，即使胤禛并不精通军事，只要为他配备足够强大的班子，再把功劳全都归在皇四子胤禛身上，为他登台创造条件，也并非难事。即使胤禛是个阿斗，若康熙宣布由皇四子胤禛继位，谁也阻碍、奈何不了。更何况胤禛并不是阿斗，是个很有抱负的人才。但康熙帝一生至死，从未授四阿哥任何重要职务，这与皇三子、皇八子、皇十二子、皇十四子等众兄弟，形成了鲜明的政治对比与落差。纵使雍正口才再好，也无法掩盖这个铁一般的无情之事实。

如果康熙晚年有意选皇四子胤禛为新太子，怎么可能一生至死从不授他任何重要职务？又怎么可能已至晚年仍始终不为他大造舆论，树立皇四子胤禛的崇高威信？又怎么可能用各种途径，令皇十四子的威信大大高于皇四子胤禛，并令所有皇子和国人皆知皆明？

如果说，康熙五十七年特授大将军一职给谁还不能作为康熙晚年重新选择新太子人选花落谁家的风向标，那么，康熙六十一年(1722）四月，康熙帝为皇十四子重返甘肃、青海所作的御诗七律《示平藏将士》，无疑已是一个公开的重要见证。诗云：

去年藏里凯歌还，丹陛今朝宴赏陪。

万里辛勤瞬息过，欢声载道似春雷。

康熙帝御诗中之“去年”，即康熙六十年（1721）；“藏里”，即西部之青海、西藏。“凯歌还”，是指大将军王胤祯奉旨率领20万大军西征，已出色完成“弘扬黄教、拯救土伯特民”，收复拉萨、护送达赖喇嘛于布达拉宫坐床的艰巨使命。“丹陛”，喻指乾清宫。“宴赏陪”，分明是指在乾清宫设宴赏功平藏将士，并赐胤祯坐在皇帝身旁，由诸王、众大臣等相陪共饮庆功酒。

据《实录》记载，康熙六十一年正月的“丹陛今朝宴赏陪”，在乾清宫共办了两次。第一次680人（一说千人），第二次340人。然而，如此重大场合，却两次都不见四阿哥胤禛亮相。胤禛到哪里去了呢？康熙将其调出京城，令其毫无影响地远赴盛京（沈阳）祭祀祖陵去了。究竟是几个人去盛京（沈阳）祭祀祖陵的社会影响大，还是乾清宫内所有在京大臣包括已退休大臣及所有皇子（除四阿哥外）近千人的乾清宫庆功宴社会影响大？如此强烈的政治反差，众人还看不明白么？四阿哥本人还看不明白么？而皇十四子从西北回京时，北京城万人空巷、军民夹道欢迎、“欢声载道似春雷”，这七个字可是康熙帝亲笔所写，更是康熙帝有意为之，亲手布置的，否则，谁有这么大胆量敢组织这么超隆重、超规格、如此巨大而又热烈张扬的场面？不仅如此，康熙帝还将所有在职、退休大臣全部召集于乾清宫，一面为皇十四子众将士庆功，一面在宴席上明示，自己已年届七十，实希望早日退休，这就更加用意深刻、一目了然了。无论宫廷还是朝野，对康熙帝重立太子意属何人，早已心知肚明了。

可见，当时宫廷内外、全国上下的舆论普遍认为，皇十四子就是当今新太子，这是康熙帝有意一手树立的，并非皇十四子自己或拥护者私下一厢情愿可以为之。

甚至，当皇十四子胤祯率大军进入青海并在塔尔寺代表康熙帝当面亲手册封七世达赖喇嘛时，距京城万里之外、政治敏感的西藏上层统治集团已在藏文文献中，直接将皇十四子写为“皇太子”，可见北京对皇十四子率大军进入青海一事，在全国的影响声势之大之远到了何等程度。否则，距京城万里之外的西藏藏文文献中怎么会称皇十四子为“皇太子”？更令人惊讶的是，当康熙六十年（1721）十一月皇十四子回京时，宗人府大臣阿布兰居然公开出班跪接，公开用迎接皇帝或皇太子的接驾仪式迎接皇十四子。康熙帝非但不处分阿布兰，当阿布兰家中有事时，还赏了阿布兰一大笔银子。可见，宗人府大臣公开用迎接皇太子的仪式迎接皇十四子，已取得康熙帝默认。甚至当时有的大臣在奏折中，已用呈奏皇帝的格式来行文处理给皇十四子的奏折。皇十四子的太子身份，就只差正式择日宣布了。凡此种种，都是当时政治氛围的真实反映，也是宫廷朝野对康熙帝重立太子意属何人的真实回应。

与此相反的是，在这场牵涉千万臣民舆论反映及轰轰烈烈的政治氛围中，皇四子却悄然无声地淡出了。这一强烈的巨大落差，极大地刺伤了四阿哥胤禛的自尊心，更是极大地刺伤并激化了四阿哥胤禛暗中谋储计划的实施。因此，对于康熙帝在御诗“丹陛今朝宴赏陪、欢声载道似春雷”七个月后突然蹊跷死去，不能不剖析以上政治背景下四阿哥胤禛的“作案动机”，不能不剖析第二次太子被废后，四阿哥心腹戴铎策谋献策要其主子加快谋储并抢先动手，加上武夷山道士测算四阿哥是“万字命”，都对四阿哥铤而走险、拼命一搏起了催化作用。更何况，就四阿哥本人内心而言，他对众兄弟三阿哥、八阿哥、九阿哥、十阿哥、十二阿哥、十四阿哥等，都极其轻视。当时四阿哥对皇父及众兄弟如何怨恨与愤怒，在他上台后御制的《大义觉迷录》及相关朱批中，都已跃然纸上。但表面上，他同二阿哥、三阿哥、八阿哥、十四阿哥等都相处很好，又是请客吃饭、又是共同赏花，竭力以八面玲珑之术麻痹众人，对自己的政治计划深藏不露，精心刻意将自己装扮成“天下第一闲人”，从而尽量不引起他人对他产生警觉和注意。

康熙帝晚年身体状况

据史料记载，康熙帝曾一度脚肿，走路须用布裹脚，甚至须人扶持，头痛发作时，须用布扎头，右手颤抖不能写字，便改用左手批文，身体确实不大好。但这个情况是有阶段性的。具体地说，是康熙四十七年（1708）至五十一年（1712）前后，这五年最为严重。而以上状况的谕旨仅一个月以后，康熙帝又发布了“朕躬目下并无可虑”的谕旨，说明身体并没有大的问题。他在康熙五十八年所说“心劳力竭”、“精神气血不如前”，基本上仍属年老体衰的现象，并非严重疾病，更非致命疾病。

需要特别指出的是，自从康熙五十七年十月正式选定皇十四子胤祯为抚远大将军王后，特别是皇十四子圆满完成收复拉萨、振兴黄教、护送七世达赖喇嘛在布达拉宫坐床重大使命后，康熙帝的身体健康，已有了很大好转。

康熙五十九年（1720）后，康熙帝手颤的情况已消失不再。从康熙五十八年（1719）起至六十年，康熙帝非但并无患病记载，而且从大量满文朱批中可以清楚看出，康熙帝的身体和心情都越来越好。

例如：康熙五十八年，康熙帝在给十四阿哥胤祯的满文朱批中写道，“朕体多年未有如此气色好，寝食安善。”同年正月二十八日在给吏部尚书富宁安的朱批中写道，“朕体安善，气色亦好，腿尚好，正月初九日前来畅春园时，骑马而来”。康熙帝能骑马，说明不仅腿尚好，而且精神也很好，否则，怎能骑马？

同年五月十二日他在给皇十四子抚远大将军胤祯的满文朱批中又高兴地告诉他，“朕体今年较往年甚好，此连续三年不能写文，今照常能写。凡尚未给之匾联等物，均已写成给之。（射箭）照常射中”。康熙帝能多次写匾联，甚至射箭照常射中，说明身体并无问题。

康熙五十九年二月初一日，他在给闽浙总督满保的朱批中又写道，“朕体比往年好，二月来水猎，照常游憩。”可见，康熙帝不仅能在陆地上骑马打猎，还能在江河中乘舟水上打猎。如果仍头晕目眩手颤抖，怎么能骑马打猎，怎么还能坐船水上打猎，怎么能射箭，怎么能写匾？

康熙五十九年二月初四日，康熙帝在给皇十四子抚远大将军胤祯的满文朱批中又写道，“朕体较往年迥异，不可比矣。气色，饮食，行走，尔太监亲见，此折内不可缮写之事，书于另纸。

同年六月，在给皇十四子抚远大将军胤祯的满文朱批中又写道，“今年朕体甚愈了。先年戒冷食，今照常食之”。可吃冷食，说明康熙帝的肠胃没有问题，牙齿也没有问题。

同年九月在给皇十四子抚远大将军胤祯的满文朱批中又写道，“今年腿脚甚好，照常骑马，如先年哨鹿围猎”。康熙帝能骑马打猎，可见身体、精神相当不错。

直至康熙六十年正月初九日，康熙帝在给礼部尚书贝和诺的满文朱批中仍写道“朕体安，气色亦甚好。”

同年十一月二十四日，康熙帝仍在给前锋统领穆克德恩的满文朱批中写道，“朕体安，气色亦甚好。”

康熙五十九年，康熙帝还在朱批中亲笔告诉十四阿哥胤祯，“自去年以来，一次药也没吃过，上炕骑马都不用人扶，朕的头上还已经长出青丝（黑发），甚至有的白胡子也呈青色了，就是牙有点儿不好”。康熙帝还嘱咐十四阿哥胤祯，对于他的身体状况尽可“放心、但不要告诉别人，要保密。”

我们再看他最后一年。康熙六十一年五月十六日，康熙在帝阿尔纳的请安折上朱批：“朕体安，气色甚好。”

同年六月二十日又见朱批：“朕体安，今年体健，气色甚好。”同年八月初一日在山西巡抚德音的请安折上朱批“朕体安，今在木兰围场日期已一半矣，照常行之。”直至康熙帝临终前的二三个月，他仍在骑马打猎，批文办公，一切正常。可见，他晚年的最后四年里及临终前的二三个月里，身体精力都相当好。

那么，有没有可能后来突发急病，不治身亡了呢？这种可能虽然也不可百分之百排除，但这种推断仍需要有可靠档案史料和事实为据。据笔者考查，至少，从目前已见史料和当时历史事实综合分析看，并不存在康熙帝本人突发致命疾病不治而亡的可能与事实。

康熙六十一年八月三日，康熙帝照例从热河行宫启銮，九月二日回銮仍还热河行宫，为时一个月，并无任何病情。九月初三日，康熙帝在热河行宫意味深长地向众议政大臣发谕：这次皇十四子统帅20万大军“远至万里之外，（是）灭贼立功，尔等诸臣咸宜知之”。

康熙末年九月，康熙帝两次强调皇十四子“领大兵前往直抵西藏”是“立功绝域”、是“远至万里之外灭贼立功”，意味深长，并非雍正所说怕他在京生事，令其远征。

再来看看康熙帝去世前最后两个多月时的身体状况

康熙六十一年（1722）九月十六日，康熙帝离开热河行宫回銮。九月二十二日在巴克什营驻跸时，还御书“学道还淳”匾额，命江苏巡抚吴存礼悬于苏州府紫阳书院。如果康熙帝已处精力衰竭状，如何还能有写大字匾的雅兴与精力？

康熙帝九月二十五日驻跸密云县时，又去阅视河道堤岸。可见，康熙末年四月康熙帝从畅春园启行巡幸塞外，直到十月二十一日临幸南苑，在连续七个月时间内，并无任何患病记载。

康熙六十一年十月五日他又从畅春园回大内宫中，登太和殿视朝理政。

需要指出的是：康熙帝九月二十八日从热河回畅春园后，不仅毫无病态，4 天后，十月二日又在畅春园内对领侍卫内大臣等官员发布以下谕旨：“御极以来，尝（常）思事多变易皆难预定。”康熙帝虽然心中已有“事多变易皆难预定”之感，怎奈宫廷险恶，还是防不胜防。

康熙帝生病

据官书介绍，康熙帝生病，时间是六十一年十一月七日，地点在京城南郊南苑，今北京市丰台区南苑农场。

先是，康熙帝从热河回畅春园后，十月五日，要四阿哥胤禛去北京东郊的通县查勘粮仓。同去的有隆科多、延信等 10 人。有人认为，这是康熙帝对四阿哥重用。但康熙帝自始至终并未借此事对四阿哥有过任何一句赞赏之语，对四阿哥查勘粮仓时提出的多项建议，康熙帝批示交部议，也并未借此对四阿哥大加赞赏。相反，今天，几乎所有研究雍正的专家一致认同：四阿哥胤禛与九门提督隆科多的政治勾结，就是在北京东郊的通县查勘粮仓时进行的。当查勘粮仓结束后，十一月七日，康熙帝在南苑听取查勘粮仓的汇报时，这个汇报会时间很长，“议久方散”(此四字见原始档案记载)。是不是康熙帝已得到密奏，四阿哥在通县查勘粮仓时举动异常？这个汇报会之所以时间很长，是不是康熙帝借此在观测四阿哥等人之神色？总而言之，康熙帝声称生病，就是在这个汇报会“议久方散”之后。

奇怪的是，康熙帝十一月七日已声称生病，却始终不见他急召太医，而是急急忙忙于人事调动。

十一月七日，康熙帝声称生病后，随即急回畅春园，却又并不急于治病，而是急于人事调动。其一，突然任命十二阿哥胤裪为镶黄旗满洲都统，这个职务相当于北京卫戍司令。其二，任命大臣(也是宗室人员）吴尔占为镶白旗满洲都统，速去南郊天坛，负责天坛的保卫工作。当时京城平静无事，康熙帝不急于治病却急于人事调动，这是十分奇怪，也是十分耐人寻味的。

康熙帝生病，理应马上召太医，官书中却从头至尾只字不见太医出现。倒是在以上任命与布置三天之后，再召四阿哥胤禛入见，当面布置命其去天坛祭天。故我一直怀疑，康熙帝声称感冒，可能只是一个烟雾，政治病的概率更大。至少，十一月七日至九日这几天是这样。

而天坛祭天，仪式繁复，规矩挺多，但却毫无实权，故胤禛再三推辞，以要侍候父皇为名，要求留在康熙帝身边。如果康熙帝当时已决定要四阿哥胤禛继位，他既已生病，四阿哥胤禛再三要求留在康熙帝身边，康熙帝理应同意。天坛祭天一事，康熙帝已亲笔打勾，有25人可以从中临机指名代理。有人认为，康熙帝要胤禛去天坛祭天，就是暗示要用胤禛继位。但四阿哥胤禛去天坛祭天一事，无论事前、事中、事后，包括胤禛本人在内，无任何一人领会康熙帝有此暗示。康熙帝要作重大暗示，当事人和其他人竟无一人知觉，康熙帝怎么会去作毫无暗示效果的重大暗示？与此相反，康熙帝非但并无这个重大暗示，还对其训示："（尔只要）虔诚展祀可也。"

这件事，要同康熙朝六十年举国大庆、为皇十四子隆重欢迎庆功，却将四阿哥调出京城联系起来看。

在四阿哥胤禛再三要求留在康熙帝身边却遭到康熙帝拒绝后的第二天，十一月十日，四阿哥不得不去天坛祭天。四阿哥胤禛去天坛祭天，实是出于无奈，是很不情愿的。这与用天坛祭天暗示四阿哥胤禛继位，无论从康熙帝角度分析，还是从四阿哥胤禛角度分析，都对不上号。

但，必须还要向读者交代另外一个重大内幕。

那就是早在康熙帝声称感冒之前两个月，康熙末年九月十九日，康熙帝与十四阿哥父子间早已开始通过密折往来，商定来京事宜。

按照上次往例，大将军王十四阿哥应予十一月十七日左右抵京。现在多数专家都一致认同，是年十月，四阿哥在通州与隆科多有勾结，活动频繁异常。四阿哥活动异常是否与刺探十四阿哥回京日期有关，现在不得而知。但康熙帝除了特命十二阿哥胤祹为镶黄旗满洲都统外，还有两条谕旨发布。一，"自初十至十五日静养，一应奏章，不必启奏。"这等于是说，这一周内，他不再接见任何人。康熙帝作这些安排，是否系为以防不测而采取的防范之举呢？二，命四阿哥初十去天坛祭天。这是否又系康熙帝再次对四阿哥采取调离、防范之举呢?

如果说，康熙朝六十年大庆时，康熙帝将四阿哥调出京城是为重点保护、重点突出十四阿哥，那么，康熙末年十一月十日将四阿哥调出畅春园和大内，则很有可能是为保护自己，是对四阿哥采取的防范之举。

康熙帝对四阿哥究竟持什么心理，可以从康熙帝临终前数日的重大政治活动、重要任命中去分析，要从康熙帝长期一贯的与其他皇子的态度对比中去分析，要从当时国内国际的舆论中去分析，也可从四阿哥对康熙帝的种种回应乃至反弹中去分析，万不能只对雍正所言偏听偏信或宣传之。

雍正后来为自己辩护，则颠倒黑白、倒打一耙，说:“父皇年事已高，他既属意十四阿哥接班，为何将他置于千里之远?”

雍正的这条辩词，道理十足，很能迷惑人，许多持雍正正常继位的学者也常常将此搬来作为论据。现在则已完全真相大白，所谓将十四阿哥置于千里之外，完全是雍正别有用心的混淆视听之说——正是因为早在十一月十三日康熙帝去世之前两个多月、他已将十四阿哥召回京城，所以，四阿哥才择准时机，加快、加大了宫廷政变的计划。在当时形势下，务必不让十四阿哥十一月十五日之前回京，四阿哥必须在十一月十五日之前将康熙帝摆平，这就是四阿哥当时最急迫、最重要计划，而且必须实现之。

雍正元年(1723)，八阿哥的心腹闫进在乾清门广场指着年羹尧的背影对人说，“若康熙帝再晚一些宾天，年羹尧必身首异处”。这就透露出：在推迟十四阿哥回京一事上，四阿哥的大舅子年羹尧暗中立有奇功于胤禛。待八阿哥等众兄弟将四阿哥、年羹尧把戏看穿时，已时过境迁，木已成舟，无可挽回。但时至今日，尚有很多人继续偏听照搬宣传雍正散布的“康熙帝驱远皇十四子说”，不是远离了历史真相？

只有将以上背景逐一梳理清楚，才能曝光解读四阿哥当时种种怪异之举。

或许有人会问，为什么康熙帝不对四阿哥实施拘禁？这是因为当时科技落后，康熙帝还不能具体掌握四阿哥谋反之实据，只是对四阿哥在通州的异常活动产生了疑问。因此，康熙帝临终前最后三天的所有防范举措，主要都是针对四阿哥，并未针对隆科多。又因为之前已经将大阿哥、二阿哥、十三阿哥拘禁，在并无四阿哥谋反实据的情形下，康熙帝实在不想再扩大对皇子的拘禁。很有可能，康熙帝自认为已经特命十二阿哥胤祹为镶黄旗满洲都统，又命吴尔占速去南郊天坛，负责天坛的保卫工作，又将四阿哥调出畅春园去天坛，实际上已经对四阿哥采取了措施。再加上暗中已密旨令十四阿哥加快回京，康熙帝自认为已万无一失了。其实，是大错特错！康熙帝大错特错在过于轻视了四阿哥的能量与魄力！也过于轻视了四阿哥的阴险与残暴！四阿哥对父皇康熙帝，并不那么慈悲与善良。

四阿哥很清楚，父皇康熙帝既已宣布十五日之前停止接见任何人，说明十五日之后他已有重大部署。也因此，务必在十五日之前，也即十四阿哥来京之前，彻底摆平畅春园寝宫、彻底废掉十四阿哥的准太子地位，自己取而代之。机不可失，时不再来。这是个千载难逢、稍纵即逝的大好机会。有一位美国清史专家恒慕义说，四阿哥再不动手，他就要遭大祸了，我对这个分析深为赞同。康熙帝临终前数日的所有动作都围绕在一个防字上，实处于被动状；四阿哥的所有动作都建立在一个攻字上，实处于主动状。

请看四阿哥的迅猛动作：

就在初十、四阿哥不得不去天坛的同时，他以“恭候圣安”为名，每天三批，巧妙地不停派遣护卫、太监进入畅春园，直至康熙帝去世。到乾隆帝修史时，“恭候圣安”改为了“恭请圣安”。若“恭候圣安”四字其中没有名堂、文字上也并无漏洞，乾隆帝为何再去改动？单从文字上细察，“恭请圣安”，只是仪式上过过场。而“恭候圣安”，则很有可能四阿哥所派驻之人，进驻畅春园后便守在寝宫以等候圣安消息为名，不走了。

曾有野史介绍，当时四阿哥曾组织调动了3000名和尚，或动用了隆科多3000名步兵化装成和尚，以诵经祈福为名，进驻畅春园，实为将畅春园寝宫控制于手之阴招。从现在已经揭露的大量的四阿哥与一些寺庙的神秘异常关系看，尤其是四阿哥上台之后，对某些方丈灭口的举措看，以上传说，也并非完全没有可能。即使3000人在数量上有所夸大，哪怕只动用了3000人的十分之一，300名真和尚或300名假和尚，将众阿哥不动声色地挡于寝宫大门之外，也并非难事，而且可以做得不动声色、天衣无缝。更何况，四阿哥完全可以利用康熙帝的“从初十至十五日停止上奏折”这一绝好借口，毫不费力就将众兄弟、众大臣名正言顺又轻而易举地阻挡于畅春园寝宫之外。纵然众兄弟、众大臣当时多在畅春园内，却咫尺天涯，也毫无察觉。四阿哥巧妙地利用了天时、地利，此举与康熙帝的警卫制度并无冲突。对于搞阴谋、搞宫廷政变的人来说，制度从来就只是一纸空文，毫无约束力。根据制度，四阿哥怎么可能在康熙帝“谕令速至”后8个多小时抗旨不到？根据制度，康熙帝怎么可能在已经“宣布”四阿哥继位后，却又始终对当事人四阿哥守口如瓶？

也不布置任何人告诉当事人四阿哥？

如果康熙帝临终前三天（他本人当然不会知道死期将至）不是特命十二阿哥胤祹为镶黄旗满洲都统，而是特命八阿哥于此职，则四阿哥绝无胜算。但康熙帝又必须十分提防八阿哥。偏偏十二阿哥胤祹这位皇子虽然对父皇绝对忠孝，却是政治上的“马大哈”。所以，一听到康熙帝去世、四阿哥上台的消息，竟惊慌失色，马不停蹄地逃回自己府中去了。

为了能在畅春园寝宫自由出入，当夜又能顺利进入乾清宫，四阿哥很可能已将康熙帝身边的御前侍卫、乾清宫一等侍卫拉锡收买成功。这从拉锡在康熙朝多年一直未获提升，然而，四阿哥一上台，很短时间内，居然将拉锡连升四次。从一名侍卫，升到部长级都统、议政大臣。如果拉锡不是有奇功于四阿哥，他既无战功，又无政绩，又同雍正非亲非故，怎么可能很短时间内，从一名侍卫连升四级到部长级都统、大臣？后来，在整肃政敌与年羹尧的斗争中，雍正屡派拉锡去执行，可见，拉锡在康熙帝尚未去世时，已经被四阿哥收买成功，成其心腹。

从初十至十三日康熙帝在畅春园的处境看，实际上已经处于与外界完全隔离的状态。而康熙帝去世这天，又始终只有四阿哥一人可多次出入畅春园寝宫。再联系十三日这天四阿哥居然敢于、能够抗旨 8 个多小时不到场，可知，康熙帝实际上已对局势失控，四阿哥则已在不动声色中反控了畅春园寝宫。四阿哥要搞宫廷政变，不必千军万马，不必兴师动众，也不必控制整个畅春园，只要反控住畅春园寝宫就足矣。

四阿哥在十三日的反常之举（十三日是康熙帝驾崩之日）

据官书记载，十一月“甲午（十三日）丑刻（上午一至三时），上疾大渐，命趋召皇四子，谕令速至。”

有人提出，这是康熙帝临终前急于传位四阿哥的重大之举。但，这只是提出者的个人观点，与官书记载对不上号，即使在雍正搞的官史中，也并无康熙帝召四阿哥前去是为传位于他之记载。退一步说，如果要胤禛去畅春园就是为解决传位四阿哥问题，四阿哥是个绝顶聪明之人，康熙帝在半夜一至三时急召传位于他，他应该积极配合，快速入宫，以免夜长梦多生变。但四阿哥非但一直坚称他对传位一事毫不知情，而且，居然拖延8—10个小时，迟迟不进畅春园。我之所以推测、怀疑这是康熙帝半夜一至三时诱捕胤禛，根本原因就在于此——四阿哥胤禛对康熙帝在半夜一至三时对其急传“谕令速至”，似乎心有畏惧，竟然长时间抗旨不去。

那么，四阿哥后来又是何时进入康熙寝宫的呢？中午十一时！四阿哥当时就在京城天坛斋所，从天坛去畅春园，骑马不足半小时就可到达，他竟拖延了足足8个多小时才进入，这绝对不正常！这实际上已是在对康熙帝抗旨！四阿哥敢于并能够抗旨8个多小时足以说明，康熙帝已对局面失控了，局面已在不动声色中、由四阿哥控制了。四阿哥在暗中已控制了畅春园寝宫局面，完全保证个人安全的前提下，才迟迟进去的。直言之，在这场父子博弈摊牌中，已父败子赢，四阿哥侥幸得逞了。

康熙帝对四阿哥拖延足足8个多小时不到，肯定不满，必有追究。但这已无关紧要，四阿哥已可轻而易举抹去康熙帝对其不满、追究的这段历史。

在康熙帝蹊跷驾崩后，如果四阿哥没有阴谋，既然康熙帝已对7个年长皇子“宣布”了四阿哥继位，他完全可以光明正大、理直气壮地将众兄弟、众大臣召集起来，护送康熙帝遗体回宫。为什么还要将康熙帝伪装成坐肩舆回宫？为什么众兄弟、众后妃、众大臣无一人在现场参加？

第二天晚上的乾清宫大殓，四阿哥事先未与众兄弟、众后妃、众大臣作过任何商量，只有隆科多、张廷玉知道，这是明显违背制度、违背程序、也是违背人之常情的。十三日晚上四阿哥也并未公开康熙帝丧讯，而是第二天晚上个别通知，其实是将所有人一个一个分别诓骗进乾清宫，然后关上乾清门，一网打尽、插翅难飞。

有人为雍正百般辩解，说这么做是为了确保顺利继位。这种辩解站不住脚。

清朝的皇位继承，当然也存在着竞争与斗争。但一旦正式决定皇位继承人后，决无再有动乱事件。顺治帝 6 岁继位、康熙帝 8 岁继位，都顺利继位了。四阿哥继位时已 45 岁，他有什么可担心的？除非他是宫廷政变，必须“迅雷不及掩耳”。否则，他完全可以按制度、按程序、按人之常情进行。

对康熙帝之死、对四阿哥突然继位，众兄弟、众后妃在乾清宫大感突然，公开表现出质疑十分正常。用“不同政治纲领”斗争为四阿哥辩解，似乎四阿哥突然继位是“正确政治纲领”、质疑四阿哥突然继位就是维护“错误纲领”，并非至论。四阿哥的“政治纲领”是什么呢？四阿哥的“政治纲领”在哪里呢？康熙帝会允许四阿哥另有一个“政治纲领”吗？

从当时四阿哥本身以及四阿哥对康熙帝的种种异常行为看，尤其从康熙帝之死的过程及乾清宫康熙帝大殓过程看，历史上定论他“以阴谋得位”，并不错。（1980 年前我国所有权威性历史辞典及所有历史教材上均记雍正“以阴谋得位”）当下为雍正“以阴谋得位”翻案、洗刷，虽然声势和影响很大，终究还会正本清源，还会再回到他的本来面目上去。

四阿哥拖延足足8个小时不去畅春园寝宫，有多种原因：

1. 做贼心虚

4天之前，康熙帝命四阿哥去天坛祭天，四阿哥是很不情愿去的。他几次恳求留在康熙帝身边以侍候父皇，均遭到康熙帝拒绝，还对其训曰“虔诚展祀可也。”四阿哥在不得不去天坛的同一天，三次派遣自己的侍卫、太监进驻畅春园，实质上已经开始对父皇康熙帝动手了。父皇是否已经觉察？是否已经把这些人一网打尽？四阿哥身在天坛斋宫不得而知。这是他最担心、最害怕的。四阿哥必须首先要知道这些卧底之人是否还安全，还在岗？身在天坛的四阿哥必须再派人去侦探并听取汇报，而这，是需要时间的。

2. 天性多疑

四阿哥天性多疑。康熙帝凌晨一至三时急召其“谕令速至”，究竟是怎么回事？如果是因身体恶化，则三阿哥、五阿哥、八阿哥、九阿哥、十阿哥等都在畅春园内。如果是因传位，则做梦也别想。那么，康熙帝凌晨一至三时急召其“谕令速至”，难不成是不声不响地要对其诱捕？

3. 先发制人

无论畅春园寝宫发生什么情况，对心思缜密的四阿哥来说，务必保证他进入畅春园寝宫后的安全，他才会前往。四阿哥当然也会预料到十四阿哥早已离开甘州（今张掖市），但现在已到达何处，尚不得而知。此外，畅春园内其他众兄弟现在动静如何，也尚不得而知。下一步该如何动作？尤其是如何进一步严密控制畅春园寝宫？

都需要同“舅舅”隆科多商量，更需要“舅舅”隆科多部队的支持。而这一切，也都要花费时间的。

据官史记载，当十三日中午十一时前后四阿哥进入畅春园寝宫时，康熙帝告之曰“病势日臻之故”，只字未提要其继位一事。这与某些专家所说，召四阿哥速去畅春园寝宫就是要其继位，完全对不上号；当时的情形与所谓要传位于四阿哥之观点，既不合法理，也不合情理。如果康熙帝谕令速至就是要传位于四阿哥令其继位，此时已病重但尚能清醒说话，为什么竟然对四阿哥本人只字不提要其继位一事，只说“病势日臻之故”6字？假设康熙帝说了“病势日臻之故”6字后就昏迷不醒，不能再说话了，那么，他在布置内阁去制作诏书时，也完全会布置相关后事。即使这一条也来不及做，根据四阿哥做皇帝后自辩，他未入畅春园寝宫前，康熙帝已经宣布由四阿哥继位。如此，四阿哥进入畅春园寝宫后，怎么会无任何人告诉他？

还有，更奇怪的是，康熙帝当面向四阿哥告之曰“病势日臻之故”后，四阿哥竟只是“问安”、“含泪劝慰”，始终不见其急召太医，更不见其急召众兄弟、大臣商议对策，这也是很不正常的。与此相反的是，如果康熙帝根本没有宣布由四阿哥继位一事；或者四阿哥进入畅春园寝宫后，康熙帝仍只字未提要四阿哥继位一事。在这种情形下，四阿哥既不急召太医，也不急召众兄弟、大臣商议对策，只是“含泪劝慰”，就毫不奇怪了。那么，他当时要对父皇“含泪劝慰”什么呢？

窃以为，他就是要执意“劝慰”父皇能传位于他。但康熙帝宁死不肯松口，更不会写下传位于四阿哥的手谕。这就造成了是日四阿哥在畅春园寝宫忙忙碌碌进出五次（雍正上台后自云），却始终不见其召太医、也不召众兄弟、大臣的根本原因。在以上这种形势下，康熙帝的病情怎么可能不迅速恶化？即使康熙帝原先只是无病装病，或感冒有热度（史料记载是“偶感风寒”），也必会迅速恶化成重病大病。

从十三日中午十一时前后四阿哥进入畅春园寝宫起，到晚上戌时（十九至二十一点）康熙帝逝世，在长达9个多小时里，官史中居然始终不见御医二字，这绝非康熙帝正常病故的有力证据，很可能是当时政治形势压迫所致。直言之，是四阿哥宫廷政变的必然反映。

故，一旦康熙帝逝世，四阿哥随即受到谋父篡位的舆论攻击。但他至死也未拿出任何有力证据，来洗清这一滔天罪名，只有一句“做梦也未想到”如此苍白、无力的回应。须知，四阿哥是个极其能言善辩之人，为什么面对谋父篡位的滔天罪名，却始终不能举证？

再说，四阿哥是个绝顶聪明、心细如丝之人。在当时形势下，他理应竭力避免父皇之死与自己有任何瓜葛。为什么反而处处事事引火烧身、不怕召来谋父嫌疑？如果康熙帝临终前众兄弟、诸重臣均在现场，康熙帝确实系抢救无效而死亡，根本就不会产生四阿哥“谋父篡位”之攻击。四阿哥为什么偏要将自己陷于跳到黄河洗不清之被动局面？

所谓御医“抢救无效而死亡”的消息，分明是康熙帝死亡之后，由四阿哥一手散布并导演的，而现场却又自始至终只有四阿哥一人，连隆科多也不在场。隆科多后来还再三声明，康熙帝宾天当日“他不在御前，也未派任何人去御前”。这就更加证明，四阿哥是康熙帝蹊跷之死最直接最主要的唯一嫌疑人。

早在20世纪八九十年代，海峡两岸的故宫已将当年所有满文档案、特别是太医院所有档案全部翻了个底朝天，居然找不到康熙帝逝世当日病历记载、药方记载、太监试药记载的片纸只字，这是康熙帝正常病故的应有之义、应有之相吗？四阿哥谋父篡位的嫌疑，能够轻描淡写地否定、排除吗？

部分专家至今仍坚持采信雍正的单口之言，即四阿哥未入畅春园寝宫之前，康熙帝已经召三阿哥、八阿哥等7位皇子与隆科多入内，口头宣布由四阿哥继位。若果真如此，康熙帝病危时刻，四阿哥完全可以新太子身份名正言顺地召集众兄弟会议抢救事宜，为什么始终只有他一个人在康熙帝身边多时，却又始终不见其召集御医？康熙帝既已亲自宣布由四阿哥继位，怎么可能内阁、礼部、翰林院、内务府在长达十多个小时里，居然无任何一人告诉就在畅春园寝宫内的四阿哥这一重大决定？康熙帝本人面对当事人只字不说，在康熙帝已宣布后，也长时间无任何人对近在身旁的四阿哥说，内阁、礼部、翰林院、内务府也毫无要为四阿哥继位作准备的动静，所有这一切正常吗？反对者和拥护者都长时间内对此毫无反应，这也正常吗？

畅春园内当时有6位领侍卫内大臣（鄂伦岱、巴浑岱、马尔赛、阿尔松阿、振恒），有5位大学士（马齐、嵩祝、萧永藻、王掞、王顼龄）。宣布传位如此大事，怎么可能对身在畅春园内的重量级大臣全部封锁、全部排斥在外，无一个人在场？

更须指出，四阿哥未入畅春园寝宫之前，连续三天来，据目前可见到的官史，是康熙帝身体日见好转，并不是身体日见恶化。但四阿哥刚入畅春园寝宫时，康熙帝尚可清醒说话。由于康熙帝始终不肯松口要四阿哥继位（根据史料得出），因此，才导致康熙帝身体迅速恶化。

可见，康熙帝病症的真正恶化，是四阿哥进入畅春园寝宫之后。康熙帝之死，未见任何病危通知，未见御医救治过程，找不到康熙帝病情记载，始终未见康熙帝临终前夕药方档案，而且，如此紧急重大时刻，众多皇子均在畅春园却又始终不在现场，只有四阿哥一人在进出活动。以上种种，四阿哥谋父篡位之说，究竟是事实，还是民间传说，是政敌造谣攻击？

直至康熙帝去世，四阿哥仍秘不发丧，竟在隆科多布置的武装护卫下，伪装成康熙帝回宫，用肩抬乘舆，连夜运回大内乾清宫。如果康熙帝临终前确已宣布四阿哥继位，内阁、礼部、翰林院怎么可能长达10多个小时毫无动静？四阿哥又何需如此诡诈？

如果四阿哥有野心、有阴谋，有不可告人之计划，则以上事实与经过就非但不反常，而且是形势所迫之必然了。当日中午十一时左右起，直至康熙帝去世，中间至少有八九个小时，四阿哥进出寝宫5次（这是雍正上台后在官书中自述），竟没有一次见他召太医，也没有一字记述他是如何抢救父皇康熙帝的。

这是因为，父皇康熙帝非但不是支持四阿哥继位上台的最大后台，相反，已成为四阿哥篡位的最大障碍。这是康熙帝性命攸关、也是康熙帝传位于谁的关键时刻。四阿哥必须牢牢抓住、不能放过，以此向父皇康熙帝摊牌，实是一着狠招，也是四阿哥向父皇康熙帝实施最大的、最后的致命一击。这是当日中午四阿哥进入畅春园寝宫后的第一步狠棋。狠在哪里？即使康熙帝作为权宜之计口头同意乃至留下手谕，四阿哥为防止康熙帝反悔，或防止康熙帝在众兄弟面前揭穿真相，也不会让康熙帝再开口说话。直言之，四阿哥只有将康熙帝彻底摆平，他才能侥幸成功。

“报复”两字，系四阿哥本人亲口说出，见于众兄弟及宫内攻击他用一碗人参汤害死了父皇康熙帝后，四阿哥与八阿哥的对质之中。在四阿哥与八阿哥、八阿哥心腹太监的对质中，四阿哥并未否定他为皇阿玛上过人参汤一事。而只是说，八阿哥是在用人参汤这件事情“报复”他。

在当时，四阿哥急于要登台称帝所面临的最大对手，并不是众兄弟，因为众兄弟全被他瞒天过海、蒙在鼓里了。最大对手实是父皇康熙帝，就在于父皇康熙帝的一张口、一句话、一张纸而已。当时，四阿哥已迫不及待不肯罢休，康熙帝却又偏偏死不松口。在如此反复拉锯却又僵持不下的紧急而又严重形势下，千方百计赶紧促使康熙帝归天，再假传康熙帝传位于四阿哥谕旨，是四阿哥唯一能快速取胜的招数。即使这样会招来千古骂名，四阿哥也在所不惜。因为，他没有时间可等待、可拖延。只有康熙帝迅速归天，再假传（篡改）传位谕旨，四阿哥才能如愿以偿。

这样，四阿哥在长达至少八九个小时里进出5次，竟没有一字一句记述如何抢救父皇康熙帝，面对这样的官史出现，也就不足奇怪了；出现这样的“孝了”，也就并不奇怪了；康熙帝“谕令速至”，四阿哥竟敢拖延8个多小时抗旨不到，也就都并不奇怪了。

直至康熙帝死后，四阿哥再假模假样地召太医入内，再向外界散布太医抢救无效，显然，都完全是在做戏而已，只为掩人耳目罢了。

康熙帝并非正常病故，四阿哥谋父之嫌疑无可否定，应是清晰、有据可查，符合历史情理，有完整连续的证据链，有严密的历史逻辑。目前所见为雍正辩护的所有论据均采信雍正本人一方之言，怎么能令人信服？

2. 康熙帝有无遗诏及遗诏真伪风波

雍正继位真相的第二个关键，就是康熙帝生前有无布置制作康熙遗诏及目前可见康熙遗诏之真伪。这是康雍父子关系的又一个关键真相。

当下，无论在学术界还是在社会各界的读者群中，对康熙帝生前究竟有无布置制作康熙遗诏，以及康熙遗诏究竟有无被雍正篡改即遗诏真伪之争论，相当热烈而又相当混乱。大有公说公有理、婆说婆有理之状，且似乎都有论据。但真相只有一个。康熙遗诏真伪的真相究竟是什么呢？

近 300 年来，民间比较流行的说法是：康熙帝本来已决定“传位十四子”，四阿哥将遗诏改为“传位于四子”，一字之改，雍正改变了历史。

对篡改说持否定立场者，提出了种种反驳：1. 将“十”改为“于”，必然会在文本上留下涂改痕迹并露出马脚，雍正不会那么傻；2. 即使汉文中可将“十”字改为“于”，满文“十”字也无法改为“于”；3. 目前所见的康熙帝汉文遗诏上，并无“传位于四子”字样，可见不存在将“十”改为“于”之事实；4. 根据清代传位诏书书写制度，某某皇子名字前，必须加个“皇”子。即使是“传位皇十四子”，也不可能改成“传位皇于四子”。

反驳者的理由如此充分有力，一时间，人云亦云、争相传播，否定篡改说似乎几成定论。

其实，以上 4 条反驳理由，均未面对目前可见康熙帝遗诏文本原件现状的根本事实，也未追问雍正制作汉文康熙帝遗诏的出笼经过与过程。而且，完全采信雍正的话与雍正搞的史料来为雍正辩解，如此立论，无论从原则上还是从方法上说，都令人堪忧，甚不可取。

以下，拟对以上各条举证与理由逐条质证并澄清之：

雍正并未在诏书文本上将“传位十四子”改为“传位于四子”，因为诏书中并无“传位于四子”之事实，雍正也决不会那么傻，反驳方的这一条讲得并不错。但雍正未在诏书文本上将“传位十四子”涂改为“传位于四子”，并不等于雍正就并未私自篡改康熙帝的传位旨意，并不等于就不存在雍正私自篡改康熙帝传位旨意这个事实之本质。因为，雍正为达此目的可用的手段很多。

那么，雍正是用什么手段篡改康熙帝传位旨意，篡位上台的呢？

1. 隐瞒康熙帝有满文遗言、有满文遗诏，这就从根本上隐瞒了康熙帝真实的传位旨意。

现在可以负责任地告诉大家：康熙帝临终之前，是明确留下满文遗言，布置并完成满文诏书制作的。

既然康熙帝临终前或临终时刻已布置并完成了满文诏书，四阿哥只要把现成的康熙帝满文遗言与满文诏书在康熙帝临终前或临终时刻公布一下，就完全可以名正言顺、堂而皇之登台称帝了。如此简单又容易，而且也是必不可少的程序，四阿哥为什么偏偏都不做？为什么还要在康熙帝去世第二天命隆科多重新起草满文诏书？为什么非要拖延 7 天之后，再另起炉灶，重做汉文诏书？康熙帝满文诏书上明明写的是康熙六十一年十一月十三日，康熙帝临终当日，四阿哥为什么不予公布？

四阿哥为什么要隐瞒？原因与道理很简单：康熙帝的满文遗言

与满文诏书上，继位人名字并不是他，而是别人。即使不能肯定必是十四阿哥，但可以肯定绝对不是四阿哥。试问，如果康熙帝的满文遗言与满文诏书上继位人名字是四阿哥，四阿哥还会隐瞒不说，还会不拿出来压住众兄弟不服之口吗？还会不及时拿出来压住天下人攻击他的舆论吗？

2. 所谓即使汉文诏书中可将“十”改为“于”，满文“十”也无法改为“于”，听起来振振有词。那么，请看满文诏书上——有要皇四子胤禛继位的记载内容吗？海峡两岸一式两份满文诏书的文物原件上，只字不见要皇四子胤禛继位的内容！

与此相反，目前在海峡两岸满文诏书的原件上，在应该记载、应该可见继位人名字的部位，都是缺损、断档、空白的，这是四阿哥之所以隐瞒、不拿出来公布的主要原因，这就是目前仍可肉眼所见四阿哥人为破坏、人为篡改康熙帝满文传位诏书的铁证！

2006 年 10 月，笔者在上海电视台《文化中国》纪实频道做嘉宾时，另一位嘉宾纪连海先生跟我在电视上理论。他提出，目前所见康熙帝的“满汉文诏书都是雍正搞的”，“满文诏书的损坏是因保管不当形成”。

试问，如果满汉文诏书都是雍正布置搞的，海峡两岸的满文诏书上怎么可能均不见皇四子胤禛名字？怎么可能海峡两岸两份满文诏书在应该记载、应该可见继位人名字的部位，都出现缺损、断档、空白？为什么海峡两岸各自珍藏的满汉合璧康熙遗诏都会出现——在同一张绢纸上，汉文诏书都完整无损，唯满文诏书原件都缺损、都断档、都呈空白状？为什么顺治十八年正月初七日的传位遗诏至今完整，康熙六年七月七日玄烨亲政诏书至今完整，反而之后康熙六十一年十一月十三日制作完成的一式两份传位诏书，在继位人名字处都缺损、都断档、都呈空白状？

这就充分证明，海峡两岸的满文诏书原件，在康熙六十一年十一月十三日当时，就已受到雍正的人为处理，雍正又一再隐瞒了康熙帝临终前是留下满文遗言与满文诏书这个重大事实。之后，再在已遭破坏，出现缺损、断档、空白的满文诏书的右面、在本来就为汉文诏书预留的空间处，按雍正的旨意再后补制作（实是伪造）汉文诏书。这就是海峡两岸满文诏书原件都缺损、断档、呈空白状，而汉文诏书都完整无缺的根本原因，也是雍正篡改满文诏书、伪造汉文诏书的第一手证据。

3. 所谓清代诏书有书写制度，所谓诏书中某某皇子前必须加个“皇”子，则“传位皇十四子”就不可能改成“传位皇于四子”，云云。听起来理由十足，其实，所谓的诏书书写制度，所谓的“诏书书写制度违错不得”，完全是某些专家自已杜撰的。

试问，这个“违错不得”的诏书书写制度在哪里？这个制度究竟何时制定、又是怎么规定的？又有哪一位专家，在哪一部书中举证，把这个制度规则出典拿出来给读者看过？至今并无任何一人任何一文拿出来给读者看过，谁也没这么做过，谁也没这么看到过，因为清代至少在顺康时代并无这个诏书书写制度。但一传十、十传百，人云亦云，大家都这么说，似乎就是事实了，似乎就是真相了。而其实，它恰恰并非是真相，并非是事实。

道理十分简单，如果当时清朝确有这个诏书书写制度，那么，在顺治帝传位玄烨的诏书中，玄烨的名字前应加上皇字，玄烨排行三，诏书中应书为皇三子玄烨。但顺治帝传位玄烨的诏书，就在国家第一历史档案馆中，可以看得清清楚楚、明明白白，并没有在玄烨的名字前加“皇字”，而是书为“朕子玄烨”。

汉文版传位诏书中对继位皇子名字前加皇字，是康熙帝死后，雍正、张廷玉的发明，完全是“马后炮”式的“揩屁股”动作。因为，加上个“皇字”，则“传位皇十四子”便绝不可能按传说那样再改成“传位皇于四子”，而这正是雍正、张廷玉为堵住不利舆论的政治伎俩、是文字游戏，并非雍正、张廷玉坚持按所谓的诏书书写制度操作、执行。

4. 十一月十三日康熙帝临终前，确已留下满文遗言并据此制作了满文遗诏，但雍正隐瞒了这两个重要事实。康熙帝去世第二天，雍正竟公然在乾清宫命隆科多重新草撰满文遗诏交内阁！

如果康熙帝临终前已留下的满文遗言并据此制作的满文遗诏上明确是由皇四子继位，雍正还用得着隐瞒这个重要事实，还用得着第二天再命隆科多重新草撰满文遗诏交内阁吗？隆科多的职务、级别、身份，都毫无资格草撰传位诏书，雍正却明知故犯，不顾其违规、违法，是其山穷水尽、无可奈何而为之。但众兄弟通过雍正命隆科多重新草撰满文遗诏这件事，反而由此巧妙地留下了雍正、隆科多联手，或雍正逼迫隆科多假传康熙帝传位皇四子的历史记载。这正是雍正众兄弟政治智慧的表现。虽然这个政治智慧表现得迟晚了一点，在当时形势下，也只能做到这一步。

为什么康熙帝临终前留下的满文遗言及一式两份满文遗诏中，都不见皇四子继位内容？为什么这三份原始文物在应该记载、应该可见继位人名字的部位，都会出现缺损、断档、空白状？而只有在康熙帝去世 7 天后，雍正、张廷玉搞的汉文版遗诏中，才完整无缺，才都可见皇四子继位内容呢？难道这一切全是巧合？难道这一切还不足以构成这是雍正、张廷玉篡改、伪造传位诏书的事实与证据？

杨启樵等人坚持：传位遗诏可以由继位人后来补作。台北“中研院”史语所陈明远先生还特地写信给我，向我解释这一情况。

传位遗诏由继位人后来补作，当然可以，但必须是有前提条件的。前提条件一，被继位人突然死亡，来不及留下传位遗诏；前提条件二，继位人后来补作的传位遗诏必须真实反映、真实记载传位人的传位旨意。这两条，雍正、隆科多、张廷玉三人都违背了。试问，康熙帝临终前没有留下满文遗言和满文遗诏吗？那么，如今可见海峡两岸分别珍藏的日期为康熙六十一年十一月十三日满文遗诏是什么？杨启樵等人迄今为止也无法证明，传位皇四子是传位人康熙帝真实的传位旨意。至于说，康熙帝欲在皇四子、皇十四子两人中挑选一人，最终挑选了皇四子一说，完全只是今人的主观猜测，既不能成为史证，也同当时的一系列事实根本连接不起来。

事实永远胜于雄辩。历史必须用史料证据说话，不能用情绪好恶代替事实。尽管当下还有许多人要为雍正辩护——雍正、张廷玉没有篡改、伪造康熙传位诏书，但历史真相决不会因人多势众之宣传，而改变历史的本来面目。

身为皇帝的雍正帝本人，他用足了国家全部可用的手段，仍不能一手遮天，仍未能如愿。还有谁能比当事人雍正皇帝的本事更大，能把雍正帝本人无法自圆其说的伪史说成真史？

雍正、张廷玉究竟有没有篡改、伪造康熙传位诏书，时间会发生作用，公论自在人间。

上图为北京中国第一历史档案馆珍藏的满汉文合璧康熙遗诏文物原件。满文版康熙遗诏上继位人名字部位呈残缺、断档、空白状，未见“皇四子胤禛”。康熙帝去世 7 天后，雍正帝布置其右的汉文康熙遗诏上，才出现、可见“皇四子胤禛”名字。

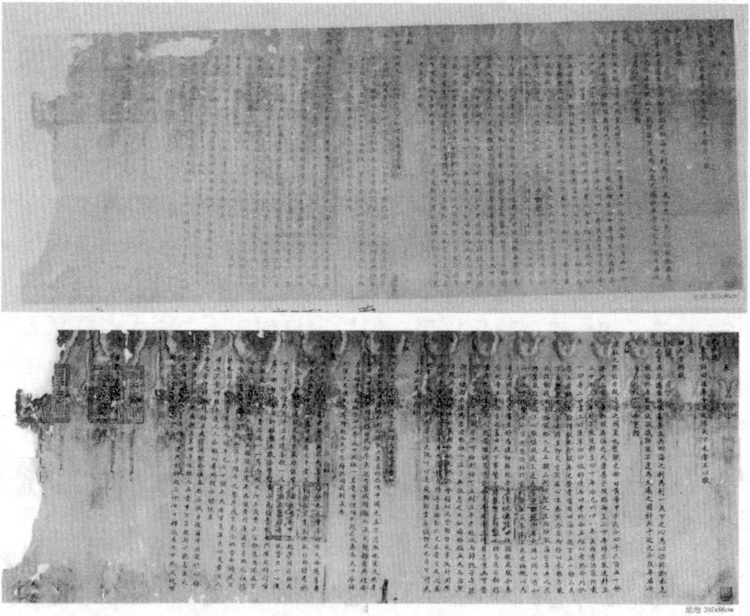

上图为台北历史语言研究所珍藏的满汉文合璧康熙遗诏文物原

件。满文版内容已全部严重毁坏，继位人名字部位又呈残缺、断档、空白状，未见“皇四子胤禛”，只有满文日期与皇帝之宝大印。康熙帝去世7天后，雍正帝布置的汉文康熙遗诏上，才又可见“皇四子胤禛”名字。

海峡两岸珍藏的满汉文合璧康熙遗诏文物原件中，康熙帝布置留下的满文版原件均不见“著皇四子胤禛继位”记载，只有康熙帝去世7天后，雍正帝布置的汉文康熙遗诏上，才可见“皇四子胤禛继位”，难道这全是巧合？难道这不是雍正帝篡改、伪造康熙遗诏的物证？

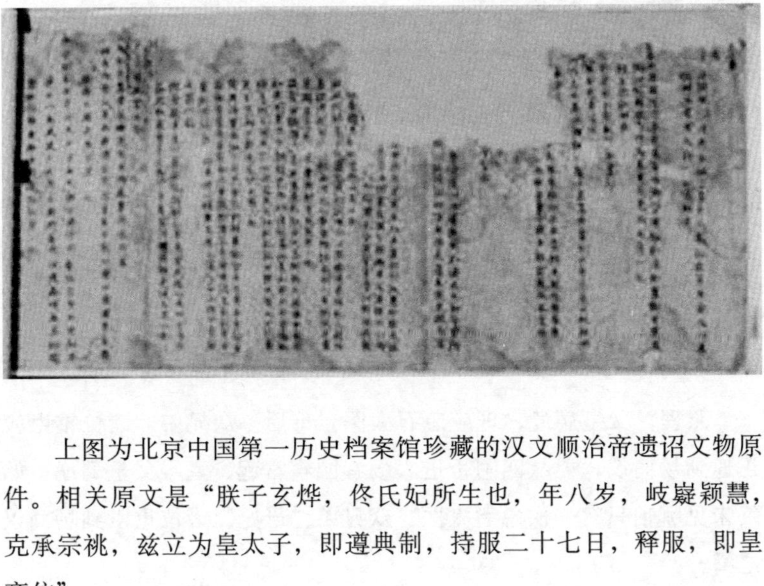

上图为北京中国第一历史档案馆珍藏的汉文顺治帝遗诏文物原件。相关原文是“朕子玄烨，佟氏妃所生也，年八岁，岐嶷颖慧，克承宗祧，兹立为皇太子，即遵典制，持服二十七日，释服，即皇帝位”。

玄烨排行第三，但诏书中并未书“皇三子玄烨”。所谓制度规定，必须名字前加皇字，书写不可违背说，纯系部分研究者脱离历史真相，是根据自己立论需要制造而来，是将雍正为洗刷真相而伪造的史料作依据并为其宣传而误导了读者。

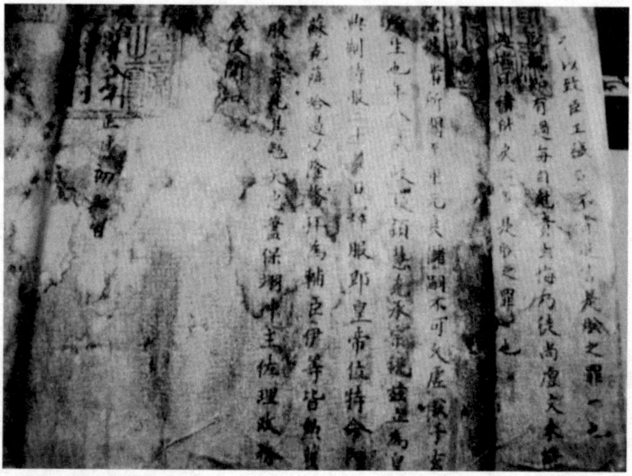

上图为顺治帝汉文传位诏书原件局部放大图。原状为：“朕子玄烨佟氏所生也年八岁”，并无必加“皇”字之制度、之事实。

3. 畅春园秘不发丧及京城九门禁闭之宫廷政变

照理，父皇病危，理应急召太医、母后、众兄弟、诸位重臣应迅速到场商议，但从四阿哥进入畅春园寝宫起，直至父皇驾崩，始终未见哪怕只有一次急召太医、众兄弟、母妃、诸位重臣到场商议之举。

当时，众兄弟、母妃、诸位重臣（至少有 6 位领侍卫内大臣、5 位大学士）都在畅春园内，但四阿哥均未通知他们到场。除九门提督隆科多外，无一人知道，此实乃四阿哥又一违背法理、违背常情之反常之举。

康熙帝“病故”后，四阿哥便忙于替父皇更衣。“更衣”是假，是幌子，实是迫不及待急于要从父皇身上或身边搜寻是否藏有传位手谕。

因此，众兄弟、众母妃、诸位重臣均不在现场，不仅毫不奇怪，而且四阿哥必须这么做。当然，四阿哥也并没有拿到康熙帝的传位手谕。即使拿到，上面也不会是四阿哥的名字，若真有他名字，他早就拿出来了，还会藏起来秘而不宣吗?

以上举动，四阿哥自以为聪明、自以为得计，岂不知也暴露了他谋父篡位的诸多马脚。

当天晚上，住在畅春园内的意大利传教士马国贤，亲眼看到、亲耳听到了这一幕。

意大利传教士马国贤，28 岁前后（时 1710 年）到达澳门，29 岁前后（时 1711 年）到达北京，后来在北京生活、工作了 13 年。康熙帝去世时，马国贤与另外几位传教士就住在畅春园内。

据马国贤亲自记载，“1722 年 12 月 20 日（笔者注，即康熙六十一年十一月十三日），在所住的佟国舅的房子里吃完晚饭后，我正在和安吉洛神父聊天。当时我们听到了一种不寻常的低沉的嘈杂声，好像还有一些其他的声音从宫中渐渐响起。鉴于对这个国家的了解，我马上把门锁上，对同伴说，要么是皇帝死了，要么就是北京爆发了叛乱。”

请读者，尤其是研究者特别留心注意了：这是马国贤在现场的第一感觉、第一反应，而且，他已用白纸黑字记载下来留给了后人，成了历史。这就是马国贤要告诉后人的、北京已爆发了宫廷叛乱的真实历史。

如果第二天他参加和看到大殓场面后，没有说过这是一个危险地方，也没有说过他要马上离开这个危险地方，那么，十一月十三日吃完晚饭后他看到的场景后所萌生的，只不过是他个人的一种猜测。但是，如果第二天他参加和看到了康熙帝大殓场面后仍认为京城是一个危险地方，必须马上离开，那就不是猜测，而是一个判断。据此，马国贤亲眼所见的是叛乱，而且确确凿凿发生在了畅春园内和乾清宫内，毫无疑问，这就是皇四子发动了一场宫廷政变。

叛乱也好，政变也罢，那都是中国人的事，与外国人马国贤何干？马国贤又为什么要判断京城与宫廷已是危险地方，为什么他要想逃离？

因为马国贤与康熙帝经常密切接触，他清楚知道康熙帝健康状态的真实情况。当康熙帝在一场宫廷政变中突然蹊跷死去，又随即发生宫廷政变的情况下，则知道康熙帝真实健康状况的宫内人，无疑就可能会带来了危险。马国贤所说的危险，正是这样。

既然皇帝死了后，四阿哥发动了叛乱与政变，马国贤又已判断京城与宫廷出现了不正常，这种不正常又势必会对自己有政治威胁，会有生命危险，当然马上离开（说穿了就是逃离）才是首选。

马国贤的这种判断与态度，实质上已经表明他与四阿哥在政治上不是同一阵营。如果马国贤判断康熙帝是正常病逝，如果马国贤判断四阿哥是正常继位，他怎么会想到北京爆发了叛乱？又怎么会想到要马上离开？

“为了摸清这次骚动的原因，我爬到我们居处的墙头上瞭望。墙角下有一条马路环绕，我吃惊地看到数不清的骑兵，相互之间谁也不说话，驾着马疯狂地往四面八方去。几次看过他们的行动后，我终于听到一些步行的人说：康熙皇帝死了。我随后就被告知，御医们断定皇帝不治后，陛下指定了第四子是继承人。雍正即刻继位，人人都服从了他。

新皇帝关心的第一件事情，就是装殓好他父亲的遗体，在当天晚上，由他自己骑着马，还有他的兄弟、孩子和皇亲国戚们随从着，更还有无数手持利剑的士兵们与他们一起，护送灵柩回到北京的宫里。次日凌晨，我和安吉洛神父及希普一起收拾行李，其目的是回北京去，以表示我们对康熙逝世的哀悼。但是，当天我们没有被获准随队前往。”

马国贤言中所谓他的兄弟，这个他，当是指新皇帝雍正；他的兄弟，当是指十三阿哥。他的孩子，应是指弘时、弘历、弘昼。所谓皇亲国戚们，隆科多、四阿哥的女婿等人皆可列入。

当时同在畅春园内的三阿哥、八阿哥、九阿哥、十阿哥等皆不出面皆不参加，无论如何，这是不正常状况。这可能也是马国贤立即作出北京爆发了叛乱的原因之一。

马国贤对康熙帝之死和雍正随即继位究竟是什么立场，什么态度？他当时还不便直说，但他还是说了。他先是说“雍正即刻继位，人人都服从了他”，这是门面话。后面马上又说：“我无法表述出自己内心的悲伤和惊恐的程度。为了防止再度发生这样不幸的事件，我决定离开这座危险的巴比伦，越快越好。”

按照《圣经》里的思想，巴比伦是邪恶之地，因为她毁坏了圣殿，掳掠了神的百姓和圣洁的器皿。现在，马国贤竟把康熙帝死后、雍正即刻继位并正在祭祀大殓的地方，比喻为是邪恶之地巴比伦，并决定离开，而且是越快越好，还公然表示决定离开是为防止再度发生这样不幸的事件。马国贤对康熙帝之死及雍正继位究竟是持何立场，他当时究竟是什么态度与心情，雍正继位究竟是合法正常还是不合法不正常，还须再争论，还须再另费笔墨吗？

有人却认为，既然马国贤亲耳听到“御医们断定皇帝不治后，陛下指定了第四子是继承人”，这当然就是康熙帝正常病故、雍正正常继位的最好证据。

如果真是这样的话，马国贤要惊恐什么？他为什么要惊恐？又为什么决定要离开这座危险的巴比伦，还越快越好？

须知，“御医们断定皇帝不治后，陛下指定了第四子是继承人”，并不是马国贤在事发康熙帝寝宫的第一现场听到，对此，马国贤写得很清楚，很明白，而且十分具体，是随后被告知的。这个“随后”，显然是指康熙帝死后，隆科多的嫡系部队已奉命在畅春园执行特别紧急任务。或许，马国贤以上记述他听到的情况完全是真实的，但要明白，这全都是康熙帝死后，四阿哥导演、散布的，这也应是毫无疑问的。

我们要问：“御医们断定皇帝不治后，（康熙帝）陛下指定了第四子是继承人”，如此惊天动地的重大消息，连一个外国人局外人都知道，都听到了，为什么四阿哥不在第一时间向诸位兄弟、向诸位重臣宣布，却要神秘兮兮地暗中向隆科多的嫡系部队悄悄散布？这是按制度程序正常继位，还是有不可告人的阴谋在内？是正大光明，还是掩盖了真相，另有隐情？甚至，另有阴谋？

很显然，隆科多的嫡系部队深夜在畅春园内集合并私下议论传布“御医们断定皇帝不治后，陛下指定了第四子是继承人”的这些情况，是受四阿哥导演后再在一部分人中告知的。直言之，是被四阿哥所欺骗、所愚弄的。唯有这样，这些部队才会为新皇帝赴汤蹈火，去执行各种任务。

因此，马国贤提供的以上内容，非但不是康熙帝正常病故、四阿哥是正常继位的有利证据，恰好相反，正是康熙帝非正常病故、四阿哥系非正常继位的第一手旁证。而且，是由一位局外人、外国人所提供的第一手最客观的旁证。

这天晚上，隆科多的大量嫡系部队在畅春园内“铁骑四出”，这是四阿哥慌慌张张、急于要抢先控制京城，尤其是急于要抢先控制紫禁城大内的非常之举。如果四阿哥是正常继位，京城尤其是紫禁城大内的安保，自有制度，一切都会照常进行，何须四阿哥绞尽脑汁，又何须如此阴森可怖、剑拔弩张？

当天晚上，内阁、内务府无任何官员宣布康熙帝已病故，内阁、礼部也无任何官员宣布康熙帝要四阿哥继位，这些都属于反常、异常态势。

后来宫内外种种传闻，散播社会，并非皆事后空穴来风。正如清史大家王钟翰先生所指出的：“圣祖皇帝在畅春园病重，皇上就进一碗人参汤，不知何如，圣祖皇帝就崩了驾之传说，岂皆祀党所能捏造？证之意大利人马国贤身临其境目击其事之记载，驾崩之夕，号呼之声，不安之状，即无鸩毒之事，亦必突然大变，可断言也。”

意大利传教士马国贤当时就对畅春园的形势作过判断：要么，是康熙帝死了；要么，是发生了政变。马国贤在政治上是敏感的，他的判断是正确的。康熙帝确实死了，畅春园内确实发生了政变。四阿哥为了政变成功，康熙帝必须死；康熙帝不死，任何人休想政变得逞。四阿哥怎能政变成功？康熙帝死了，他才能政变得逞。康熙帝在没有任何征兆的情形下突然死了，四阿哥在没有任何征兆的情形下，突然称帝了。一切都显得那么突然，一切都显得那么蹊跷。

正是在以上背景下，当晚将康熙帝遗体秘密移出畅春园，是在阴森可怖、异样反常的氛围中，悄悄进行的。

现在已经知道，当天深夜，四阿哥首先回大内乾清宫。由十三阿哥胤祥带领隆科多的大量嫡系步兵、骑兵部队，举刀扛矛、全副武装，护灵移往乾清宫。

所谓由十三阿哥胤祥护送，此实是雍正后来补造的伪史。

理由根据何在？——十三阿哥长期被康熙帝圈禁，即使后来释放，康熙帝至死也未给他任何爵位，甚至也未对因何圈禁、又因何释放给他任何说法。他是康熙帝众多成年皇子中，唯一没有任何爵位、又不明不白长期被康熙帝圈禁的皇子，圈禁的真实原因应同四阿哥有直接牵连，但真相已被雍正帝掩盖、销毁了。而三阿哥、八阿哥等至少7位成年皇子，早就有显赫爵位，又都曾有过重要职务，而且，他们当时都在畅春园内。无论身份地位、年龄资格，他们都远胜过十三阿哥胤祥。为什么当天深夜将康熙帝遗体护送去大内乾清宫时，众皇子中只有十三阿哥一人参加？其他众多身份地位、年龄资格都远胜过十三阿哥者，反而一个都不参加，全都被蒙在鼓里？这明显不符合制度程序，也明显不符合人情常理，反而暴露出了四阿哥欲盖弥彰、弄巧成拙的阴谋举动。

雍正制作当晚唯有十三阿哥负责护送康熙帝遗体这条伪史时，八阿哥、九阿哥均已被雍正毒死，三阿哥、十四阿哥均仍在囚禁之中。历史是胜利者写的，谁还能对这条伪史提出质问呢？

但倘然不作这条伪史，那天晚上秘密转移康熙帝遗体时，竟然没有任何一名皇子出现的政治把戏，将立刻暴露无遗。

话说回来，即使雍正制作了这条伪史，就能一手遮天、千秋万代不被揭穿乎？只不过当时，当事人四阿哥自以为得计的把戏仍在上演，也不得不继续上演罢了。

康熙帝死后，国家政治中心已从畅春园移到了乾清宫，乾清宫（后来是养心殿）成了四阿哥称帝上台后的主要舞台。

第二天（即十四日，康熙帝“病故”次日）晚上7点，四阿哥将众兄弟、母妃、诸位重臣召入乾清宫内，宣布了康熙帝“病故”与四阿哥继位的重大消息。

四阿哥第一步要做的，就是要将众兄弟、母妃、诸位重臣召入乾清宫内。在他们入宫前，绝不能在畅春园宣布康熙帝已“病故”，更不能在畅春园宣布由四阿哥继位，因为畅春园远不能像乾清宫那么容易控制。所以，四阿哥必要先将康熙帝遗体秘密转移到乾清宫，再将众兄弟、母妃、诸位重臣诱入乾清宫内，然后将乾清宫大门一关，所有人都插翅难逃。

为此，四阿哥采用了专人单线、分批通知进入乾清宫内的方式。接到通知的人，随即由专人“护送”进宫，未接到通知的人，都还被蒙在鼓里。这样，接到通知的人既不能抗拒不去，也不能与未接到通知的人相互串联、商议，采取对策。四阿哥在权术上，的确炉火纯青。

本来，召众兄弟、母妃、大臣进宫后，是为进行康熙帝大殓。但康熙帝大殓如此大事，为什么又事先未同众兄弟、母妃、大臣作任何商量就突然出现，突然进行？这不是阴谋，又是什么？这实是以康熙帝大殓为名，行突然袭击之实，实乃四阿哥不费吹灰之力，将众兄弟、大臣一网打尽之妙计也。

因此，当众兄弟、母妃进宫后一个个目瞪口呆，均表示无法接受，也就成必然之事。但乾清宫内早在昨天深夜开始就已全是四阿哥“舅舅”隆科多全副武装的兵将严阵以待，一个个凶神恶煞，即使感到突然与蹊跷，众兄弟不接受也得接受。

昨天，无论白天还是黑夜，四阿哥在畅春园内搞的就是逼宫，对手是父皇康熙帝；今夜，四阿哥在乾清宫内搞的还是逼宫，对手则是众兄弟。

四阿哥不仅控制了乾清宫，将众兄弟、母妃、大臣困住，还当场宣布将京门九座城门全都关闭。四阿哥当夜决定，自十一月十四日即当日起至十九日，连续六天，将京城九座城门关闭，“诸王非传令旨不得进”。这个令旨，当然是四阿哥、雍正帝所定。

既然京城内所有诸王（阿哥中有王爵或贝勒、贝子爵位的兄弟）已在十四日晚上被四阿哥困在乾清宫内，插翅难逃，还要连续六天将京城九座城门关闭作甚？

所谓“诸王非传令旨不得进”，这个王，分明是指大将军王十四阿哥。不得进，是不让十四阿哥进京。

前面说过，康熙帝早在临终之前两个多月的九月十九日，就同十四阿哥密折往来，商定回京事宜。按往例，十四阿哥应于十一月十七日至二十日期间抵京。由于康熙帝十月份发现四阿哥在京城东郊通州活动有异常，因此很有可能再发朱旨，要十四阿哥务必十一月十五日前提前进京。康熙帝之所以宣布自初十至十五日前停止呈进奏折、不再见任何人，内因是他自以为十四阿哥必会在十一月十五日前能接旨后提前进京。这是他临终前数日里最大的失算。

当时宫内曾有传说，四阿哥通过各种渠道，将康熙帝要十四阿哥加快提前进京的朱旨扣压了。是在宫内扣压，还是派人去路上追击扣压，是成功扣压，还是扣压失败，都不得而知。由于当时通讯落后，四阿哥再聪明，再厉害，也无法及时得知十四阿哥一行人马行进到了何处。他唯一可行的，就是将京城九座城门全部关闭。而且，自十一月十四日至十九日，也就是十五日前后，京城九座城门全部关闭。

这样，即使十四阿哥已提前至十四日到京，没有四阿哥雍正帝的令旨，他也休想进京。

将京城九座城门全部关闭，也是防止有人从京城与十四阿哥联络。这是四阿哥要众兄弟彻底死了心——别指望可以给大将军王十四阿哥通风报信，也别指望大将军王十四阿哥会率20万大军包围京城。

在乾清宫大殓之时，雍正还有阴谋动作。他先是表面上公开命将军延信，速去甘州（今张掖）接替大将军印。这是表面的公开的行动。暗中，又密旨延信，无论半路上在何处与十四阿哥相遇，要不惜一切手段将十四阿哥与康熙帝之间专用的密折匣子扣压下来，以此切断十四阿哥与大内的密折联系；还要设法把康熙帝给十四阿哥的朱批扣下来。雍正还再三叮嘱，千万不要说这是新君的意思，要延信自己另外编造借口。雍正还布置，如果十四阿哥的手下人对抗不交，可以对他们立即采取行动，拘执逮捕。

这就是乾清宫大殓之时灯火辉煌之下与灯火辉煌背后的真相。数年后，延信与隆科多囚禁一地，且都死于禁所，则又是后话。

故当时众兄弟对乾清宫大殓及突如其来的政治局面表示惊讶、不服，实属正常。

四阿哥多次申辩，他继位，虽无父皇手谕或遗诏（这是弥天大谎，事实是，康熙帝临终前已有满文遗言记录及一式两份满文遗诏），父皇去世后，是舅舅“隆科多乃述皇考遗诏”。雍正做皇帝的第二年，又散布“舅舅隆科受皇考顾命说”（隆科多并非四阿哥亲舅，只是四阿哥必须要利用隆科多的武装力量及其九门提督这一特殊职务为他篡位效力，给隆科多灌迷魂汤而已）。

这是四阿哥在乾清宫有关遗诏上玩弄的又一个大阴谋!

据笔者所知，康熙帝生前称呼儿子，无论是口头还是朱批，皆用某“阿哥”，这一习惯，终生没有改变过。因此，康熙帝满文遗诏上，原来出现的继承人名字，极有可能是写“十四阿哥”。因此，隆科多奉雍正之命起草康熙帝满文遗诏时，极有可能写成“传位于四阿哥”。“改十为于”，由此而来。并非民间传说之雍正在已经写好的遗诏文本上改“十”为“于”。

据台北故宫博物院所藏雍正朝不录（未公开披露刊印）的奏折，雍正元年十一月赵国瑛奏折中，雍正特用朱笔将“十四郡王”改作“郡王允禵。”

如果雍正没有将“十四篡改为于四”，他为什么对“十四”二个字如此敏感?雍正非要将“十四郡王”中“十四”两字删去、改作“郡王允禵”的原因、动机究竟是什么?这只有雍正自己心知肚明了。

然而，隆科多的步军统领、九门提督是武职，不是大学士，官位也不是一品，无论从哪个角度说，他都没有资格起草康熙遗诏，清代200多年，也从无这个先例或后例。按照制度程序，这个工作应由内阁大学士或翰林院大臣受命完成。雍正命隆科多起草康熙帝满文遗诏，是严重违背制度、程序的，并非如某些人所说“完全合法”。

更为关键的是，隆科多本人后来否定、拆穿了雍正的弥天大谎。隆科多被雍正抓起来后，自知性命难保，拼死说出了历史真相：“圣祖（康熙帝）升遐之日，（臣隆科多）未在御前，也未派出近御之人”。

康熙帝临终之日这天，隆科多根本不在康熙帝身前，也未派出任何人去康熙帝身前，当事人隆科多的亲口供述，完全彻底否定和拆穿了雍正散布的隆科多接受康熙帝顾命、康熙帝临终之日隆科多乃述皇考遗诏的政治谣言；也完全彻底否定了隆科多曾给康熙帝敬上人参汤的政治黑锅。

康熙帝去世三日后，乾清宫宣读了由隆科多起草的满文传位诏书。在满文中，十四阿哥胤祯与四阿哥胤禛的读音很难分清。对此，鸿胪寺官员当即提出质问，为什么只读满文传位决定，不读汉文？雍正以“满汉一家，读了满文版，就同读了汉文版一样”，作为自辩，作为搪塞。但从中可知，汉文版康熙遗诏在康熙帝去世第三日时尚未出笼。

康熙帝去世七天后，十一月二十日，雍正才完成、公布了汉文版康熙遗诏。当然不是全文公布满汉合璧康熙遗诏全文，因为，满文康熙遗诏原版已被雍正破坏了，只留下满文署期——康熙六十一年十一月十三日。

四阿哥在乾清宫假戏真做，多管齐下，文武双用，逼迫众兄弟就范，终于成功得逞。但也从此招来了“谋父篡位”的骂名。

为了稳住阵脚，缓解矛盾，十四日大殓尚未结束，雍正就封十三阿哥、八阿哥、隆科多、马齐为总理大臣。八阿哥依靠在乾清宫宫柱旁，低头不语，陷入沉思，并与三阿哥商议是否接受四阿哥的任命。当有人向八阿哥贺喜时，八阿哥老婆则说：“有何可贺？说不定哪天就杀头哩。”

雍正在乾清宫的阴暗活动，还有故事呢。从他十三日一到乾清宫或尚未抵达乾清宫之前就开始了。何以见得？据张廷玉自撰年谱所记，十三日深夜四阿哥进入乾清宫时，张廷玉竟早已在乾清宫台阶上五体投地“跪接”了！

十三日晚康熙帝去世后，四阿哥秘不发丧，连众多兄弟尚蒙在鼓里。之所以当晚将康熙帝遗体用武装、秘密转移手段去乾清宫，就是怕走漏风声，怕引起冲突，怕帝梦成空。在这样的背景下，为什么连众多兄弟尚蒙在鼓里，张廷玉这个局外人竟早已赶在四阿哥之前，深更半夜伏在乾清宫台阶上“跪接”尚未登基称帝的雍亲王四阿哥了？若四阿哥事先没有与张廷玉有勾结，怎么会出现如此不可思议之怪事？

今天真相已大白——张廷玉正是帮助四阿哥篡改、伪造汉文康熙遗诏的第一位有功之臣。雍亲王上台后，千百位汉臣中，无论俸禄待遇，还是地位权力，无一人可与张廷玉相比。张廷玉对此当然守口如瓶，讳莫如深。但到晚年，也终于吐露，他在官场政坛50年，“如履薄冰”，且留言，希望子孙不要从政。

乾隆继位后，张廷玉春风得意的日子日渐衰落。后来乾隆居然借张廷玉要退休之机，对这位皇考的特大功臣，像猫抓老鼠，抓抓放放，极尽轻薄、戏弄、嘲讽、羞辱之能事。张廷玉以退为守、以柔克刚，但仍坚持要享太庙之誉。乾隆帝出尔反尔，不肯同意。但最终还是同意，待张廷玉死后其牌位可入太庙。

张廷玉虽有功于乾隆的皇父，靠的是文字功夫了得，但文字功夫了得的人一旦丧失人格，为仕途而卖身投靠，就是无耻小人。雍正上台时，弘历已12岁。弘历继位时，已25岁。他对父亲如何上台，应该是心知肚明且心态复杂。他对张廷玉这种靠文字功夫而出卖人格的人，既鄙视又痛恨。皇祖之死，与张廷玉毫无关系。但张廷玉为雍正上台绞尽脑汁，玩文字游戏，这是弘历之所以对张廷玉采取猫玩老鼠把戏的动因。

为什么乾隆最终又改变主意，同意张廷玉死后其牌位可入太庙了呢？窃以为原因有二。原因一，张廷玉肚内深藏着天大的秘密，若真把张廷玉弄急了，谁知道会弄出什么天大新闻来？原因二，对张廷玉这样的功臣出尔反尔，以后谁还能对朝廷肝脑涂地？

虽然四阿哥权术炉火纯青，无人能直接对抗，但还是有人当着雍王帝的面公开大闹乾清宫。这个人不是别人，居然是雍正帝的亲生生母、孝恭仁皇太后。

4. 雍正称帝与太后大闹乾清宫

雍正帝生母皇太后其人

孝恭仁皇后（1660—1723 年），乌雅氏，康熙帝妃嫔，雍正帝生母，满洲正黄旗人，其父乃护军参领、加封一等公威武。

康熙十二年（1673）14 岁入宫。康熙十七年（1678）19 岁生皇四子胤禛。康熙十八年（1679）康熙帝单独为其特别册封其为德嫔，时年 20 岁。康熙十九年（1680）生皇六子胤祚，时年 21 岁。康熙二十年（1681）晋封为德妃，时年 22 岁。康熙二十一年（1682）生皇七女，时年 23 岁。康熙二十二年（1683）生皇九女，时年 24 岁。康熙二十五年（1686）生皇十二女，时年 27 岁。康熙二十七年（1688）生皇十四子胤祯，时年 29 岁。

从以上所列可知，乌雅氏从 19 岁起至 29 岁，她为康熙帝共生育 3 个儿子、3 个女儿，是为康熙帝生育最多的妃嫔之一（另一位是荣妃马佳氏，即三阿哥生母。是康熙帝最早的妃嫔之一，她为康熙帝育有五子一女，却只存活三阿哥胤祉和固伦荣宪公主长大成人）。

乌雅氏的生育阶段，乃康熙帝27岁至37岁阶段，正是康熙帝精力最为充沛阶段，可见乌雅氏深得康熙帝之宠爱。

从康熙帝封其为德妃的妃号可知，乌雅氏不仅貌美体健，更是品德贤淑，性格温柔，这是她深得康熙帝宠爱的主要原因。

马佳氏是在入宫整整十年之后才晋封为嫔，而乌雅氏入宫第二年即封嫔，可见乌雅氏在康熙帝众多嫔妃里，有着非同一般的特殊地位。

康熙六十一年十一月，雍正帝即位后，德妃乌雅氏被尊为皇太后，拟上徽号曰仁寿皇太后。然在雍正元年五月二十三日（1723年6月25日），雍正帝即位未及半年，她就崩逝于永和宫，即四阿哥胤禛、十四阿哥胤祯出生的地方，享年64岁。同年九月，与康熙帝合葬景陵。全谥曰：孝恭宣惠温肃定裕慈纯钦穆赞天承圣仁皇后。

这样一位品德贤淑，性格温柔，体健貌美的女子，其儿子又刚登位做了皇帝，怎么会在其儿子做皇帝还不到半年时，就一命呜呼了呢？而且，皇太后的死同康熙帝的死一样——突然，蹊跷。因为，太后死前，并未见有太医救治或发出病危警告。她是雍正元年五月二十三日凌晨，在未有任何病症的情形下，突然毙命于自己寝宫的。

究其原因，同康熙帝突然、蹊跷死去有关；同四阿哥突然、蹊跷登基称帝有关；更同四阿哥在乾清宫登基称帝时，她公开大闹乾清宫有关。

下面，我们先来分析一下这位品德贤淑，性格温柔，貌美体健的皇太后，为何要公开大闹乾清宫。

首先，康熙帝、乌雅氏在对四阿哥、十四阿哥这两个皇子的亲疏上，是有所不同的。例如，乌雅氏的大儿子即四阿哥胤禛成婚后，即按制度执行，与皇父、母分居，搬出宫外居住，所谓雍王府，即现今北京东城区雍和宫。雍王府是四阿哥被授亲王后扩建的府名。胤禛成婚时，只分配了四五间平房，宅基原是明代退休太监居住的地方。在明代，那个地方地名叫太监衔。但小儿子十四阿哥胤祯成婚后，却并未搬出宫外居住，仍与福晋（即正妻）一起住在皇宫内。十四阿哥本人，乃至后来十四阿哥的嫡子弘明，都跟随康熙"学习行走"(学习办公理政)。可见康熙帝、乌雅氏对小儿子十四阿哥的宠爱，在其兄四阿哥之上。

康熙五十年（1711）时，康熙帝就说过："凡人有所甚爱之子，亦有所不甚爱之子。"康熙帝甚爱皇二子，即原太子胤礽。二废太子后，他又用各种方法公开或暗示甚爱皇十四子。

据杨珍教授从满文档案中发现，当内务府向康熙帝报告请示三阿哥、四阿哥的儿子即他的两个皇孙结婚时，康熙帝批示由三阿哥、四阿哥的王府自己办理。但十四阿哥的儿子弘明结婚时，康熙帝则亲自操办，他亲自指定婚房、亲自写喜庆对联，连婚娶所用宴席、礼金等，也全由他一手主持操办。康熙帝对四阿哥、十四阿哥的差别如此之大，可能也是四阿哥对父皇心生不满、嫉恨并日积月累的直接原因之一。

以上四阿哥的成长经历，无形中又加深、扩大了四阿哥母子间的隔阂。原来，隆科多的姐姐是康熙帝的佟贵妃，早在康熙十六年（1677）就被封为贵妃，康熙十七年（1678）孝昭仁皇后死后开始统摄六宫，但她一直未生育。康熙帝决定，将康熙十七年乌雅氏所生的皇四子胤禛交由佟贵妃抱养。

康熙二十年（1681）十二月二十日，佟贵妃晋为皇贵妃，身份高于皇四子胤禛生母乌雅氏。所以，胤禛从六七岁懂事起，就有一种优越感，就自视甚高，反而与生母乌雅氏生疏起来。

康熙二十八年皇贵妃病重，康熙帝想为她冲喜，于同年七月初九封其为皇后。可惜，册封次日，佟佳氏便病逝了。此时，胤禛仅十一岁，便又由康熙帝的其他妃子领养。

到胤禛成年后，他只认佟佳氏的弟弟隆科多为舅舅，反而与生母舅家素不来往。这就愈加扩大了母子间的裂痕。

更为关键的是，无论康熙帝最终决定传位给四阿哥还是十四阿哥，作为他们的生母，会一无所知吗？当然不会。如果康熙帝真的传位给四阿哥，作为其生母，有必要大闹特闹吗？

当时更大的可能是：她知道康熙帝并未传位给四阿哥，她也在怀疑康熙帝的死，觉得四阿哥十分可疑；四阿哥的突然、蹊跷称帝，更使她看透了四阿哥的本质；加上她本来就一向不喜欢四阿哥，这种种因素凑合在一起，终于使她火山爆发，公开令四阿哥被动、难堪。用这样的方式，揭露、对抗四阿哥称帝。这样的分析推论是否较为合理？

下面，就来看看这位品德贤淑、性格温柔、貌美体健的皇太后，是如何公开在乾清宫大闹特闹的吧。

据雍正自己说："及皇考升遐之日，母后哀痛深至，决意从殉，不饮不食。朕稽首痛苦，奏云：皇考以大事遗付冲人，今圣母若执意如此，臣更何所瞻依，将何以对天下臣民，亦惟以身相从耳。再四哀恳，母后始进水浆。"

这段话的第一句话，其实是一个烟幕弹。"皇考升遐之日"是十一月十三日。但即使按雍正朝的官史，也从未见到这一日她从白天到黑夜的任何活动。"母后哀痛深至"，是第二天夜晚在乾清宫大殓时才开始有记载。雍正故意将此提前一天，看似轻描淡写，实是大有用意。雍正就是要以此给他人（看了此文后）造成一种康熙帝临终之时、母后也在现场的错觉，这是雍正在耍弄狡猾。

但雍正却暴露了一个内幕，即当母后得知康熙帝死后，“决意从殉，不饮不食”；暴露了太后乌雅氏“滴水不进、决意从殉”的事实。这16个黑体字可是雍正朱批中亲手留下的。用大白话直说，就是太后开始闹绝食，滴水不进，非要跟康熙帝一道去死。

太后为什么要对当上新皇帝的儿子以死相逼？除了雍正所说“哀痛深至”外，还有没有其他更深层的原因呢？难道真的如雍正所说，只是“哀痛深至”的缘故吗？

太后公开大闹乾清宫，有形无形中隐隐约约默认了、肯定了、助长了宫里到处流传的四阿哥“谋父篡位”的传说。太后公开大闹乾清宫，无异于在用行动告诉雍正，既然你逼死了康熙帝，那么，我也死给你看。眼不见为净，一了百了吧。

如果太后仅止于“滴水不进、决意从殉”，再没有其他行动，则雍正谋父篡位的阴谋或欺骗就很难被揭穿。但太后紧接着还有一长串连续不断的言行，明显都是冲着新皇帝、亲儿子来的，令其十分难堪，政治上十分被动。

例如，儿子当上皇帝，做母亲的理当高兴才是。可是，据清《世宗实录》记载，乌雅氏竟说：“皇帝诞膺大位，理应受贺，至于我行礼，有何关系？况先帝丧服中，即衣朝服，受皇帝行礼，我心实为不安。著免行礼。”是日，王大臣等有缮折固请，皇太后仍不允。上（雍正帝）又再三恳请，奉皇太后懿旨：“王大臣等既援引先帝所行大礼，恳切求请，我亦无可如何。今晚于梓宫前谢恩后，再行还宫。”还是不接受行大礼。

这是皇太后给新皇帝雍正的一个下马威。意思很清楚——虽然亲儿子当上了皇帝，但此事与她无关。四阿哥不是说，他的继位是先帝决定的吗，那你们都到梓宫前去向大行皇帝叩头行礼吧，我仍还宫。虽然皇太后不能明说四阿哥是篡位，但已经表明了她对胤禛称帝不高兴、不参与、不支持、不配合的态度。

清朝典制，新皇帝登基前，必须先向母后礼拜谢恩；母后必须戴上皇太后凤冠接受新皇帝、百官贺拜；礼部还要向太后进呈册封太后的金册，乌雅氏也理应搬出原先妃子居住的东宫之一永和宫，按现在的太后身份入住慈宁宫。然而，在以上所有这些重要程序上，太后竟都用'于我无关'四字果断回绝。种种必需程序，凡牵涉到乌雅氏的，她必一一寻出种种理由，全部拒绝之：太后凤冠，不戴；当上皇帝的儿子和百官要向她朝贺礼拜，乌雅氏则公开宣称"于我有何关系"；册封，不受；迁住慈宁宫，不搬。这一连串表现，令雍正这位新皇帝十分难堪。天下哪有儿子登基做皇帝，皇太后如此态度行事者？

从当时人的记录中，还能清晰地看到太后当时更为具体的态度："群臣请朝皇太后，传（太后）懿旨不受。复固请，从之。于梓宫前拜扣谢恩，仍还旧宫，懿旨："我自幼入宫为妃，在先帝前毫无尽力之处，将我子为皇帝，不但不敢望，梦中亦不思到。我原欲随先帝同去，今皇帝说、太后圣母若随皇父同去，我亦随太后圣母同去，哀恳劝阻、未遂其志。若穿锦绣、受我子行礼，实为不合。"

皇太后后来又表示："钦命予子继承大统，实非梦想所期。"

皇太后竟然一而再、再而三地说，她做梦也没想到四阿哥会继承接班为皇帝。皇太后的这一连串言行，岂非是在对四阿哥继位的真实性、合法性，公开提出了质疑，公开采取政治上不配合态度吗？

雍正朝初年，雍正还这样说过："朕御极后，凡办理朝政，每日必行奏闻，母后谕以不欲与闻政事。”这显然是太后的托词。孝庄太后辅导皇孙从政的事，不仅人尽皆知，且是一段美誉。雍正每日必行奏闻母后，其实是在做戏给众人看，也是在做戏给太后看。太后干脆全部拒绝，也无非是在做给众人看。针锋相对，毫不留情。

皇太后公开大闹乾清宫，雍正先是不得不硬着头皮强忍，但很快就施之以颜色作为报复。雍正先是将十四阿哥的心腹侍卫、太监抓起来，带上枷锁示众，而且是“永远枷示”；继之，又迅速将十四阿哥逐至京城东北200多里外的汤山（东陵附近马兰屿以东），名曰守陵，实是圈禁。雍正仍不罢休，又以十四阿哥任大将军期间军需“靡费”为由，下令罚扣十四阿哥100万两白银。还不罢休，再下令“其禄米永远停止。”于是，雍正手下的大臣便又迎合雍正的深意，纷纷上言，要求从速处死十四阿哥。

清制，“在京文武各官，有罚俸处分者，唯罚俸银，仍准支领俸米。”就是说，对罚停、罚降、罚扣俸银的文武各官，并不罚停大米，饭还是要给其吃的。雍正对十四弟的打压，不仅挖空心思，而且已逾越了法制制度。

十四阿哥从大将军王，从京城万人空巷夹道欢迎欢声如雷，从所有皇子和在京所有满汉大臣集聚乾清宫为其庆功，从朝野一致看好的皇位接班人，顷刻之间沦为阶下囚，如今再如泰山压顶，“永远停止其禄米”，别说十四阿哥不服，皇太后又怎能对此无动于衷？

俗话说，打狗看主人。雍正将十四阿哥的心腹侍卫、太监抓起来“永远枷示”，其实也并无什么充分罪名，无非是要令十四阿哥难堪，向十四阿哥施加政治压力，也是向之前之后忠诚或同情十四阿哥的军政人员施加政治压力。这除了令十四阿哥痛苦不堪外，又何尝不是在对皇太后公开大闹乾清宫施加报复，又何尝不是故意要令皇太后心痛、难受、生不如死？因此，当时宫里到处都在传说：“皇上故意要气太后。”

皇太后公开大闹乾清宫，皇上故意要气太后，已成了宫内人尽皆知的政治秘密，已成了宫内能耳闻目睹、母子斗气的宫廷剧。

皇太后早已看出并担心，雍正及雍正一党非要将十四阿哥置于死地而后快。她不能不向十四阿哥伸手相救。

但自雍正上台以来，她所碰的钉子也不少。当雍正元年二月，雍正非要将九阿哥允禟发配去青海大通（西宁以北）时，因太后从前为妃子时也曾带养过九阿哥一段时间，故九阿哥也称乌雅氏为母亲。当太后劝阻雍正对九阿哥“何苦如此用心”时，雍正居然不作任何解释，“拂袖而去”，一点面子也不给她。雍正并非是不善辞令之人，更并非不善权术之人。哪怕是编一两句违心的话哄哄母后，在雍正而言也是轻而易举之事。但雍正不予理睬，双袖一甩、扬长而去。可见，雍正对皇太后早已恨得咬牙切齿，很不耐烦了。只是苦于尚无良计妙策而已。

所以，太后对如何营救小儿子十四阿哥，确实也大伤脑筋。左思右想，太后提出了要见十四阿哥，要雍正派人速去汤山接十四阿哥回京的懿旨。

雍正元年五月二十二日，“遣使召允禵来京。”这当然是雍正奉了太后乌雅氏的懿旨，再由雍正遣使，决非是雍正的本意。

然而，雍正怎么会容许太后与十四阿哥再相见？在太后大闹乾清宫之后，雍正更不会给她这个机会。万一太后与十四阿哥联合起来，再来一场大闹乾清宫，他的许多谎言就会被彻底拆穿，不仅皇位不保，恐怕阶下囚就要倒转为是他自己了。

太后乌雅氏要见十四阿哥允禵，可能有三个用意：(1) 规劝允禵改变对雍正的政治态度，或规劝雍正改变对允禵的政治态度。但实际上双方都不可能改变。一方认为，是你用阴谋诡计改变了历史。另一方则认为，历史已不可改变。(2) 太后很有可能以母子相见为借口，从此将允禵留在身边，以此对允禵作出切实有力保护。但雍正连她们母子相见都严格掌控，怎么可能会同意将允禵留在太后身边？(3) 太后本以为，用母命难违这最后一张王牌，或可以实现与小儿子相见。也许，太后已估计到，雍正之所以将十四阿哥调出京城，可能是担心十四阿哥留在京城迟早会造反。其实，十四阿哥如果想造反，他在榆林得知父皇恶讯后，当时就可调头回西宁或甘州，那里有他 20 万大军的大本营。既然他未回西宁或甘州，而是仍继续东进回京，说明他已放弃了举兵造反的念头。连同父异母的兄弟九阿哥允禟后来都已表态："岂能指望我等兄弟为争皇位而打仗"，作为同胞兄弟，更不用担此心了。再说，将十四阿哥调回京城与太后同住，雍正与允禵各得其所，有何不好？

但，这只是太后的一厢情愿，雍正是不会令其遂愿的。而母命又难违，太后既已正式下达懿旨，表面上的假戏还得要演。于是，雍正便表面上派了两个人，径直去了汤山。

雍正背地里是否另有布置，不得而知。我们所知的事实是：这两个人非但未能将十四阿哥接回，汤山那头反而将这两个人扣压、拘禁了。理由是，将十四阿哥接回京城，如此大事，怎会没有雍正谕旨，也无任何部门公文印信？所以，汤山那头一面将这两个人扣压、拘禁，一面再派人进京请示，一定要等雍正圣旨。如此一来二去，仍不见将十四阿哥接回京城，太后急坏了。

遣使召允禵来京是五月二十二日，照理，二十三日太后就可在宫里见到爱子。但三屯营副将李如柏以部文未声明旨意、又无印信为凭，一面将来使粘杆子、侍卫吴喜、朱兰泰扣下监禁，一面再请旨。二十四日，雍正第二次复派人前往汤山，令允禵乘驿来京，并规定，随员不得超过十人。二十五日，允禵至遵化门，看到前来迎接的城门守备都把帽子上的红缨摘掉，方知太后已于二十三日崩逝。遂一路哭入北京城，换过孝服进宫。

太后是二十二日遣使，二十三日深夜仍不见十四阿哥而突然去世于自己原先居住的东宫永和宫的。民间传说，太后受雍正气后，在殿内撞柱而亡。又有传说，太后是半夜服毒而亡。窃以为，这两种传说均无可能。

太后要死要活，早已沸沸扬扬，则太后身边毒药从何而来？又怎么可能在大庭广众、众目睽睽之下一撞就亡？

京城往汤山，快马当天就可往返。无论如何，第二天也该返京。无论如何，第二天晚上也该母子相见了。但直至深夜仍不见十四阿哥，太后彻底绝望了。回想三个月前四阿哥对自己拂袖而去，太后认定，四阿哥不会让自己与十四阿哥母子相见，这是公然抗旨，不仅令其彻底绝望，更是以羞辱对其实施报复。

四阿哥抗旨并非第一回。读者诸君不会忘记，康熙帝“谕令速至”，要胤禛马上去畅春园，胤禛本可以半小时就到达，胤禛不是照样敢于抗旨 8 个小时不到吗？如今，父皇康熙已死，他还有什么不敢做的事情？

哀莫大于心死。太后最终决定以死抗争。

太后之死，是其绝望、无奈下的抗争；也是绝望、无奈下对身心痛苦的解脱，更是对上台还不到半年的新皇帝、亲生儿子胤禛的最后的反击。

太后究竟怎么死的？分析之后，她很有可能是半夜一至三时吞金自杀的。也可以说，她是被雍正逼死的。如果雍正让太后与十四阿哥母子相见同住，即使对其严密监控，太后还会选择自杀、以死抗争吗？

何以见得太后是自杀？何以见得太后是以死抗争？因为，太后临终时间是凌晨一至三时。但太后临终前，并未出现任何症状；也未见太医抢救过程、也未出现任何形式的病危通知，她死得十分突然而又蹊跷。

我们从太后死后雍正的朱谕里，尚可窥察出几丝端倪："皇太后抚时增感与日俱深，疾虽未形，积哀实久，忽焉违豫，遽尔宾天。"

何谓"疾虽未形"？就是说，根本看不出太后有什么病。既然看不出有什么病，太后又怎么会突然死去呢？雍正解释是"积哀实久，忽焉违豫，遽尔宾天"。就是说，太后是因积哀过久才死去的。

太后去世距康熙帝去世不过半年，"积哀实久"这个解释，太过勉强。于是七年后，雍正又为此事作出了新的注释："母后素有痰疾，又因皇考大事，悲恸不释于怀，于癸卯五月，旧恙复发。朕侍奉汤药，冀望痊愈。不意遂至大渐。"

"素有痰疾，旧恙复发"，是太后去世七年后，雍正为对付"皇上逼母"的舆论而新添的托词；"朕侍奉汤药"，更是太后去世七年后，雍正再凭空生造新添的为自己涂脂抹粉的托词。

在太后忌辰二周年时，雍正又作词一首。词前还这样写道："母后升遐修经周岁，痛色笑之难追，想音容而切慕，潸然泪下，赋此哀词为念。"

慈恩重，难禁涕泪悬。尊荣养，莫罄背弃岁。经迁日月，还依若音容。独渺与寝门，空在望，一望一凄然。

雍正作这首词，与其说这是在寄托哀思，不如说是内疚、忏悔更为恰如其分。中国有一句老话：早知今日，何必当初。即使身为天子，娘亲健在总是一件令人幸福之事。如果康熙帝之死雍正毫无嫌疑，如果雍正不抢班夺宫自己称帝，以德著称的母后会在大庭广众上令雍正如此被动、难堪吗？如果雍正夺宫成功后不是对众多兄弟如此残酷迫害，不是令母后如此伤心绝望，母后会“疾虽未形，遽尔宾天”吗？

但，太后是十四阿哥允禵的政治保护伞，不搬倒这柄保护伞，雍正实不肯罢休。雍正帝的心腹重臣张廷玉后来对此有一旁证，颇能说明之：

“三月，上亲送梓宫赴山陵，廷玉扈从。四月初五日回銮。五月二十三日皇太后升遐。”可见，太后是因雍正四月初五日以守陵为名将允禵囚禁于汤山、五月二十二日皇太后谕旨将爱子十四阿哥允禵调回宫内却不能，才一死了之的。

康熙帝死后第二天，太后便大闹乾清宫，滴水不进，要死要活。不到半年，又“疾虽未形，遽尔宾天”。窃以为，太后在永和宫里吞金自杀的可能性极大。

半年之内，雍正帝“谋父篡位”的恶名尚未洗净，又背上了“逼母至死”的骂名。

是历史对雍正帝不公正么？雍正帝谋父篡位、逼母至死全都是街头巷尾茶余酒后的民间传说么？全都是雍正帝的政敌对他的造谣中伤么？还是历史无情，是雍正帝在众多事实面前自已漏洞百出，无法一手遮天，无法自圆其说？

二、养心殿内外的后宫内幕

1. 雍正帝从4个老婆猛然扩充到37个老婆

自顺治帝定都北京，乾清宫就成为紫禁城内顺治帝、康熙帝前殿后宫的主要格局，历时近80年。自雍正帝成为紫禁城新主，这个格局就被打破了。雍正帝不愿住乾清宫，理由是先帝已在此60年，他不忍心在此居住。

其实，这只是借口，也只是借口的第一步。接下来，原先康熙帝经常起居、办公的畅春园，从此他再也不入住。即使偶尔进入，也只是象征性的礼拜活动，随即离开，再也不会在此留宿过夜。承德的避暑山庄、木兰围场，则更是退避三舍。他在位13年，避暑山庄与木兰围场一次也不见他踪影。他怕被人谋刺。为什么他爷爷顺治帝、他父皇康熙帝、他儿子乾隆帝从不怕人谋刺，独雍正怕人谋刺呢？直至他去世，也坚决不葬东陵。东陵躺着他皇祖顺治帝、皇考康熙帝。他未去世前，早已大兴土木，另外选址，远离东陵，建造西陵。用今天的现代计量，东西陵相距要300公里之远。清朝的路况远非今日可比，要落后得多。雍正帝另建西陵，仅从北京到易县一路，就必须或重建、或扩建。建造西陵的人力、物力、财力，比在东陵建造帝陵要耗费巨大得多。对于雍正帝另建西陵，应把以上变动连贯起来考虑，不可只见树木、不见森林。此是另外话题，这里不作展开。

说雍正帝不好色，实是“此地无银三百两”，打肿脸充胖子。

四阿哥胤禛早在14岁就完婚，到29岁时，别说在他之上的大阿哥、二阿哥、三阿哥，即使比他年幼的五、七、九阿哥，也均已得到四个妻妾。就连比他小得多的十、十二、十四阿哥，也均已有三个妻妾，独四阿哥仍只有两个妻妾。

是四阿哥不喜欢女人，不想拥有更多老婆吗？当然不是。是父皇康熙帝没给他更多老婆。为什么？因为，多一个妻妾，就要多赏赐一份房子，多赏赐一份银子，多赏赐家丁和女奴。多一个妻妾，就会多子多女，这是兴旺多福的征兆。而皇子成婚，多是父皇指婚，或是获得允许。四阿哥的妻妾远少于众兄弟，要么，是父皇康熙帝未考虑多给，要么，是四阿哥的要求未获得父皇康熙帝允准。无论是哪一种，四阿哥会不生嫉恨于父皇？不生嫉恨于众兄弟？

到康熙四十七年时，大阿哥、二阿哥、三阿哥、四阿哥、五阿哥五位皇子均因故被捕圈禁，后来八阿哥、十三阿哥也被捕圈禁。唯十四阿哥，康熙一朝从未受圈禁；到康熙五十五年（1716）时，三、五阿哥均已封了世子，独四阿哥始终不封世子。四阿哥“不见悦于康熙”、“康熙最不愿胤禛继位”，以上均可见端倪也。

雍正帝不住乾清宫，也不住畅春园，那么，他住到哪里去呢？——养心殿与圆明园。

这里先说养心殿。

养心殿位于内廷乾清宫西侧。乾清宫是内廷正殿，即三大殿之北的“后三宫”(乾清宫、交泰殿、坤宁宫）中的第一座宫殿。乾清宫面阔9间，进深5间，高20米，重檐庑殿顶。殿的正中有宝座，两头有暖阁。是明清十六个皇帝的寝宫：明朝的十四个皇帝和清代的顺治、康熙两个皇帝，都以乾清宫为寝宫。他们在这里居住，平时也在此处理日常政务。

出乾清宫西面月华门，正对着养心殿东墙遵义门，入遵义门内往西行，便是养心殿正门养心门。它的南面是隆宗门，隆宗门内、乾清门西，有军机处。隆宗门外有内务府值房。与军机处、内务府值房隔着养心殿外墙。养心殿的最北面，有东西两扇便门，吉祥门和如意门，直通西宫各宫。

从养心殿平面图可知，雍正帝与乾清宫来往出入很方便，与西宫各宫出入也很方便。但官员或其他人要进养心殿，非常难。

要进入养心殿雍正帝寝宫更是难上加难。首先要过头道门遵义门，才可进养心殿正门养心门。还要过影壁门，抱厦廊门，才能进入养心殿。

雍正帝寝宫北面是厚厚的宫墙，唯一进入雍正帝寝宫之路，就是前5道门再加寝宫的宫门。

因此，养心殿是紫禁城大内的宫中之宫、墙内置墙的地方。既为雍正帝理政提供了方便，更为其住地的安全，提供了安全再安全的双保险。雍正帝不住乾清宫，改住养心殿，除了尽可能减少甚至脱离先帝生前经常活动地方的影子外，出于安全保卫又便于接见臣僚，是其主要原因。

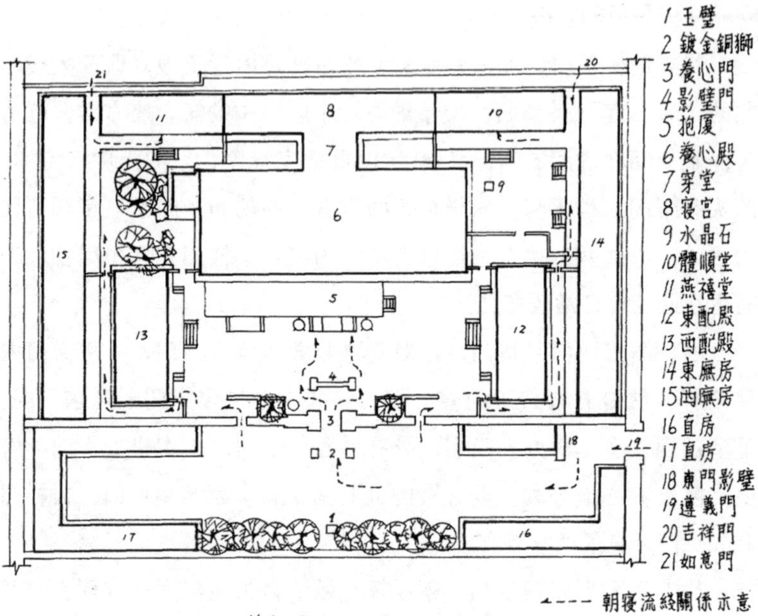

養心殿平面圖　以林繪

养心殿正殿北墙内，即雍正帝寝宫。寝宫东侧体顺堂（原名隆禧馆，光绪初年始名）为皇后所居。西侧燕禧堂，为皇贵妃所居。此外，养心殿外墙内侧的东西两边，各有东西庑房十几间，为雍正帝的嫔妃所居。也就是说，雍正帝白天在养心殿勤政时，也始终在美女的包围之中。夜晚，则有太监请雍正帝选定由谁侍御。

雍正初年，雍正帝有嫡福晋乌喇那拉氏皇后、侧福晋年贵妃（即年羹尧胞妹）、侧福晋齐妃、钮祜禄氏熹妃（即乾隆帝弘历生母）、裕嫔耿氏、懋嫔宋氏、谦嫔刘氏、宁嫔武氏，共8位后妃。

在《清实录》及许多专家论著中，在介绍雍正帝有几个老婆时，都咬定雍正帝只有8个老婆，这是偏听偏信了雍正帝的史料。事实真相远非如此，再扩大4倍也不止。

因为，到了雍正七年（1729），一年内，雍正一下子猛增后宫7名女子。到雍正帝去世前，在雍正执政的13年内，雍正后宫的皇后、皇贵妃、贵妃、嫔、贵人、常在、答应等已猛增至37名。

例如，郭贵人、李贵人、安贵人、海贵人、张贵人、马常在、李常在、顾常在、高常在、常常在、春常在、那常在、吉常在、苏答应、英答应、汪答应、德答应、张格格、伊格格、云惠等。还有7位女子，虽然葬在西陵的后妃陵园内，无疑也都是他的女人，却连名字也难考。

朝鲜史料有一条说法，“雍正晚年贪图女色，病入膏肓，自腰以下不能运用者久矣。”朝鲜使者在给本国国王的报告中，没有必要去故意捏造、肆意攻击雍正。这条史料，当可作为雍正晚年为贪图女色而身体严重亏损的一条辅证。

目前，海峡两岸故宫所有见到的雍正行乐图，几乎每幅行乐图中都有美女出现，恐怕不是偶然巧合，当具有很强的纪实性。不仅如此，雍正还将12幅美女图令宫中造办处制成12张屏风置于圆明园。可见，雍正对此喜爱之甚。

雍正帝勤政并不假，且主要就集中在养心殿，现在几乎人人皆知。把他说成鞠躬尽瘁、累死在岗位上，有点过头。历史上哪个皇帝是累死的？中国封建社会有几百个皇帝，唯独雍正帝一人是勤政累死的？

雍正帝勤政主要集中在其执政的前七年，其执政的主要目标在于铲除政敌，巩固皇权。这七年中，所谓的改革，如秘密立储、收缴并推广密折、建军机处，其核心都是围绕巩固皇权，扩大个人独裁。摊丁入亩，改土归流，这两项都不是雍正帝首创，明代或前任都提出并实施过。设会考府清理拖欠，期限一再延长，说明执行并不顺利，且远未达标。总而言之，雍正七年至八年是雍正帝勤政与懈怠的一个坡、一条坎。他执政的头七年确实勤政，但七年至八年后，他就像换了一个人，并不勤政了。至少，勤政大不如前了。

例如，以满文朱批为例，

雍正八年（1730）正月初五日，2 件；

二十三日，1 件；

二十四日，1 件；

二十八日，1 件；

二十九日，2 件；

三十日，1 件；基本上都是一天只批一件。

二月，10 件；

三月，7 件；

四月，3 件；

五月，16 件；

六月，6 件；

七月，2 件；

八月，2 件；

九月，1 件；

十月，2 件；

十一月，4 件；

十二月，9 件；从二月至十二月计 330 天，平均每天御批一件都不到。

再看雍正十三年（1735）。

雍正十三年正月，初一至十九日，0件；

二十日，2件，无批；20天里一件都没批过。

二月，初六，2件，一件批“知道了”3字；

初九，1件，批“欣览”2字；

十五日，3件，均无批；

十九日，1件，无批；

二十一日，1件；

二十三日，1件，无批；

二十六日，1件，果亲王请安折；

二十九日，1件。这个月里，大部分是一天仅一件，且基本上都未批。

三月，初一日，1件，无批；

初二日，1件，批“知道了”3字；

初四日，1件，批“知道了”3字；

初九至十九日，无批；

二十日，1件，无批；

二十七日，1件，无批；

四月，初六日，1件；

十八日，3件，均无批；

二十一日，1件，无批；

五月，初二日，1件，无批；

初三日，1件，无批；

初五日，1件，批“知道了”3字；

初九日，1件，无批；

十一日，2 件，无批；

十七日，1 件，无批；

二十日，1 件，无批；

二十四日，1 件，无批；

六月，初一日，1 件；

初三日，1 件；

七月，初三日，6 件。这是此年一天内最多的朱批数。

初九日，1 件；

十一日，1 件；

十五日，2 件，无批；

二十日，2 件，1 件无批；

二十四日，1 件，无批；

二十九日，3 件，2 件，无批，1 件批“知道了”；

八月，初三日，1 件；

初四日，1 件；

十日，1 件；

十一日至十六日，0 件。

十七日，1 件；

二十日，2 件。

为什么雍正七年起、尤其是雍正八年后，雍正帝勤政大不如前了呢？原因之一，他的政敌已彻底铲除，他的余暇时间多起来了；原因之二，雍正七年起，他的后宫已一下子扩充。无论是养心殿、还是圆明园，到处都有美女包围、到处都有美女前簇后拥。雍正七年至八年后，雍正帝勤政大不如前，主要原因与主要事实，均在此矣。

2. 雍正帝与皇后之恩怨

乌喇那拉氏，内大臣费扬古女。康熙三十年（1691）被康熙帝册为皇四子胤禛嫡福晋（犹汉人家室中正房），时年14岁。婚后第六年，即康熙三十六年（1697），她19岁（四阿哥亦19岁）生育了四阿哥的嫡长子弘晖。

她虽是四阿哥的第一位正式妻子嫡福晋，却并不是第一位为四阿哥生育子女的女人。在她之前，宋氏于康熙三十三年（1694）为他生育了长女，康熙三十四年（1695）李氏（弘时生母）为他生育了第二女。令胤禛嫡福晋不幸的是，康熙四十三年（1704），嫡长子弘晖年仅8岁就病故了，从此，乌喇那拉氏再未生育。

雍正元年，乌喇那拉氏册为孝敬宪皇后，年45岁。康熙五十年（1711），宫女钮祜禄氏为四阿哥私生弘历（即后来的乾隆帝）时，嫡福晋不过34岁。当然她容不下毫无名分的钮祜禄氏母子二人进门。

雍正九年（1731）九月己丑（十三日），孝敬宪皇后崩，年54岁。

纵观乌喇那拉氏一生，她从康熙三十年14岁与四阿哥成婚起，陪伴丈夫历经贝勒、亲王，直至龙袍加身当上皇帝等各个不同阶段，始终风雨同舟，一起生活，直至病逝，时间长达41年之久。她是四阿哥第一位正式妻子嫡福晋，又经历了四阿哥从普通皇子一步登天到皇帝的华丽转身、大起大落。她对自己与丈夫的人生命运，一定有着许多超过宫内其他女子的特殊感悟。

自从康熙三十六年她生育了弘晖之后，至康熙六十年，李氏、耿氏、年氏，包括当时尚无正式名分的钮祜禄氏，先后总共为雍正生育了7个儿子。其中，李氏为其生育了3个儿子，年氏为其生育了2个儿子。年氏在雍正元年还为雍正再生育了一个儿子。雍正十一年（1733），谦妃为其生育了另一个儿子弘瞻，总共10个儿子。但四阿哥称帝前先已死了4个，雍正年间又死去3个（其中弘时非正常死亡），活至乾隆三十年的有2个，活至嘉庆四年的有一个（弘历）。

从名分上说，乌喇那拉氏在雍正后宫中，是地位、身份最高的女子。但由于无子，她在内心里未必是最幸福的女子。而李氏却为四阿哥连续生育了3个儿子，年氏更加得宠，她的生育从康熙朝一直延续到雍正朝，一直在为四阿哥连续生育，共生育了3个儿子、一个女儿。据此是否可以判断：四阿哥雍正帝对李氏、特别是年氏之宠幸，实际上要大大超过嫡福晋乌喇那拉氏。

可能正是这个原因，雍正九年九月乌喇那拉氏病逝，雍正帝发谕："朕调理经年，今始痊愈，若亲临丧次，触景增悲，非摄养所宜。"就是说，他不亲自去与嫡福晋作遗体告别，理由是不利其摄养，这是极为罕见的。乌喇那拉氏病逝时，雍正帝不过54岁。

我们来看看雍正完整的说法是什么样，上谕曰："皇后自垂髫之年，奉皇考命，作配朕躬。结缡以来，四十余载，孝顺恭敬，始终一致。朕调理经年，今始痊愈，若亲临丧次，触景增悲，非摄养所宜。但皇后丧事，国家典仪虽备，而朕礼数未周。权衡轻重，如何使情文兼尽，其具议以闻。"诸大臣议，以明会典皇后丧，无亲临祭奠之礼，令皇子朝夕奠，遇祭，例可遣官，乞停亲祭，从之。

对一位14岁就嫁给他、曾为他生过嫡子、风雨同舟四十余载的皇后，雍正先表态不想亲临丧仪，又怕别人数落他礼数未周，要大臣为他寻找理由，岂不虚伪之极。从雍正帝对嫡福晋“自垂髫之年，奉皇考命，作配朕躬。结缡以来，四十余载，孝顺恭敬，始终一致”的评语看，嫡福晋是一位本分、孝顺、谦恭的女子。她之所以失宠于丈夫，可能是其他女子比她更年轻、更讨雍正喜欢的缘故。

雍正生病于雍正八年，至雍正九年九月早已痊愈。雍正说“若亲临丧次，触景增悲，非摄养所宜”，这显然是一条理由并不充分的借口。

> 雍正就在圆明园，不去看望正在园内病重的嫡福晋，其实另有原因：雍正九年九月己丑（二十九日），皇后病笃移驻畅春园，上亲往看视，逾时回宫。未刻（下午一至三时），皇后病逝。上痛悼不已，又欲亲临含殓，诸王大臣等恳请节哀并停止亲往，上勉从之。庚寅（三十日，皇后病逝次日），上辍朝五日，在京诸王以下及旗下二品命妇俱齐集畅春园举哀，持服二十七日。

笔者想问的是，既然皇后病情严重了，为什么不在圆明园就地抢救，非要移驻畅春园？既然雍正本人就在圆明园，为什么不去看视，非要移驻畅春园后，再去看视？

看来，恐怕还是雍正的迷信思想在作怪，雍正怕看视后不吉利，更担心皇后死在圆明园会对他有什么不吉利。所以，即使皇后病情严重了，即使他也就在圆明园内，他也不去看视，还急急忙忙要将病笃的皇后从圆明园移驻畅春园。而移驻畅春园的当天下午，皇后就死在了畅春园。

在《世宗实录》中，雍正帝“又欲亲临含殓”，是“诸王大臣等恳请节哀并停止亲往，上勉从之。”雍正帝“停止亲往”，是“诸王大臣等恳请”后，雍正帝才勉强接受的。这是说假话、作伪史，是御用文人在为美化雍正帝寻章摘句。我们从雍正帝的谕旨中可知，是雍正帝首先透露出不想亲临，再要臣下为其寻找理由根据的。大臣们终于提出“明会典皇后丧，无亲临祭奠之礼，令皇子朝夕奠，遇祭，例可遣官，乞停亲祭”，雍正帝觉得如此可以两全其美，才“从之”。

于是，就有了所谓“时上病初愈，欲亲临含殓，诸大臣谏止。谥孝敬皇后。及世宗崩，合葬泰陵。乾隆、嘉庆累加谥，曰孝敬恭和懿顺昭惠庄肃安康佐天翊圣宪皇后”。为什么皇后在圆明园“病笃”之时，未见召太医抢救，也未见雍正帝去看视近在咫尺的皇后？联系到康熙帝“病笃”时，也始终未见召太医抢救之任何记载，再联系雍正三年年贵妃病重后，雍正帝也从不去看视，这就并非偶然巧合，这就不能不对雍正的心地心寒生畏生厌并要深思了。

雍正帝与皇后乌喇那拉氏之间，并不存在任何政治矛盾，也不存在任何欲谋害皇后、灭口之嫌疑。原因可能如上言及，就出在雍正帝的封建迷信上——雍正不想看到皇后死在圆明园内，怕对自己不吉利，所以，才急忙将其往畅春园转移。而转移到畅春园当天下午十三至十五时，皇后果然就去世了。皇后乌喇那拉氏去世前后，宫内大臣实际上一直是在揣摩雍正帝的态度，再决定对皇后的丧礼采取何等礼节。当时大臣呈给雍正帝的满文奏折，就很能说明这个问题：如领侍卫内大臣丰盛额等谨奏报移皇后梓宫折中，领侍卫内大臣英诚公、丰盛额等奏：“谨将皇后梓宫入紫禁城内，则宫殿修讫，且（供献）神主、（老主子们居住）〈等问题〉。皇后既于此（畅春园）崩，则即暂安梓宫畅春园九经三事（殿）数日，另卜吉日，奉移田村庐殿。到彼处后，再修建道场。……紫禁城内既然（神主、老）主子们居住，则令守门、官差上行走人等释服之前不准换班，停止成服。咨行（通知公告）两路军营，停止摘冠缨（帽上红缨）……其看守圆明园门、官差上行走人等，亦释服之前不准换班。为此谨奏。”

在雍正元年五月，雍正帝生母皇太后去世后，雍正帝的皇后乌喇那拉氏毫无疑问、理所当然是后宫中身份地位最高者，皇后死后梓宫竟不让入紫禁城。为的是其道场可以不在紫禁城宫殿做。甚至，紫禁城及圆明园守门士兵皆“不准换班”，即一切照旧。

雍正帝是什么意见，因为没有朱批不得而知。可想而知的是，大臣们之所以上这份奏折，是为迎合雍正帝的迷信、忌讳皇后乌喇那拉氏死在圆明园，才进一步提出其梓宫及道场也不得入紫禁城。甚至其梓宫也不能在畅春园停放过久，只可“数日”，“数日（后），另卜吉日，奉移田村庐殿。到彼处后，再修建道场”。雍正帝对皇后乌喇那拉氏之死及死后梓宫停放何处，为什么竟有那么多忌讳？以致连传统礼仪也全然不顾？他对皇后乌喇那拉氏感情之深浅、之真伪，究竟程度如何，在皇后乌喇那拉氏病重、去世后的态度上及其处置过程，是否已能说明一些问题了呢？

3. 雍正帝与年贵妃之恩怨

年贵妃，即年羹尧的胞妹。四阿哥娶年氏，时间当是在他已为雍亲王之后。从年氏的生育记录看，与弘时的生母齐妃一样，她也为四阿哥共生过 3 子 1 女。可知，她与齐妃一样，非常得四阿哥之宠。但四阿哥称帝后，齐妃再未生育。从四阿哥皇子时代起，一直到雍正称帝后仍继续为其生育者，唯独年氏一人，可见年氏得宠明显在宫内所有其他女性之上。

从生育时间节奏看，康熙五十四年（1715）年氏生四阿哥第四女，五十九年生四阿哥第七子福宜；六十年生四阿哥第八子福惠，雍正元年生四阿哥第九子福沛。可见，年氏为四阿哥生育，全是在康熙帝第二次废太子之后。而康熙五十九年、六十年，正是四阿哥谋储最紧张、最重要的时候。即使到雍正元年，四阿哥虽已贵为天子，但宫内的政治斗争仍是甚为紧张、严重。由此可知，无论四阿哥在皇子时代，还是已身为皇帝时代，在政治压力最大、政治风险最紧张时期，他最为倚重、或个人感情对其倾斜最大者，始终乃年氏一人。

一方面，四阿哥的大舅子年羹尧深得康熙帝器重，职务显赫，是其原因之一；另一方面，年氏本人的品性能力超众，也是原因之一。换言之，四阿哥与年氏联姻后，政治纽带起的作用很大。年氏在四阿哥谋储阶段乃至称帝后，她对四阿哥的政治作用与贡献，是宫内任何其他女人都无法胜任、不可替代的。而且，有必要一提的是，无论四阿哥身为亲王时期，还是身为皇帝时期，年氏一直是带病为其连续生育、带病为其独当一面，不辞辛劳、任劳任怨。

也因此，雍正元年二月，年氏从一名侧福晋，一下子晋升为贵妃，也就理所当然了。

年氏逝世后，雍正特有谕旨：年贵妃“秉性柔佳，持躬淑慎，朕在藩邸时，持朕克尽敬慎，在皇后（嫡福晋）前小心恭谨……朕即位后，贵妃于皇考、皇妣大事悉皆尽心力疾尽礼，实能赞襄内政”。

一句“实能赞襄内政”，道出了当康熙帝突然蹊跷死亡之后、当雍正上台还不到半年、太后又突然蹊跷死亡的非常时期，年氏在宫内忙前忙后，充当雍正左臂右膀的非常作用。

照理，雍正帝对后宫中有这样一位才貌双全、又对其有着特殊贡献者的年贵妃，应恩爱珍惜不减，加倍善待才是。但结果是非常奇怪，非常令人不可思议，甚至可以说，非常令人心寒。

奇怪之一，年氏的3个儿子竟然无一存活。长子福宜，康熙五十九年生，康熙六十年即夭亡，仅活到2岁。二子福慧，康熙六十年生，雍正六年（1728）卒，年仅8岁。三子福沛，雍正元年生，旋夭。

奇怪之二，照理，年氏所生儿子，按爱新觉罗族谱理应都是弘字辈。尤其是二子福慧，存活到雍正六年，更应是弘字辈。但年氏所生的儿子，无论在康熙时代，还是雍正时代，无一个儿子为弘字辈，全是取名福字辈。康熙帝的皇孙全是弘字辈，独年氏所生的儿子无一个是弘字辈，此实为又一怪事也。

最奇怪的是三，即四阿哥做了皇帝以后，对年氏的态度判若两人。这个内幕真相，是从雍正三年（1725）十一月十五日贵妃病重时，雍正帝的朱谕中透露出来的："妃素病弱，三年以来，朕办理机务宵旰不遑，未能留心商榷诊治。凡方药之事，悉付医家，以致耽延日久。目今渐次沉重，朕心深为轸念。贵妃著封为皇贵妃。倘事出，一切礼仪俱照皇贵妃行。"

所谓"三年以来"，就是指四阿哥做皇帝以来。四阿哥做皇帝以后，明知贵妃身体一直多病，却以公务为由，对贵妃之病，从不亲自探视。"凡方药之事，悉付医家，以致耽延日久"，这是雍正帝故意为之的。为什么？因为，早从雍正二年（1724）十二月起，雍正帝就开始为诛杀年贵妃的胞兄年羹尧大做舆论准备和组织准备了。但年贵妃不死，雍正帝要杀年羹尧必困难重重。年贵妃所知的内幕，不会比年羹尧少。但雍正帝要对年贵妃灭口，又不忍下手，或碍于舆论不便下手。年贵妃对雍正帝无论夫妻感情、还是赞襄内政，均为后宫翘楚。然而，四阿哥成雍正帝后，实际上已将年贵妃抛入冷宫，故意冷落，年贵妃的病怎么会不“渐次沉重”？

从雍正自己所讲“贵妃于皇考、皇妣大事悉皆尽心力疾尽礼，实能赞襄内政”可知，在四阿哥政治风险最艰难之时，年妃倾其全力赞襄雍正。可知，年贵妃卷入宫廷政治漩涡多年，她对雍正帝要杀自己胞兄年羹尧，又岂会麻木不仁，毫无知觉？又岂会不竭力劝阻、施救？又怎么会不因此而加重病情？

雍正帝明知年贵妃病弱，称帝后，竟一直采取“三年以来，未能留心商榷诊治。凡方药之事，悉付医家，以致耽延日久”。雍正帝对贵妃如此冷淡，故意耽误拖延，必会严重影响太医对贵妃的诊治调理，下面太医又怎么敢、怎么会实心实意全力去诊治？尤其是雍正帝那句“倘事出，一切礼仪俱照皇贵妃行”，雍正帝已公开暗示在为贵妃准备后事了，哪个太医还会与雍正帝对着干？

就年贵妃本人而言，雍正元年时，她的3子1女已病逝了2子1女，其身心悲伤已可想而知。从雍正二年到雍正三年，雍正帝要杀年羹尧的言行愈来愈露骨，步子也愈来愈快。再加上三年以来雍正帝对年贵妃的冷漠，岂非雪上加霜、杀人不见血？

雍正帝加封年贵妃为皇贵妃，不仅虚伪透顶，简直就是一道催命符。十一月十五日加封皇贵妃，7天后，十一月二十二日，年贵妃终于抵挡不住，撒手西去。

年贵妃走后17天，雍正帝下命扔一条白绫给年羹尧，令其自己了断。

年氏兄妹为雍正帝肝脑涂地，立有大功。只可惜他们的主子天生是个过河拆桥的能人、高手。时下常见有人为雍正帝杀年羹尧百般辩护，说年羹尧因居功自傲、咎由自取。那么，年贵妃居功自傲了吗？雍正帝用身心折磨将其逼亡，与雍正帝用一条白绫给年羹尧，令其自己了断，不过是其杀人灭口的不同手段罢了。

联系到雍正帝生父康熙帝之死，联系到雍正帝生母皇太后之死，再看年氏兄妹之死，可见雍正帝残忍的阴暗心理，还有必要为其百般掩饰、百般辩护吗？

4. 从宫藏《胤禛耕织图》看雍正帝与钮氏母子关系之真相

《胤禛耕织图》是仿康熙《御制耕织图》而作。《御制耕织图》又名《佩文斋耕织图》或《康熙耕织图》，上有清圣祖玄烨题诗，焦秉贞绘图，朱圭、梅玉凤镌刻，清康熙三十五年（1696年）内府刊本。内耕图、织图各23幅，共计46幅。以江南农村生产为题材，系统描绘了粮食生产、蚕桑生产的具体操作过程，是了解清代耕织状况的直观史料，也是为突出康熙帝重视农业耕织的一种宣传与歌颂。

眼下有不少人认为，四阿哥胤禛仿照制作《胤禛耕织图》，是为骗取康熙帝的政治信任，康熙帝终于把皇位传给了他。

如果历史真相果然如此，则《胤禛耕织图》的画面上除主角四阿哥雍胤禛外，不应该再出现其他无关人物。但事实却又远非如此、甚至是完全与此相反。《胤禛耕织图》原稿共52幅，6幅未定稿（缺印章和题诗。）定稿共计也是46幅，但是，从第一幅起，几乎每一幅都有一名年轻女子与一个2岁的幼童出现在画面上。如果胤禛仿照制作《胤禛耕织图》是为了骗取康熙帝的政治信任，为什么每一幅画面上都要出现一名年轻女子与一个2岁的幼童呢？难道康熙帝看过后不会发问，这名年轻女子与那个2岁的幼童是谁，为什么会出现在这里？

看来，用《胤禛耕织图》骗取康熙帝的政治信任说，实在说不通。

据我研究，四阿哥雍亲王仿照制作的《胤禛耕织图》，并不是为骗取康熙帝的政治信任而作；或者，表面上是表现耕织景象，实际上另有企图。

我们先来看《胤禛耕织图》的第一幅，主题是《浸种》。四阿哥本人并未参与浸种，而是旁观。与他一起旁观的，还有一名年轻女子与一个2岁的幼童。年轻女子倚在门旁，似乎还不敢出门。如果四阿

《胤禛耕织图》第一幅《浸种》

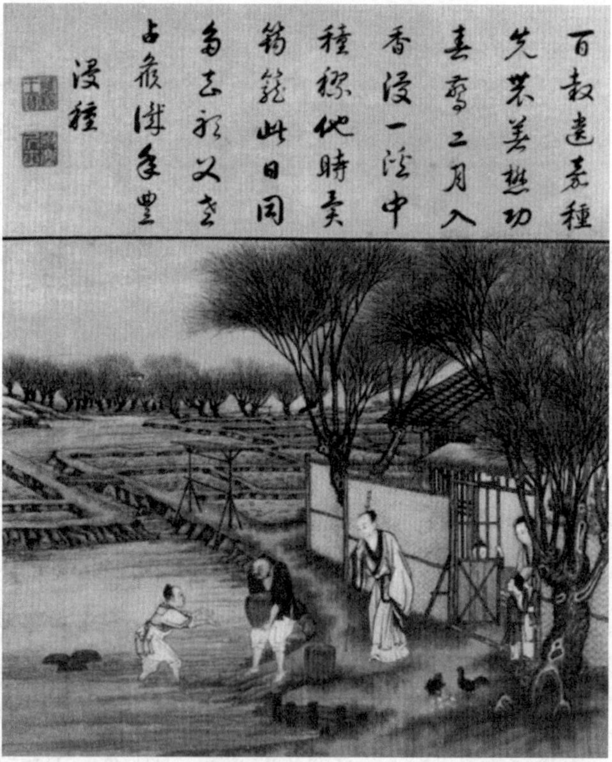

哥制作《胤禛耕织图》是为谋储的政治目的，为什么在第一幅里就出现一名年轻女子与一个2岁的幼童？他为什么要画蛇添足？他不怕这名年轻女子与一个2岁的幼童冲淡了自己重大的政治抱负吗？那么，画中的年轻女子是谁？这个2岁的幼童又是谁？这个年轻女子同四阿哥是什么关系？这个2岁的幼童同四阿哥及这个年轻女子又是什么关系？我们往下看吧。

在《胤禛耕织图》第四幅《耖》上，四阿哥有亲笔题款：“昨日

《胤禛耕织图》之第五幅《碌碡》

耘初罢，今朝耖复亲。”又云：“蝶乱野花晚，燕归芳草春。春风不宜负，只有垡田人。”如果四阿哥制作《胤禛耕织图》是为谋储的政治目的，怎么会在这里扯上“蝶乱野花晚，燕归芳草春”？不要忘记，数年前，四阿哥在《狮子园夏日》内有“居闲漫谓全无事，一榻临风蝶梦长”句。如果前两句只是写景，又何需让一名年轻女子与小孩反复出现于画中？

《胤禛耕织图》第五幅《碌碡》中，雍亲王牛耕之地附近有古树、有草房三间。这与后来弘历御诗里“草房三间”竟然惊人巧合。2010年，笔者在中国社会科学院《清史论丛》发表《弘历出生地考》一文内，用弘历御诗内“草房三间”作过研考论证，惜只有文字内容。如今，我们从大内宫廷制作的《胤禛耕织图》里找到了珍贵文物，可直观了解矣。

是巧合？还是纪实？画面中，一名少妇倚在窗台上与屋外一妇人在叙话。一个幼童则在另一间草房内，向雍亲王牛耕之地张望。草房旁不仅古树参天，而且有河流池塘。这与弘历后来御诗里描述的，是巧合？还是纪实？为什么画中又出现这名年轻女子与一个2岁的幼童？第九幅《拔秧》中，雍亲王诗云：“争携老稚共，供插陌阡驰。自得为农乐，辛劳总不知”。如果“争携老稚共”之“老”是老农，这个“稚”当然就是雍亲王手牵之幼童。那么，画中这个稚童究竟是谁呢？

雍亲王吞吞吐吐、左绕右绕，转了一个很大的圈子后，终于在第九幅《拔秧》之后，在《胤禛耕织图》第十二幅《二耘》里亮出了谜底答案。

在《二耘》画面中，不仅有一女子挑着水罐、牵着幼童向二耘的雍亲王走来，前面还有一稍大的儿童给女子带路。对此，雍亲王有诗记载：“行行忙饷妇，稚子故牵裙”。至此，雍亲王终于亲口、亲笔坦陈——女子牵着的幼童，乃雍亲王稚子也。

那么，这位女子又是谁呢？她同雍亲王父子又是什么关系？雍亲王尚未说明，还在拖延不语。

《胤禛耕织图》第十二幅《二耘》

有一位专家刊文提出，这幅画中的女子是四阿哥嫡福晋乌喇那拉氏，她手牵的小孩是乌喇那拉氏为四阿哥生的嫡长子弘晖，画中挥扇人是四阿哥，画中背景是圆明园。据笔者考析，以上 4 个结论中，错了3个。

因为，四阿哥的嫡长子弘晖，早在康熙四十三年（1704）六月初六就死了。圆明园是康熙四十八年（1709）三月初九太子复立后、四阿哥晋为亲王后才正式得以赐住的。因此，《胤禛耕织图》中的这个儿童，绝不会是弘晖。因此，这位女子也绝不会是四阿哥嫡福晋乌喇那拉氏；画中背景也绝不会是圆明园。这位女子同这个儿童，应该是另有其人。

《胤禛耕织图》第十七幅《持穗》

在《持穗》中，又一次出现一位少妇手牵稚子，凝望雍亲王与众农夫一起打谷的情景。笔者在《弘历出生地考》一文中已作过考证介绍，钮祜禄氏、弘历母子在狮子园居住的草房，乃是以石块为墙基，以茅草为房顶，以树枝为荆门。在这幅画中，包括《胤禛耕织图》内其他大量多幅画面中，均一一应验、可以直观了解，历历在目。

直到在《胤禛耕织图》第十八幅《舂碓》中，雍亲王才对这个幼童身份作出确认。画中上方有雍亲王亲笔：“儿嬉亦自爱，把握弄摩挲”。原来，画中的小孩不是别人，是雍亲王的儿子。

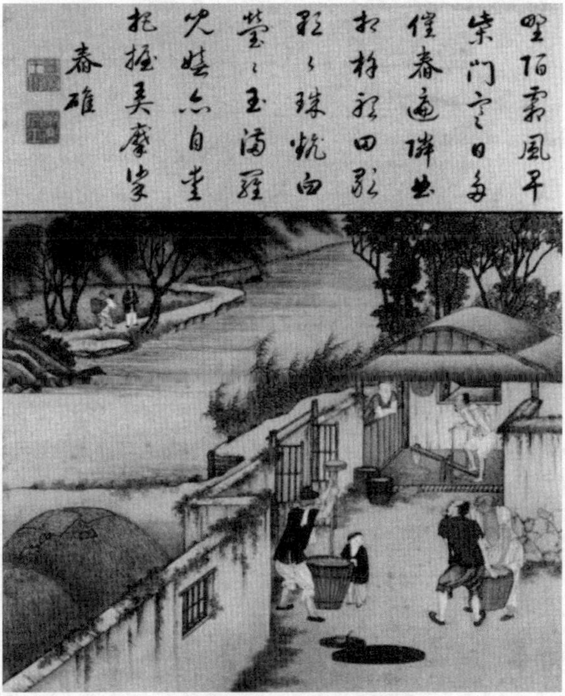

《胤禛耕织图》第十八幅《舂碓》

画中的小孩是雍亲王的儿子已由雍亲王本人确认，那么，这个儿子的母亲是谁呢？

在《胤禛耕织图》第十九幅《簏》中，雍亲王终于也有了确认：“妻孥欢弗尽”。画中的这名年轻女子，是雍亲王的妻。

《胤禛耕织图》第十九幅《簏》

在《胤禛耕织图》第二十二幅《入仓》中，开首第一句就是“勤男已周岁”。这个“已周岁”的男童，当然便是雍亲王以前数次提到过的那个“儿”、“稚子”。画中，雍亲王与农夫们在搬谷入仓。近处牛棚外，一幼童似在与另一年龄大些的男孩在一同搬物。“勤男”

可爱之状跃然纸上。

《胤禛耕织图》第二十二幅《入仓》

《胤禛耕织图》第二十四幅《浴蚕》图与前二十三幅《耕图》最大的明显不同之处，前卷是耕作，后卷是织作；再就是原先居住之草房，后来已彻底改建为高敞之瓦房。这是康熙五十一年康熙帝恩准三阿哥改扩狮子园房屋奏折的结果，非雍亲王为弘历母子改建房屋之结果。

从《织》卷《浴蚕》图画面看，瓦房旁还有树木，有花丛，更有其他女性与弘历母子相伴。可见，此时弘历母子的生活环境与人际环境，跟《胤禛耕织图》开卷第一幅《浸种》时相比，已大为改善。

在《二眠》诗画中，有“妇忙儿不去”句。当养蚕繁忙时，妇人连幼子弘历都无暇得顾。《浴蚕》诗中的重点句，是“妇功从此始”句。这位“妇”不是别人，是弘历的生母也，可见她之勤忙。若单从画面或诗文看，“妇功”似只是指养蚕。其实，“妇功从此始”实是指这位女子的功劳是自生育弘历始矣。

“儿不去”是诗人写诗时的倒装句，实指不去儿处，因为蚕房必与弘历母子的起居处分开，是两个不同房屋。

《胤禛耕织图》第二十四幅《浴蚕》

最有趣的是《胤禛耕织图》第二十九幅《分箔》。画面中，一边是“少妇采桑间”，一边是小小弘历拿出全身力气双手捧抱筐篮在吃力地行进，引得母亲和邻妇在一旁笑指或夸奖。这与之前雍亲王称赞弘历是勤男，也是前后呼应一致的。

《胤禛耕织图》第二十九幅《分箔》

在《胤禛耕织图》第三十幅《采桑》中，雍亲王写有“枝高学猱升，葚落教儿拾”句。这个“儿”，当然就是已经虚岁两三岁的弘历。

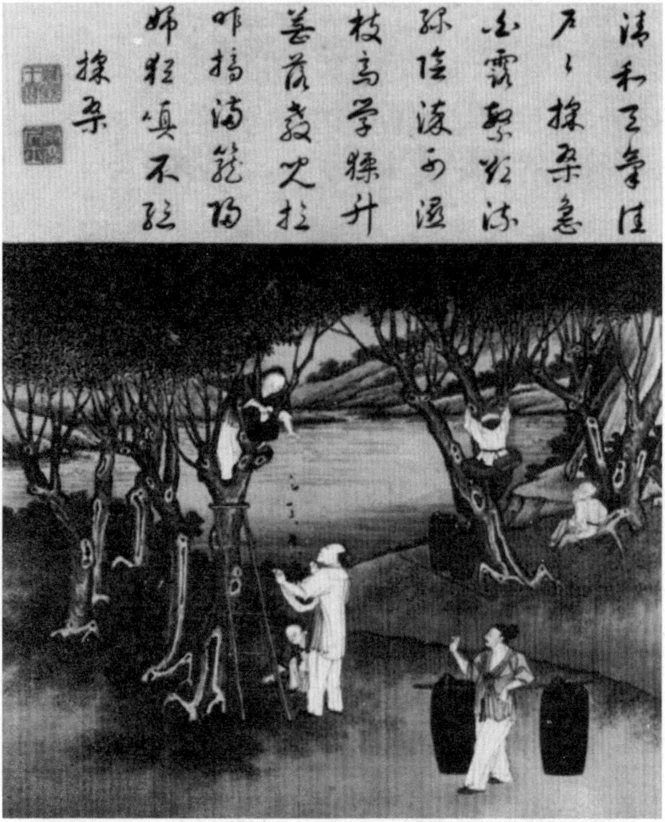

《胤禛耕织图》第三十幅《采桑》

在《胤禛耕织图》第三十一《上簇》中，有雍亲王亲题“剪草架盈筐，母郎看上簇”句。母，钮祜禄氏也；郎，小儿郎弘历也。

在《胤禛耕织图》图三十四《采茧》中，竟还有雍亲王亲题“嘱妪理从容，哽儿志瘠壮”句。雍亲王叮嘱身旁女子，要理直气壮，要从容大方。难道画中这个女子还自感有什么名不正、言不顺，不能理直气壮的难言之隐么？一个二十左右的年轻女子常年带着一个幼子单过，孩子的父亲常年不在家中，这叫她怎么“理从容”？“哽”，是含泪哽咽悲伤之状。面对含泪哽咽悲伤之状的弘历，为父者雍亲王勉励儿子要“志瘠壮”。“瘠”，本指薄弱、不肥之意。此处，雍亲王希望儿子弘历的身体、意志，都能不断地由瘠而壮。反映出弘历母子在这里的生活一度曾艰苦窘迫，也反映出雍亲王当时当地的心境和处境。

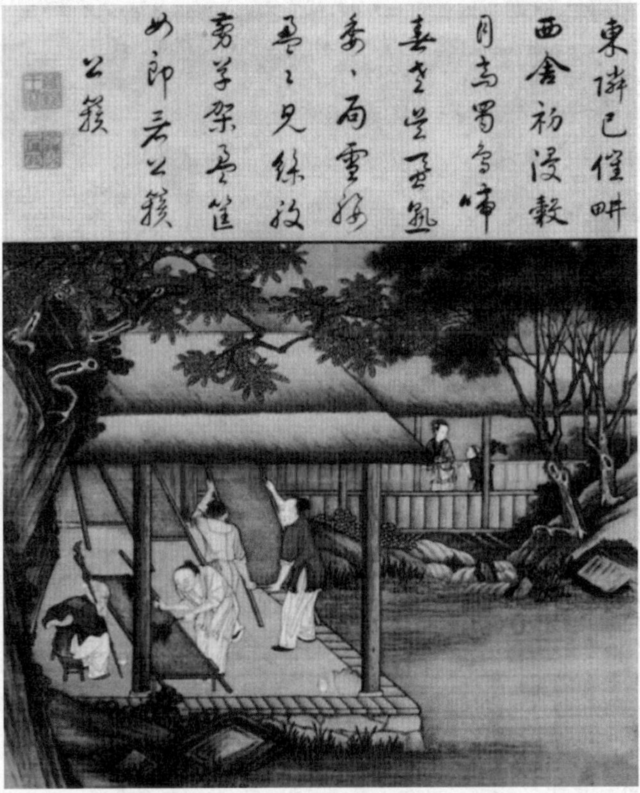

《胤禛耕织图》第三十一幅《上簇》

《胤禛耕织图》第三十四幅《采茧》

《胤禛耕织图》第三十五幅《窖茧》的题款非常关键，因为上面有“三春课蚕桑，百箔劳妇妾”句。妇，即诗画中之少妇。少妇何人？雍亲王之妾也。对此，在《胤禛耕织图》第三十八幅《祀神》中，再次有诗句为证：“堂下趋妻孥，堂上拜主伯”。又一次明确，画中之少妇乃雍亲王之妻妾也。

《胤禛耕织图》第三十五幅《窖茧》

在《胤禛耕织图》第四十一幅《络丝》中，不仅有“女红亦颇劳”、“灯昏络素丝”句，说明钮氏夜间也在忙着络丝，更有趣的是“妾心非不忙，心忙丝故乱”。不仅再次点明女子是妾，而且，一心二用，心忙手忙。既要忙于顾看幼儿弘历，又要忙于顾看络丝，结果，络的丝也乱了。雍亲王的这段描述，非常具体而又生动，有很强的纪实性。

《胤禛耕织图》第四十一幅《络丝》

在第四十五幅《剪帛》中，竟然还有“姑舅但不寒，妾单亦何丑”句。钮氏在狮子园生下弘历后，单身在此生活，直至弘历12岁，才得以觐见皇爷爷康熙帝。康熙末年七月，钮氏才在狮子园觐见公公康熙帝。雍亲王此处诗云“妾单亦何丑”，绝非是简单发问，而是在为她辩解和壮胆——即使你单身一人在此带个孩子，又怎能言为“丑”字？足见钮氏曾经一度单身在此带儿度日多年，并曾经为此提出过埋怨。雍亲王非但不及时给予解决，还以“妾单亦何丑”

拖延、压制，致使弘历生母自怀孕起到生下弘历后，连续 12 年长期在狮子园过着单亲家庭的生活。（参见中国社会科学院历史研究所清史研究室《清史论丛》，2010 年号《弘历出生地考》）

《胤禛耕织图》第四十五幅《剪帛》

通过《胤禛耕织图》里的大量内容，特别是雍亲王本人的大量亲笔题字，完全可以证明两个事实。第一个事实，弘历的幼年时代乃至少年时代，基本上是在避暑山庄外的狮子园山村度过的，这就有力地否定了清代官方弘历出生于雍和宫的说法，也否定了部分研究者不作深入研究，人云亦云得出的“雍和宫说”结论。第二个事实，对亲王私生子这一段历史，雍正帝及其御用文人完全可以用话语权和行政权力，写出另一种样子的历史。但是，纸是包不住火的。伪造的历史终有一天会被揭穿。由于雍正元年弘历已经被秘密立储，所以，尽管耕织图上盖的是雍亲王印章，我一直怀疑此画是雍正时代作品，通过《耕织图》，美化这段时期的历史，实际上也是雍正、弘历共同的政治需要。但即使如此，也还是暴露了雍正帝对待钮氏母子的真实态度与真实关系。

当雍正帝暴亡后，已贵为皇太后的钮祜禄氏终于有了一言九鼎的话语权。她马上谕旨，她百年之后，坚决不与雍正帝合葬一起，这就一点也不奇怪了。乾隆帝为什么对皇太后那样孝敬，因为他亲眼目睹了生母的千辛万苦，也亲眼目睹了生父的真实为人。所以，自己百年之后，也坚决不与生父雍正帝合葬一地，坚决要葬在东陵，也就一点也不奇怪了。

5. 乾隆帝出生草房之内幕经过

乾隆帝大名，弘历也。照例，弘历出生时，最迟到其开学读书时，大名就早已经定好了。因为，按宫里规定，皇子、皇孙出生后，宗人府、内务府都会及时上报皇帝并选定名字。但弘历出生后，很长一段时间里，居然始终未定大名。据海外学者杨启樵在内务府《活计档》内发现，直至雍正元年，内务府上有关记载上写到他时，仍是他 12 年前沿用的小名元寿，而并非叫弘历。

究其原因，当同他的出生经过大有关系。直言之，同他的非婚生身份大有关系。也就是说，他的生身父母并无公开、合法的婚姻关系，他却已经降生出世了。而且，他降生以后在相当长一段时间里，以上问题一直仍未得到解决。他成了一个不被大家庭正式认定、不被大家庭正式接受的、远离雍王府、远离京城的、被雍亲王隐藏在山沟沟里的私生子。

因此，民间及宫内包括避暑山庄乃至浙江海宁，都生出了各种各样同乾隆帝出生有关的传说故事。这些传说故事后来越传越离谱，已明显有损皇室形象。

照理，弘历出生于何处，这是一个非常简单的问题，无须保密，也不应该成为什么敏感问题，实事求是直截了当地说就是。而且，最有发言权也是最具权威性的答案公布者，应是他的生父雍亲王、生母钮祜禄氏，他人岂有资格？但奇怪的是，从康熙五十年八月十三日弘历诞生之日起，直至雍正十三年八月二十三日雍正帝暴亡，25 年里，面对各种各样的风言风语，雍正帝从没有在任何时候、任何地点出面辟谣澄清。雍正帝是个出了名的制造伪史的高手能手，又是出了名的能言善辩者。但在弘历出生于何处，他竟长期守口如瓶，或装聋作哑，只字不提。既不说一句真话，也未说一句假话。为什么在弘历出生于何处的问题上，雍正帝成哑巴了呢？因为，他有口难言。

如果说，由于生母钮祜禄氏当时还没有名分不便于本人出面，那么，雍正元年时，她已被册封妃子，身份高贵了。面对铺天盖地各种各样的风言风语，只要她一句话，就可以堵堵众人之口。

然而，从她 19 岁生育弘历起，直到乾隆四十二年（1777）正月二十三日她本人在圆明园崩逝，在长达 66 年里，她一直守口如瓶、只字不提。她跟雍正帝一样，既不说一句真话，也未说一句假话。

与其父母守口如瓶、只字不提持完全相反态度的，倒是弘历本人。雍正帝健在时，及弘历继位后相当长时间里都一直守口如瓶。直到他生父生母都不在人世了，他才像是突然重视起来似的，多次或明或暗提出——他“确实”出生于雍和宫。

“确实”二字，实在是画蛇添足。是即是，不是即不是。加“确实”二字，当是针对宫内宫外，京城、海宁、热河等多地议论纷纷而一锤定音。但如果他“确实”出生于雍和宫，何必要拖延66年后，再一本正经、煞有介事地公布？又何必非要拖延到生父生母都不在人世了再宣布？可见，这件事情远非普通议论的那么简单，事情的内幕真相也“确实”很不简单。

乾隆帝是位了不起的政治家，他考虑问题，总要从政治上考量利害关系。他深知自己的出生背景会影响到政治前途，因此，雍正帝一生避而不谈，皇太后也一生避而不谈。但由于弘历继位这一政治局面，他的出生背景，已不再是一般的谈笑话题，而是事关他的继位是否合法的重大问题。再说，他不鸣则已，既鸣则必须一言九鼎。他要慎重选择时机。他不仅要把他出生的历史一锤定音，他还要对他身后的历史一锤定音。一旦时机成熟，他便要打破沉默，不再装聋作哑，也不再避而不谈。他之所以对已经过去66年的旧事重提，之所以一再申明他是出生于雍和宫，原因全在于此。

那么，他真的是出生于雍和宫吗？

几个破绽百出的传说版本

民间传说中最热门的，一是浙江海宁陈阁老家的“调包换子”说，二是四阿哥在避暑山庄喝鹿血后与宫女“一碰就有”说。

先讲浙江海宁陈阁老家的“调包换子”说。该说流传，康熙五十年（1711）八月钮祜禄氏为四阿哥生下一位格格（女孩）。钮祜禄氏不甘心，用计将陈阁老家同年同月生下的儿子抱来看视。陈阁老家女仆回府出门时，便“调包换子”。但此说破绽百出。

破绽一，按“调包换子”说，陈家应在雍和宫附近。但历史上根本就没有陈家就在雍和宫附近之事实。且陈阁老早就退休不在京城。钮祜禄氏基本上是个文盲，又是满族人。怎么会同千里之外浙江海宁陈阁老家发生“调包换子”一事？即使陈阁老家有后人在京城做官，按雍亲王傲慢又谨慎的个性，也不会与汉官陈阁老家像走亲戚似地走动来往，更无可能由钮祜禄氏出面邀请，将陈阁老家媳妇的儿子抱入雍和宫。

破绽二，按“调包换子”说，钮祜禄氏不仅是个很有心计之人，而且是个胆大妄为之人。事实与此相反，钮祜禄氏是个逆来顺受，从来不争名分，不争荣禄，还是一个不善言辞、本色善良之人。即使钮祜禄氏生的是女儿，即使陈阁老家媳妇就在雍和宫附近，她也绝不会做出“调包换子”一事。她既无这个必要，也无这个胆量。

破绽三，弘历出生前，四阿哥已经有一个比弘历年长8岁的儿子弘时。康熙五十年（1711）八月弘历出生时，雍和宫内的另一位格格耿氏也已怀孕七八个月，四阿哥毫无“调包换子”之必要。四阿哥有弘历时，年仅33岁。即使他还想要儿子，也完全可以再多生育，也毫无“调包换子”之必要。

破绽四，如果弘历真是汉人陈阁老家媳妇于康熙五十年所生，而此年四阿哥已有亲生儿子弘时、弘昼，他会在雍正元年内把江山、皇位交给别人，而将自己正大光明的亲生儿子弘时、弘昼丢在一旁“看白戏”？

钮祜禄氏与陈阁老家“调包换子”纯是戏说，闻者一笑而过罢了，根本不用去较真。

热门传说之二，四阿哥在避暑山庄喝鹿血后与宫女“一碰就有”说。

此说首先在地点上就不对。避暑山庄是康熙帝避暑、办公的园林式行宫，不是率众皇子打猎的地方。康熙帝率众皇子打猎场所，是木兰围场，离避暑山庄还有400多里远。再说，打猎的地方及附近也不可能有宫女出现。这是民间有意往四阿哥脸上抹黑，内容中添油加醋很多。但有两点值得注意。一是提到了避暑山庄，二是提到了宫女。弘历出生，确同避暑山庄有关，也确同宫女有关。既不是全部真，也不是全部假，须梳理一番。

既然弘历出生于康熙五十年八月，又同避暑山庄有关，同宫女有关，那么，康熙四十九年（1710），四阿哥与宫女钮祜禄氏应有到过这里并在这里生活过的痕迹。

据查，该年五月，康熙帝去避暑山庄，命废黜后复立的皇太子二阿哥、四阿哥、七阿哥、八阿哥、九阿哥、十二阿哥、十五阿哥、十六阿哥随驾。这就有了是年四阿哥的在场记录。

康熙四十九年木兰行围，是“七月二十九日自热河启銮，九月十一日回銮”。而根据惯例，“扈跸初归，例得休沐七日”。从木兰行围场回避暑山庄的第一周，是休假休整期，时间则已是九月中旬，四阿哥当仍在狮子园。若这一个月里随侍雍亲王的钮氏在狮子园怀孕，则次年八月弘历延长一月出生，也并无违反常理之处。弘历后来之所以如此强健长寿，同钮氏基因有关，同其在母胎十一个月再出生有关，同其少年时代在山野农村成长经历有关。因此，康熙四十九年五月四阿哥带钮氏去狮子园随侍，同年八九月钮氏在狮子园已怀孕的可能极大。这一年，康熙帝是九月上旬自热河回京。

很有可能，四阿哥将已有怀孕迹象的钮氏就此留在了狮子园，弘历出生后，直至12岁，钮氏一直在狮子园隐姓埋名生活。直至康熙六十一年康熙帝最后一次来狮子园接见这位含辛茹苦，为雍亲王生下大胖儿子，却从不争名分闹待遇的贤媳时，钮氏才得以抬头解放，从山沟沟里农村回到阔别多年的雍亲王府。

这段历史，官史里怎能看得到？但历史是无情的，真相可以隐瞒一时，不可能隐瞒永久。

最妙的是，康熙四十九年四阿哥本人就有一首在避暑山庄西北狮子沟作的诗《狮子园夏日》。诗云：

> 石屋荆扉枕翠岗，烟峦朝夕郁丹苍。棋敲绿树荫中局，酒泛红薇架下觞。珠箔画摇新竹影，玉池晚是嫩荷香。居闲漫谓全无事，一榻临风蝶梦长。

雍正说的“石屋”，就是弘历继位多年以后在诗中描绘的“岩房”，即以石块为基、为墙。“荆扉”，就是用树枝、稻草简编的门。“枕翠岗”，即草房在绿树成荫的山岗上。“棋敲绿树”，即四阿哥用手中的石头棋子，在轻轻敲击着身旁的绿树。

“局”，棋局也。四阿哥在狮子园草房旁跟谁在玩棋呢？他没有明说。从“酒泛红薇架下觞”、“居闲漫谓全无事，一榻临风蝶梦长”的诗句中，似是在百般无聊的夏日中，又是饮酒、又是玩棋。“一榻临风”四字，显然是指在榻上借风乘凉。

意味深长的是“蝶梦长”三字。蝶恋花，花爱蝶。四阿哥躺在狮子园草房的榻上，临着夏风，是做着蝶恋花的梦，还是做着花爱蝶的事，只有他自己心中最清楚了。

推算下来，康熙四十九年是钮氏怀孕的年份。弘历生于康熙五十年，是年，四阿哥在不在现场呢？说来也非常有趣，是年四月，“康熙帝奉太后避暑，命皇太子，皇五子胤祺、皇七子胤祐、皇八子胤祀、皇十二子胤裪、皇十四子胤祯，皇十五子胤禑，皇十六子胤禄，皇十七子胤礼随驾”，偏偏未带四阿哥同去。但是，“七月癸丑（二十六日）皇四子赴热河请安”了。这个时间，离弘历出生，在时间上只相隔18天。可见四阿哥当时甚为焦急。为什么？那时候女人生孩子犹如一只脚在阳间，另一只脚在阴间，随时都有生命危险。康熙帝的皇后生下二阿哥当天（即后来二立二废的太子），就因难产丢掉了性命。身为皇后又是在条件非常优越的皇宫生育尚且如此惊险，在山沟里又会如何？一旦发生不测，那可是两条人命哇。一旦发生两条人命，皇阿玛将会如何处置？众兄弟将会如何看他？所以，越是临近钮氏预产期，四阿哥越是担惊受怕、焦头烂额。到九月初五“辛卯，上（由木兰围场）回热河行宫”。此时弘历已经出生20多天，而且，康熙帝必会在狮子沟行宫停留。但皇四子胤禛显然并没有打算及时告诉皇父，弘历已在此出生，仍有意要继续隐瞒。

第二年，康熙五十一年四月，“上奉太后避暑，命太子，皇五子胤祺，皇八子胤祀，皇九子胤禟，皇十四子胤祯，皇十五子胤禑，皇十六子胤禄，皇十七子胤礼随驾”。康熙帝像是故意为之，这次又没有带皇四子去。然，是年六月二十二日，四阿哥又“赴热河请安”了。而且，七月初七日，四阿哥还“恭请上幸花园进宴”。这个花园，当是狮子园无疑。但胤禛仍在向康熙帝隐瞒，弘历已出生并已在此生活了一年。

从北京故宫珍藏的《胤禛耕织图》中，可明确看出：

1. 狮子园原先确有三间以石块为基、以树枝为门、茅草为屋顶的草房；

2. 康熙五十一年前，雍亲王、弘历父子确曾在狮子园草房居住。官史没有，也绝不会留下钮氏在草房如何生子，却记下了四阿哥在草房饮酒，玩棋。四阿哥作这首诗，是不是对康熙四十九年夏日他同宫女钮祜禄氏在狮子园的榻上“一碰就有”的含蓄纪念与记载？后来的“草房产子说”是不是同此有关、由此而来？仅凭这首诗还无法定论。

但，早在雍正元年的上半年，雍正帝已秘立弘历为皇位继承人。如果弘历确在狮子园草房出生，雍正、弘历父子俩就必将要掩饰、否定、篡改这段历史真相，甚至要反其道而行之，更要千方百计美化之。

智者千虑，必有一失。弘历同狮子园草房的真实关系或曰内幕真相，在其生父生母离世后，不意间竟由雍正、弘历父子俩自己亲手揭破了。

弘历对狮子园及草房作了大量的、非同一般的怀念与歌颂

狮子园草房不仅是弘历的出生地，也是他少年时代发育成长的地方。

据乾隆当朝40年时他本人的自述，“予年六岁，始随皇考来热河住居此园读书”。弘历6岁、乃康熙五十六年（1717），四阿哥早已身为亲王，为什么他不将年已6岁的儿子放在王府读书，也不放在偌大繁华的京城读书，却要将其送到远离京城几百里外的山野农村读书？康熙五十六年正是四阿哥政治上最不得意、谋储最低潮的时候，正是康熙帝未点名痛斥皇子中“或有小人，因以施奸”的时候。弘历的居处与政治无关，却与四阿哥的嫡福晋大有关系。何故？因为四阿哥嫡福晋的儿子早在康熙四十三年就病故了，此后嫡福晋再未生育。她怎么肯容忍一个没有任何正式名分的宫女钮祜禄氏带着其与四阿哥的私生子进入雍王府？名不正、言不顺，四阿哥纵然有天大本事，家里摆不平，又上不了台面，只好将钮祜禄氏母子抛在远离京城几百里外的山野农村，等待时机。

其实，所谓“六岁始随皇考来热河住居此园读书”的事，根本不存在。弘历自出生起，整个少年时代，至少9岁以前，根本未离开过狮子园。但这段经历，对弘历坚毅性格的养成，对生父看法的形成，都关系极大。只不过，出于为尊者讳，出于顾全自己的颜面，他又不得不王顾左右而言他。

说出上言五年之后，乾隆帝便又改口，称他7岁时才读书。究竟是6岁还是7岁读书，并不重要。关键是下面这段话。即他之所说“十二初龄才离此”。这个“离此”，他本意指的是离开雍王府。

乾隆皇帝前面已说过，他6岁去狮子园读书，也就是6岁离开了雍王府。仅过了几年，他又改口说是12岁离开雍王府。6岁与12岁，既非口误，也非记忆有差错。何以两者时间会相差这么大？前言不对后语，终于露出了马脚。

如果我们对其所言作一下逆向思维：弘历是六七岁时离开狮子园草房，12岁离开雍王府去圆明园初见皇祖康熙，那就一切都顺理成章，一切都能自圆其说了。不管怎么样，乾隆皇帝已亲口承认并亲笔写下，他少年时，确确实实在狮子园居住读书，已是百分之百之事实，这已绝非民间传说，也绝非是野史所记了。

即使乾隆帝6岁去狮子园居住读书是真有其事，我们还是要问一个为什么？为什么四阿哥要把6岁的弘历送到远离京城几百里外的山野农村去居住读书？如果弘历真的出生于雍和宫（雍和宫是雍正帝去世后改称，当时称雍王府），为什么直到12岁才头一回去圆明园？如果雍亲王要用弘历去拉近自己同父皇康熙帝的关系，为什么直到12岁才让皇祖见到？如果康熙帝真有培养第三代接班人之计划，他早就开始有谋划、有动作了，怎么会直到弘历12岁才刚刚发现他，才刚刚接见他？

弘历6岁去狮子园居住读书这条信息，至少透露出了以下这样一个事实——当时雍王府容不下弘历，这才逼得雍亲王不得不把6岁的弘历送到远离京城几百里外的山野农村去。如果雍王府容不下弘历，为什么前面已经容忍了6年，6年后又突然不再容忍了呢？

事实上，雍亲王把6岁的弘历送到远离京城几百里外的山野农村去之前后，还把少年弘历送到京城偏远处的寺庙去过。对此，本书会在后面其他章节介绍。

细细推敲就不难发现，弘历至少在六七岁时，一直隐姓埋名，生活在避暑山庄围墙外西北狮子沟的农村山野中，且主要是由生母钮祜禄氏养育、陪伴。弘历出生于避暑山庄，只是在地标性上一个大概、笼统的提法。弘历之所以后来对母后特别孝敬，对生父雍正帝却始终隐隐约约有一种莫可名状的冷漠，当同这段刻骨铭心的经历大有关系。

多数人都有怀旧情结，名人、伟人更甚。我们看当了皇帝以后的弘历是怎么一而再、再而三写狮子园，又是怎么一而再、再而三写狮子园草房的。

乾隆帝在一首《游狮子园》中曾写道："赐额当门圣藻存，依旧跃龙池馆在。"在另一首《游狮子园》的后二句中，他又写道："漫拟龙飞夸气色，频思狮吼越声闻。"

狮子园原名狮子沟，嫌不好听，后来才改名狮子园。乾隆帝写狮子园时多次用了一个"龙"字，绝非偶然。虽然乾隆帝一再坚持说，这里只是他6岁以后的读书之处，却又情不自禁道出了狮子园是其“邸居”、“邸园”、是“跃龙池馆”、是“龙飞”“狮吼”之地。故狮子园又被他儿子嘉庆帝颂为是“名园仰圣纵、民情益敬共”之地。

在其他诗的注中，他还透露：“往年驻山庄后十余日，即来斯园……”须知，山庄的条件远远优越于狮子沟的村野之地，为什么乾隆帝每次人一到避暑山庄、心却在避暑山庄围墙外偏远的狮子园呢？可见，乾隆帝对斯园怀恋之深已情不由己。

在这首诗的尾注中，乾隆帝又写道：“康熙五十五年丙申，皇祖幸山庄。予时年六岁，始随皇考来居是园”。前已述及，康熙五十六年四阿哥曾在狮子园恭请康熙幸园侍宴，弘历已在狮子园中居住读书矣。既然当时当地祖孙三人均在园内，为什么四阿哥却仍不让康熙、弘历祖孙会面相见呢？换言之，为什么当时四阿哥仍要隐瞒弘历就在狮子园内的事实呢？四阿哥隐瞒弘历就在园内，并非一次。在此之前四阿哥分别于康熙五十一年、五十三年、五十五年、五十六年，已四次宴请过康熙帝，却没有一次安排祖孙见面。说明四阿哥隐瞒弘历就在狮子园内，是长期的、一贯的。

狮子园有没有草房？在《游狮子园忆旧》一诗中，乾隆帝已情不自禁地吟出“慈父开据座”、“也忆犹孩祇”等诗句。乾隆帝在游狮子园时，更有大量直接以《草房》为题的诗。如《草房》诗云：“黄州竹楼记，重复得廿稔。草更脆于竹，五十余年审。盖因易以瓦，而草名犹凭。爱生窗前观，示俭阶阶品。流水与行云，时光共苒荏。”不仅再次证实了狮子园确有草房、同时也证实了五十一年七月后，狮子园草房已易为瓦房、“而草名犹凭”的事实。一句“爱生窗前观”，更生动地证实了弘历儿时确实居于此的事实。在另一首

《恭奉皇太后游狮子园》的诗中，乾隆帝又写道：“石栈云逵不藉寻，邸居安辇奉来临。万年恒侍慈颜豫，此地益增孺慕心。曲涧清音绕砌下，雄峰翠影落庭阴。御园叠石劳摹拟，那及天然狮子林。”狮子园在山庄外，狮子林则在山庄内。在乾隆帝看来，山庄御园内用人工叠成的假山，远不及天然生成的狮子林。在另一首咏《草房》中，乾隆帝又写道：“邸园山曲窈而深，远却尘缘足静音。名曰草房本无意，实符黄屋匪尧心。”在另一首《题草房》中又写道：“几间朴室筑平岑，覆以长茅护碧林。缀景试思向年况，蔚宗谓豫待尧心。”

乾隆帝大量直接以《草房》为题的诗证明：狮子园中确有草房存在，而且情不自禁地流露出，这草房同他的出生地、同他的少年生活密切关连。乾隆帝诗中还有“岩房三间号草房”句。“岩房”，即石块为基、为墙，不仅证实了此处确有草房，而且数量有明明确确记载，是三间。

尽管四阿哥有意向康熙帝隐瞒真相，千遮万藏，却又怎能瞒得过康熙帝？但如果康熙帝点破，非但令四阿哥下不了台，且父子间又会多生出一层不快。康熙帝曾对众皇子训曰，做人要诚实，不要耍小聪明，隐瞒是不能长久的。想不到四阿哥胆大妄为，又不肯担当坦白。

虽然如此，以仁政为理念的康熙帝，怎能任钮祜禄氏母子远离京城，在山沟里寄生？康熙五十一年七月，康熙帝布置三阿哥将狮子沟行宫大规模改造、扩建，顺便将草房改造为瓦顶平房。并将狮子沟改名为狮子园。毕竟，弘历是他的孙子呀。

狮子沟行宫，原是康熙帝从避暑山庄前往木兰围场狩猎时千军万马的集合地与出发地，有大小平房70多间。此前，名义上赐给了三阿哥，实际上，是交三阿哥负责管理，包括草房。因此，三阿哥很有可能是最早知道四阿哥在狮子沟有私生子真相的人。但四阿哥当皇帝后，并不对三阿哥将草房改造为瓦顶平房领情，反将他关禁在紫禁城大门北面的景山，直至死于景山内。

康熙帝后来对弘历有所照顾与怜爱，其实只出于老人对第三代慈爱的天性，更是对弘历少年时代艰难生活的一种额外补偿。这种照顾与怜爱很自然，也很正常，且并未超过其他弘字辈皇孙。已有档案证明，康熙帝喜欢十四阿哥，远胜其胞兄四阿哥；康熙帝喜欢十四阿哥的儿子弘明，也远胜过四阿哥的儿子弘时与弘历。问题是，四阿哥后来当了皇帝，他儿子弘历也继位当了皇帝，皇帝可以用权力改写或编造历史，更可以用权力去进行宣传。

狮子园的真相，已再次为乾隆帝自己所揭破。他在《恭奉皇太后游狮子园因成长句》中自述："每岁八月初十日恭圣母侍膳于此。"若狮子园不是其诞生地，乾隆帝为什么要在自己每年生日将近之日恭奉圣母侍膳于狮子园?！真相已不打自招也!

直到嘉庆元年，乾隆帝86岁寿诞，就是特在山庄庆办的。是年八月，嘉庆帝特以《万万寿节率王公大臣等行庆贺礼恭记》为题作诗。在注释中明确写道："康熙辛卯肇建山庄，皇父以是年诞生都福之庭。"嘉庆二年，乾隆帝87岁寿诞，嘉庆帝再以《万万寿节率王公大臣等行庆贺礼恭记》为题作诗。诗中又明确注道："皇父以辛卯岁诞生于山庄都福之庭。"

嘉庆帝的这个行为很不寻常。其一，这是在乾隆帝寿诞之日所作，当同乾隆帝生人有关；其二，这是在乾隆四十三年（1778）乾隆帝已在御制诗中明示"雍和宫"是他的出生之地，事隔20年乃父仍健在，却与之大反其调的"对台戏"。其三，嘉庆帝特为太上皇乾隆帝祝寿的诗，乾隆帝会不闻不看吗？即使乾隆帝不闻不看，难道乾、嘉两朝的满汉大臣也都不闻不看吗？为什么乾隆帝对儿皇帝公开发表的“狮子园说”这出“对台戏”装聋作哑、默不出声？为什么乾、嘉两朝满汉大臣也都对如此反调始终不提出任何异议、也不向太上皇乾隆帝报告？明察秋毫又权力欲极强的太上皇十全老人，又怎么会在如此公开明目张胆、堂而皇之的“对台戏”反调面前，表现得如此麻木不仁而又如此无动于衷？是乾隆帝有难言之隐，还是只能沉默以对？

乾隆帝一边对狮子园无限怀恋，一边却又生出惭愧之情，这是值得回味的。例如，他在另一首《游狮子园》中，乾隆帝虽仍坚持这里是他六岁后读书之处，却又道：“六龄初至实孩稚，八七重来已老容。忽昨忽今不觉已，曰承曰显祇惭胸。”

在另一首咏《草房》中，乾隆帝又写道：“岩房三间号草房，朴敦俭示训垂长。偶来却愧茨茅者，岚霭恒斯纳景先。”在另一首《狮子园得句》中，乾隆帝又一次写道：“狮林山水镇如此，昔水今山睫眼斯。登耋不期今日至，成章忽忆少年时。犹然此尔应增愧，所以裁之尚未知。”在狮子园妙高堂时，弘历还又一次吟出“几曾津逮祇惭之”！

为什么弘历那么留恋、怀旧狮子园，却每次一到狮子园就会自言“惭胸”、就要“增愧”、就要“惭之”？如果不是乃父雍亲王当时有意要隐瞒弘历实是产于狮子园草房在先，乾隆帝晚年又怎么会一而再，再而三地在狮子园触景生情？

弘历儿时出生、居住处竟是草房三间，这同其他皇孙相比真是天壤之别，这就难怪乾隆帝晚年面对草房常会生出愧色也！

弘历出生于狮子园草房已千真万确，还有什么疑问吗？

弘历作为一名政治家、尤其是后来已成为一个帝王，他会让狮子园草房（尽管后来已改建成瓦房）的秘密、哪怕是遗迹，永久保留下来，作为后人的一个话柄吗？绝对不会。直到乾隆朝中期时，这里仍是他常来之地。但权衡再三，乾隆帝决定要让它从人们的记忆中忘掉，要让它从历史中渐渐消失掉。

晚年乾隆帝在狮子园留下的《松柏室口号》诗中，就已埋藏着其中之玄机。诗云："种松木与我同年，赐第无端值变迁。兹以奉诚仍补植，惜他高袛可齐肩。"

被乾、嘉二帝敬记、敬述为"邸居"、"跃龙池馆"、"龙飞""狮吼"之地、"民情益敬共"的狮子园，真的如乾隆帝所说是"无端值变迁"的吗？还是乾隆帝迫不及待要精心谋得"变迁"？对此，诗的注中已经有了充分的泄漏："松柏室，皇考所题额也。予幼年时即见室前所种之松。后因居避暑山庄（说明狮子园本不在山庄内），遂以是园赐果亲王弘瞻（弘历的同父异母弟）。王即世后，园乃颓废，而室前之松柏亦无存。丙戌（乾隆三十一年（1766），来此，念此园为皇考向曾居处，重葺之，仍为御园。并令补植松柏以复旧观。按唐马燧之子畅进所居宅为奉诚园，世家巨室其后人弗克。保守家园瞬息变迁，每多相类，可为慨惜。"

狮子园既是乾隆帝的"邸居"、"跃龙池馆"、"龙飞""狮吼"之地，为什么又去赐给果亲王弘瞻了？为什么"王即世后，园乃颓废"了？

按乾隆帝所说，"丙戌来此，园乃颓废，而室前之松柏亦无存"。丙戌年是乾隆三十一年。是年三月，亲王弘瞻去世。丙戌年乾隆帝再去时，离果亲王弘瞻去世不过仅十几个月，不仅"园乃颓废，而室前之松柏亦无存"。若不是最上层有意令其颓废，一座令当今皇帝再四环顾的御园邸居，怎么会如此之快便荒废得连"室前之松柏亦无存"？乾隆帝再去之目的，已不再是怀旧，而是要亲临现场，督查是否已彻底销毁矣。

6. 郎世宁作画与乾隆帝御题深揭雍乾父子关系真相

《平安春信图》，尺幅为68.8×40.8厘米。内容是雍亲王与弘历的人物肖像画。从画中弘历的年龄状况及其经历看，当是康熙帝在圆明园接见弘历之前，即四阿哥还未当皇帝之前。此画没有落款画的作者，也没有落款画的完成时间，画的上方却赫然出现乾隆帝的御题。御题时间为壬寅暮春，即乾隆四十七年（1782年），此时，乾隆皇帝已72岁。画下钤有“古稀天子”等印章两方，画面上端的骑缝处自右至左还钤有“太上皇帝之宝”“古稀天子”“八念之宝”三方印章。画面的主题内容，是四阿哥雍亲王和儿子弘历品竹赏梅，寓意吉祥。

笔者以为，将这幅《平安春信图》称作《雍王父子图》，也未尝不可。为什么偏要题作《平安春信图》呢？窃以为，《平安春信图》的真正主题，并不是品竹赏梅，而是要纪念弘历向生身之父雍亲王报平安。如果弘历出生于雍和宫是历史真相，父子俩当然在王府内经常见面，迄今，又从未见弘历生过什么大病，则又何须作这么大的《平安春信图》？既然郑重其事地制作弘历向雍亲王报平安图，说明雍亲王与弘历父子二人曾经相隔甚远。至少，曾经相隔过较长一段时间。这是解读这幅《平安春信图》时，不得不提出来的。

更不得不提出来的，是乾隆帝在画的右上方顶端的御题——“写真，世宁擅缋（绘）。我少年时入室，皤然者不知此是谁？壬寅暮春御题”。这30个字，把为什么要作此画，谁是此画作者，都记录得清清楚楚、明明白白。虽然，尚没有明确此画完成的时间，但大致的时间还是能够推断出来。

把这30字用大白话解说一下，就是这样：意大利传教士郎世宁擅长写生作画，他画了一张《平安春信图》的画献给朕。朕在壬寅年（乾隆四十七年）暮春，在这张画上御题：我少年时入室，皤然者不知此是谁？

御题中的“我”，即弘历。“入室”，其近义词是登堂入室。堂：厅堂；室：内室。古代宫室，前为堂，后为室。登堂入室，本来比喻学识或技能由浅入深，循序渐进，逐步达到很高的成就。既然室是指内室，按《说文解字》，“室，实也，人物实满其中也”。故，“入室”，是男人到家的意思。中国古代又把客厅后边的屋子叫室，是主人居住的地方。少男入室，又指少男已成长为男子，已正式成为家庭成员乃至成为主人。

乾隆帝这条御题透露并记载了一条石破天惊的骇人新闻：当他被正式认可、接纳、初入圆明园时，他竟然还不认识站在眼前的人是谁。生于雍和宫的弘历，竟然在入室初入圆明园后，不认识自己的生身父亲，岂非石破天惊、骇人听闻？如果这条石破天惊的骇人新闻不是百分之百为乾隆帝亲笔所写，必会百分之百又被某些人扣上雍正、乾隆的政敌造谣中伤、或民间野史传说的定性帽子吧。

郎世宁的绘画水平再高超，若无乾隆帝的授意，他怎敢随意在同一张纸上为两位皇帝作画？在没有照相机的时代，就是用画纪实。若无乾隆帝的授意与支持，郎世宁又如何去构思布局？又如何可求弘历少年时模特形象？所以，这幅《平安春信图》，完完全全是郎世宁的奉命之作。

御题中的“我”，是指乾隆帝。“少年时入室”，即9岁时首入圆明园。“入室”，意为他已取得正式身份。“不知此是谁”？“谁”是人称，不是指圆明园的空间环境。“谁”既是人称，画中又仅有2人。除“我”之外，只有雍亲王，已毫无疑问。“不知此是谁”，只有一个意思：弘历初入圆明园时，竟不知道、不认识眼前这个人是谁？

推敲此画的完成时间

郎世宁（1688—1766年）意大利人，乾隆二十二年（1757），郎世宁正值七十大寿，为此，乾隆皇帝还特地为他举行过盛大的祝寿仪式。乾隆三十一年郎世宁卒，年七十八。所以，此画的完成时间，应在乾隆二十二年（1757）之后、乾隆三十一年（1766）之前的这十年内。也即雍正帝去世已30年左右、皇太后尚健在之时。说不定，正是因为雍正帝已去世30年，母子俩私下谈起这段往事后，触发了乾隆帝要郎世宁用绘画纪实的手段，将这个重大事实形象化地记载、保存下来。因此，乾隆帝尚未在此画上作任何御题。这幅画就只是一张普通的宫廷人物画而已。乾隆帝显然不是只为要一张普通的宫廷人物画。乾隆帝是政治家，他往往会从政治上去考虑。这个政治意图，就在这幅画页上方的御题内。

乾隆帝在此画上方作御题，时间是乾隆四十七年（1782）暮春，生母皇太后已逝世6年，生父雍正帝已去世47年、近半个世纪，他才把这条石破天惊的爆炸性秘闻赫然亲手写于此画上。也因此，这幅画就不再只是一张普通的宫廷画，而是蕴含着重大宫廷内幕的政治炸弹。这枚政治炸弹却又用温文尔雅宫廷画的形式，把生父雍亲王、雍正帝不易为人所知的深层次那一面，入木三分又斩钉截铁地记载了下来，为的是自己百年之后，有朝一日，大白于天下。

郎世宁的这幅《平安春信图》、连同那套46张《胤禛耕织图》，再结合乾隆帝以《草房》为题的大量御诗，已构成一个十分系统、完整、充分、确凿的证据链。这条证据链已无懈可击。无论是清代官方的所谓正史，还是当下人云亦云的专家们怎么说，弘历出生于雍和宫之说，都将在雍、乾二帝以上两图及大量亲笔御题的见证之下，烟消云散；弘历出生地真相及雍乾父子历史真相，必将大白于天下。

郎世宁奉命制作的《平安春信图》

笔者还想补充一点，雍亲王宴请康熙之事，绝大多数都出现在弘历出生之后。其中，康熙五十八年四月、五十九年三月、六十年三月都是在圆明园。如果弘历早已身在圆明园，弘历时年分别对应为9、10、11岁，四阿哥早就应该可以让皇阿玛接见，但是，一次也没有。在此之前，五十一年七月、五十三年七月、五十四年七月、五十五年七月、五十六年七月、六十年七月，都在热河避暑山庄或就在狮子园宴请过皇阿玛，同样也一次没有让皇阿玛接见这个皇孙。他是否企图利用宴请之机，让皇阿玛先开口问及弘历一事，不得而知。四阿哥长期向皇阿玛隐瞒他有私生子这个事实，很能说明四阿哥当时万般无奈的心态，也很能说明弘历12岁之前，长时期既不在雍和宫生活，也不在圆明园生活。这就难怪弘历初入圆明园时，竟然会不认识雍亲王是谁了？在以上情形下，四阿哥当时对弘历生母究竟是什么态度，就更加可想而知了。

作为一名资深政治家、又是帝王的弘历，怎么会轻易抹去心上的这一段伤痕？又怎么会轻易淡忘、原谅生父雍亲王？当他自己当皇帝30余年后，命擅长绘画的郎世宁用写真视角艺术化地处理并留下弘历初入圆明园时、竟然不认识生父是谁，这是乾隆帝弘历对雍正帝此地无声胜有声的历史鞭挞。

7. 雍正帝命中注定没有女儿

雍正帝一生共生有4个女儿，但都是在45岁称帝前生的。其中，除了二女儿成年之外，其他都早逝。

长女，康熙三十三年三月十六日生，但未逾月即殇。是年，四阿哥17岁，尚无任何封号。网络上将雍正帝长女记为生于雍亲王府，地名有误。因为四阿哥于康熙三十七年（1698）封贝勒，四十八年封亲王，四十八年后其府宅才可称王府。应该说长女康熙三十三年生于雍正藩邸，说生于雍亲王府则不妥。

需要提出的是，此长女的生母宋氏，时为藩邸宫女，年龄大约与四阿哥同岁，宋氏生四阿哥长女时，也是十六七岁左右。她的懋嫔身份，是雍正元年二月册封。而雍正藩邸时代的嫡福晋是乌喇那拉氏。嫡福晋乌喇那拉氏生长子弘晖是头胎，时间为康熙三十六年。

但是看来四阿哥对这位并无正式名分的妙龄宫女宋氏甚为宠爱。事隔12年之后，康熙四十五年（1706）十二月初五，宋氏又为四阿哥生了第三女。此时，四阿哥已是四贝勒，其藩邸已是四贝勒府。令其伤心的是，这位排行第三的女儿仍是未逾月即夭折了。

嫡福晋乌喇那拉氏之所以能容忍宋氏进门，除了四阿哥特别喜欢宋氏外，可能同宋氏生的都是女儿也有关系。倘若并无正式名分的妙龄宫女宋氏生的是儿子，嫡福晋乌喇那拉氏是否还会容忍宋氏进门，就说不准了。

命运真是会摆布人。同样是宫女，同样是并无正式名分，钮祜禄氏生下弘历后，先是过了12年隐姓埋名般的生活，之后又含辛茹苦忍耐了13年，终于因儿子继位登基身为天子，自己也一步登天成了皇太后，享尽荣华富贵，高寿86岁。

宋氏逝于雍正八年，寿约53岁。四阿哥称帝后，宋氏封懋嫔。弘历生母钮祜禄氏则跳过封嫔，直接封为熹妃。仅生一子却并不得宠的钮祜禄氏，与12年中得宠连生二女的宋氏，命运天地之别！

二女和硕怀恪公主（1695—1717），康熙三十四年七月初六生于藩邸。生母为侧妃李氏，即后来的齐妃李氏。弘盼、弘昀、弘时，都是齐妃李氏所生，乃同母兄弟。李氏一直活到乾隆二年（1737），寿约60岁。从齐妃李氏生三个儿子、一个女儿看，她也是很得宠的。

和硕怀恪公主于康熙五十一年三月封为郡君，七月晋郡主。九月嫁纳喇星德（额驸纳喇星德，一作纳喇性德）。康熙五十六年三月去世，享年23岁。和硕怀恪公主墓在今北京市门头沟区龙泉镇三家店村东，现在三家店东街一号中国人民解放军总后油料研究所和油库范围内，普通游人限制入内。

雍正帝对这位23岁的女儿甚为怀念。雍正元年追封和硕怀恪公主后，按照公主的规格扩建陵墓，修建了月河、神桥、宫门、享殿。雍正四年（1726），雍正皇帝又赐御碑、建碑楼。驮龙碑高4.25米，宽1.2米，厚0.55米。

三女于康熙四十五年十二月初五生，未逾月殇，生母懋嫔宋氏，时为雍正藩邸格格。

四女，康熙五十四年三月十二生，五十六年五月殇，仅活了3岁不到，生母敦京皇贵妃年氏，时为雍亲王侧福晋。

雍正帝的4个女儿，长女未逾月；二女寿最长，也于康熙五十六年去世；三女未逾月；四女也是康熙五十六年去世，年未足3岁。雍正称帝后再未生女儿，故我称雍正帝命中注定没有女儿也。

为了弥补这个缺憾，雍正帝便从兄弟中领养了三个养女，分别是：

1. 和硕淑慎公主，系康熙朝被废黜太子、雍正朝理亲王允礽第六女，康熙四十七年正月初二日生。生母是允礽侧福晋唐氏。雍正初，抚养宫中。雍正四年十二月嫁科尔沁博尔济吉特氏观音保，封和硕淑慎公主。乾隆四十九年（1784）九月初十日去世，年77岁。

额驸观音保，为孝惠章皇后母家重孙。雍正十一年八月授理藩院额外侍郎。雍正十三年二月去世。

2. 和硕和惠公主，康熙朝皇十三子、雍正朝怡亲王允祥第四女，生母是允祥嫡福晋兆佳氏，康熙五十三年十月初十生。雍正初年抚养宫中。雍正七年十月十六日嫁喀尔喀博尔济吉特氏的多尔济塞布腾，封和硕和惠公主。雍正九年十月初三日去世，享年仅18岁。

3. 和硕端柔公主，雍正帝十六弟庄亲王允禄长女。康熙五十三年二月二十九日生，生母为允禄福晋郭络罗氏。雍正初抚养宫中。雍正八年十二月嫁科尔沁博尔济吉特氏齐默特多尔济。雍正九年四月封和硕端柔公主。乾隆十九年（1754）十二月十二日去世，享年41岁。

雍正的三个养女，分别在雍正四年、七年、八年嫁给博尔济吉特氏台吉。雍正身边又没有女儿了。

8. 雍正帝与大舅子年羹尧之恩怨关系

从严格意义上说，年羹尧还不是雍正帝直接的家人，但年羹尧可不是雍正帝一般的皇亲国戚。雍正与年羹尧之间，有着多重复杂而又特殊的关系。

从时间顺序上说，第一重，是主子与奴才的关系；第二重，是郎舅、妹夫与大舅子的关系；第三重，是君臣关系。三重关系有一个共同的本质核心，那就是利用与被利用的利益需要或不同阶段的利害权衡关系。

首先，年羹尧是雍正藩邸时代的门下人，具有主子与奴才的关系。年羹尧何时投入四阿哥门下，又是怎么会投入四阿哥门下，都不甚明了。但年羹尧曾是雍正藩邸时代的门下人，这是雍正本人亲口所说、亲笔所写："朕藩邸门下之人，向者唯年（羹尧）与戴（铎）二人肆无忌惮，曾在朕前敢作不法之语。昔日年羹尧散折中有'今日之不负皇上，即他日不负王爷之语'。彼时朕手批切责，有云'尔此语真乱臣贼子之言，观今日之负我，知他日必负皇父之谕，朕欲将其折奏参于皇考前，因伊再三恳求而止。'"

雍正称帝前后，常以此为拿捏、作为要胁、控制、威胁年羹尧的一张王牌，所谓若云向皇阿玛举报，就可"杀你全家"等。当然，这段话，是雍正称帝前后以此对年羹尧拿捏、要胁、控制、威胁时才这么说的。从中则得知，年羹尧不仅是雍正藩邸时代的门下人，而且，同四阿哥的关系早就很不一般。

年羹尧大约生于康熙十八、十九年（1679、1680），比雍正帝小一两岁，是一位文武双全、又大器早成的人才，甚至可称为是奇才。其父年遐龄，汉军镶黄旗人，湖北巡抚，年羹尧是其次子。

年羹尧20岁中举，康熙三十九年（1700）22岁时就中进士，授检讨（清代翰林院掌修国史专职官员，从七品，常以三甲进士出身之庶吉士留馆者担任），之后历任川、粤乡试正考官；再之后，又升至内阁学士。康熙四十八年九月，羹尧年仅30岁，就出任四川巡抚，这是清廷官爵正二品的大员，也是清廷中最年轻的省部级官员。五十九年授定西将军，六十年授四川陕西总督、官爵副一品。

年羹尧大器早成，青云直上，连升六级，仕途光明，靠的是自己的才干与康熙帝的识才爱才，与四阿哥胤禛没有什么关系。电视剧《雍正王朝》把年羹尧出任川陕总督写成是胤禛在幕后推波助澜的结果，并非历史事实。早在康熙四十八年，康熙帝"陛见，赐上用服饰。擢制川陕，辞朝赴任，命侍卫佛伦、拉锡持茶郊送二十里外”。这是康熙帝破格重用年羹尧后，又给予他特殊的政治荣誉，同四阿哥胤禛并没有什么关系。

年羹尧还是一位才华卓著的军事家，著有《治平胜算全书》《年大将军兵法》等兵书15万字。我在上海图书馆古籍部查找史料时，就见过馆藏的清朝、民国版上述年氏兵书。

这样一个文武双全、大器早成的人才、奇才，怎么会对当时还只是一名极其普通，既非政治明星，又非政治新星的四阿哥敢“作不法之语”？

稍作分析即可知道，年妃是康熙五十四年为四阿哥生头胎，据此，年妃大约是康熙五十二年（1713）嫁给雍亲王。无论如何，也必是康熙四十八年四阿哥册封雍亲王之后。当时，年羹尧已是省部级官员。如果年羹尧与四阿哥没有妹夫与大舅子的这层关系，年羹尧肯定不会在四阿哥面前“敢作不法之语”。甚至，也不能排除已是年羹尧妹夫的雍亲王，曾以言语试探年羹尧这位奇才可否助其事业一臂之力，否则，年羹尧不可能在毫无来由、无缘无故情形下，莫名其妙地凭空“敢作不法之语”吧。

从雍正元年雍正给年羹尧的朱批中可知，四阿哥对年羹尧非常信任、无话不谈。如：“舅舅隆科多，此人朕与尔先前不但不深知他，真正大错了。此人真圣祖皇考忠臣，朕之功臣，国家良臣，真正当代第一超群拔类之稀有大臣。”

如此看来，四阿哥与隆科多的政治勾结，是相当晚的事。据清史专家冯尔康先生分析，四阿哥与隆科多的政治勾结集中于康熙六十一年十月在京郊通州查勘粮仓时，余深为赞同与钦佩。因为，四阿哥的继位相当仓促、突然、蹊跷、诡异、甚至于阴影重重恐怖瘆人。从雍正登台之初给年羹尧的朱批中可知，先前，四阿哥与年羹尧确曾时常在私下密议宫中的人事，否则，雍正怎么会说出“此人朕与尔先前不但不深知他，真正大错”的话来？

孟森先生说：“推其原故，正由在雍邸时托以心腹，共其秘计，纳其妹以重私亲之谊，其时即指天誓曰、生死不相背负。”根据孟森先生的分析，四阿哥是因为早已看中了年羹尧这个人，并早已有心要利用这个人，才有意纳其妹为侧福晋以重私亲之谊。我以为，孟森先生不愧清史泰斗，一语中的，分析得很有道理。四阿哥与年羹尧其妹生儿育女最多，这也是四阿哥为政治而联姻的佐证之一。而四阿哥龙袍加身，皇位坐稳之后，马上就翻脸，将年羹尧兄妹一明一暗同时期内逼死，充分暴露出四阿哥纳年羹尧之妹以重私亲之谊为政治而联姻的丑恶面目。

在当时，无论是双方试探也好，还是看似闲谈也罢，四阿哥之所以要“纳其妹以重私亲之谊”，心中真正看重并想要利用的，是年羹尧这个人。

年羹尧是四阿哥深谋远虑、阴谋得位过程中的一枚重要棋子。这从后来四阿哥帝梦成真后，他给年羹尧的两道朱谕里，可以清楚看出。

其一，四阿哥利用隆科多将自己鼎力推上龙椅后，隆科多随即便主动辞去九门提督、步军统领职务，此举颇值得玩味。雍正命隆科多为四总理之一后，隆科多又随即暗中将家中财产向京郊西山与寺庙转移藏匿。说明隆科多在四阿哥帝梦成真后，对四阿哥的为人早就有所防备。如果四阿哥系正常继位，如果四阿哥与隆科多之间并无任何不可告人之事，隆科多作为四阿哥的恩人、功臣，没有必要如此过敏。至少，不会在雍正初年一开始就这么快、这么早如此过敏，有所防备。

作为隆科多这一方来说，他之所以能在关键时刻助四阿哥一臂之力，靠的就是九门提督、步军统领这一重要职务及手中的兵力。当他助四阿哥大功告成后，他理应珍惜重视、更加抓紧抓牢这个发迹之宝，才能坐稳、保住自己的地位。然而，隆科多却急流勇退，主动提出辞掉步军统领、九门提督这一重要职务。

更值得玩味的是，雍正二年当隆科多主动提出辞掉步军统领重任时，雍正在年羹尧的奏折上竟有如下朱批："朕并未露一点，连风也不曾吹，是他自己的主意。"又告之，"巩泰（有时也写为衮泰）近日与舅舅亦不甚亲密"，透露出想用巩泰接替隆科多。

雍正无非在告知年羹尧，拿掉隆科多步军统领重任，也正是雍正的想法，只不过并未露一点，连风也不曾吹，隆科多自己已先走了一步，主动提出辞职而已。也就是说，隆科多的思虑谋划已走在了雍正的前面。而与之同步的，是隆科多还悄悄地将财产转移到西山及若干寺庙里。隆科多的这两项主动举措，明显都是为防备雍正会对他随时翻脸，会对他恩将仇报。隆科多虽然已料到了这一点并有所准备，却仍未能避免或逃脱灭顶之灾。政治形势之势也，个人命运之运也。

为什么雍正要把这样阴暗的心态与政治内幕，白纸黑字告诉给年羹尧呢？因为雍正对隆科多与年羹尧要各个击破。在先除谁后除谁上，雍正心中实际上是要先除年羹尧，但在表现上，又给年羹尧以错觉，似乎雍正对年羹尧之信任已超过了隆科多。

其二，隆科多当时已身为总理大臣，年羹尧则不是。虽然隆科多已主动提出辞掉步军统领要职，此举仍未能使雍正完全释怀。

从历史的事实过程看，雍正是先解决年羹尧，后解决隆科多。

但在这个过程中，雍正还向年羹尧透露，准备要调年羹尧回京，作其身边一人之下、万人之上的书写上谕之人。

此事见于雍正的另一道上谕："朕因年羹尧为藩邸旧人，记性甚好，能宣朕言，下笔通畅，能达朕意，且秉性耿直，不徇情面，故朕早有此意，待其来京陛见，令其传达旨意，书写上谕耳。而外人遂造作浮言，加年羹尧以断不可受之名。一似恩威赏罚非自朕出者，妄谬悖乱一至于此，深可痛恨。"

雍正真的想让年羹尧替代隆科多或张廷玉吗？还是画饼充饥，给年羹尧吃一个空心汤团？雍正向来是一个很有主见，做事果断之人。如果他真的想用年羹尧替代隆科多或张廷玉，或是内阁中再增加一名总理大臣，只要他说一句话，下一道谕旨，马上就可办到，还用得着如此言不由衷吗？

雍正从一开始，就在对年、隆的使用中有所限制。表面上是对其重用，实质上完全只是利用而已。君不见，隆科多虽是朝中命官，却始终未授其为大学士。雍正对年羹尧，一面是好话说尽，迷魂汤灌饱。然而，终年羹尧一生，也始终未让其在朝中（宫廷）担任任何要职。

如此看来，雍正声称"早有此意，令其传达旨意，书写上谕"，统统不过是虚晃一枪，完全是虚假的装腔作势而已。

那么，雍正为何要虚晃这一枪呢？因为，年羹尧当时尚有利用价值。只要还有利用价值，雍正必会美言美语拉拢之。不仅对年羹尧如此，对戴铎、延信、隆科多等都是如此。雍正既要对年羹尧有所姿态，更要把这个姿态做给大家看，让天下之人都知道雍正是个有情有义、知恩必报之人。

然而，就在雍正说"朕早有此意，待其（年羹尧）来京陛见，令其传达旨意，书写上谕”的同时，雍正已在湖广总督杨宗仁同月十五日的奏折上秘密布置：“年羹尧何如人也？就尔所知，据实奏闻。‘纯’之一字可许乎、否耶？密之。”雍正一面放风说要调年羹尧来京负责传达旨意，书写上谕，一面却又在暗中秘密收集年羹尧有什么对其不忠的材料。完全是口蜜腹剑、两面三刀。雍正喜欢搞特务统治。早在皇子时代，他与远在福建的戴铎联络时，就把来往密折藏在土特产匣子的夹层里。而当九阿哥允禟在与儿子来往联络时把密折藏在衣袜夹层里时，雍正却大骂这是间谍手段。

其实，在此之前，雍正在给李维钧的朱批上已经批道：“近日年羹尧陈奏数事，朕甚疑其居心不纯，大有舞智弄巧、潜蓄揽权之意，你要与他逐渐疏远。”同年十一月十五日，他又公开对诸王大臣说：“朕岂冲幼之君，必待年羹尧强为陈奏而有是举乎？”雍正生怕年羹尧的名声太大，越权构成对自己的威胁，心中不爽。结合其他史料可知，“朕岂冲幼之君”一句，也有对先帝含沙射影，讥讽先帝少年天子、8 岁登基、14 岁亲政一事。

雍正对年羹尧，究竟是杀功臣灭其口，还是其罪大恶极、不杀不足以平民愤？似乎又成了公说公有理、婆说婆有理，说不清、道不明之题。其实，真相只有一个。把雍正对年贵妃（年羹尧胞妹）的态度联系起来看，这个真相就不言自明了。因为，年贵妃身上根本不存在作威作福，也根本不存在贪污问题，更不存在与雍正存有二心的问题。不是也被雍正给活活整死了吗？

雍正元年时，雍正不仅对年羹尧的工作充分肯定，甚至在给年羹尧的奏折朱批里完全以年羹尧为“恩人”有恩于己而心怀感激。不仅自己感激，甚至还明谕要自己的子子孙孙都要世代感激年羹尧这位“恩人”。

雍正朱谕："你此番心行，朕实不知如何疼你，方有颜对天地神明也。立功不待言矣，正当西宁危急之时，即（尔）一折一字，（唯）恐朕心烦惊骇，委屈设法，间以闲字。尔此等用心爱我处，朕皆体到。每向怡（亲王）、舅（舅）皆落泪告之，种种亦难书述。总之，你待朕之意，朕全晓得就是矣。所以你此一番心，感激上苍，如是应朕，方知我君臣非泛泛无因而来者也，朕实庆幸之至。""不但朕心倚眷嘉奖，朕世世子孙及天下臣民当共倾心感，若稍有负心，便非朕之子也，稍有异心，便非我朝臣民也。""年羹尧封功，实在还委曲他。"

世上还可见另一个君主对一个臣仆说出如上这般肉麻的话来吗？

雍正元年，正是雍正与年羹尧君臣之间、妹夫与大舅子之间、主子与奴才之间政治上的蜜月时期。雍正从年羹尧身上得到了他想要得到的一切政治诉求，年羹尧也从雍正身上得到了他想要得到的金银财宝和权势。当双方的这些企求全部都实现之后，角色和利害关系也就开始发生微妙变化了。

雍正与年羹尧之间的这个过渡与转折并不长，雍正朝的第二年就开始了。

雍正二年三月二十九日，雍正在年羹尧的奏折上还称年为"朕之恩人"，十一月十五日，雍正还在大赞"年羹尧建立大功，其建功之艰难辛苦处，人谁知之"，甚至提出有人"欲设计以陷年羹尧"。然此旨下达还不到一个月，十二月十三日，雍正在河道总督齐苏勒的奏折上已在密谕："近日隆科多、年羹尧大露作威福、揽权势光景，若不防微杜渐，此二臣将来必至不能保全，尔等皆当疏远之"，同时又密谕：十三阿哥怡亲王才是真正"公廉，忠诚，为当代诸王大臣中第一人，尔其知之”。

为何雍正对年羹尧态度的变化如此之大、如此之快？难道年羹尧作威作福的种种罪行，都是雍正二年十一月以后一个月内的事？当然不是！何以一个月前还在大赞“年羹尧建立大功”，一个月后就大斥“年羹尧大露作威福、揽权势”？究竟是年羹尧变化快，还是雍正对年羹尧的态度、看法变化更快？雍正曾公开称隆科多是“当代第一超群拔类之稀有大臣”，看来也是假的，也只是花言巧语、玩弄权术的一剂迷魂汤而已。

雍正给河道总督齐苏勒的密谕，倒是很能说明问题——雍正本来的计划，是同时向隆科多、年羹尧开刀，时间都在雍正三年。但在实施中，却是先解决年羹尧。雍正也并不是一开始就说隆科多、年羹尧有杀头之罪，只是说隆科多、年羹尧大露作威福、揽权势，要防微杜渐。这只是雍正先给大臣放风，造舆论，也是其在着手收网的讯号。

但很快，已不是要防微杜渐的问题，而是直接指名声讨、威胁了。雍正三年正月初五日，雍正居然已在年羹尧的奏折上对其朱批：“图里琛是在广东拿住你哥哥的人，叫他来拿拿你看。”

还是三年正月，雍正在安徽巡抚李成龙的奏折上又朱批：“近日年羹尧擅作威福，逞奸纳贿，朕甚恶之。”雍正甚至在年羹尧的部属之间搞挑拨离间，如三年三月初一雍正在署凉州镇总兵宋可进奏折上告诉他：“年羹尧颇不喜尔，尔须加意防范，勿露破绽，被伊指摘。”

若年羹尧大作威福，或贪污受贿，雍正完全可以公开治其罪，何须用挑拨离间？凉州地处甘肃，凉州镇总兵是年羹尧手下的部将。雍正在这两个上下级之间两面三刀搞挑拨离间，无非是要孤立年羹尧，从总兵宋可进身上再套出些材料来。这类做法，很符合雍正的个性与作派。但如此作派，决不是光明磊落的作派，也不是一个大国君主对有功之臣的应有作派。雍正的父皇康熙帝执政六十多年，就从来不搞这些挑拨离间的小儿科勾当。

雍正三年二月，有所谓“日月合璧，五星联珠”的嘉瑞，内外臣工均上贺表。年羹尧也上表歌颂雍正帝励精图治，但书写中将“朝乾夕惕”写成“夕阳朝惕”（有的材料记为“夕惕朝乾”），雍正欲加之罪正求之不得，当然要抓住不放，大作文章：“年羹尧不欲以朝乾夕惕四字归之于朕耳，则年羹尧青海之功，朕亦在许与不许之间未定也。”前不久他还在说年羹尧建大功，还在说建功二字还委屈了他，要自己的子孙万代乃至全国人民都要感激年。翻脸又说“年羹尧青海之功亦在许与不许之间未定”。翻手为云覆手为雨，全在他一念一言之间。

雍正三年五月十九日，雍正在四川巡抚汪景灏奏折的朱批上把年羹尧骂得狗血喷头：“如年羹尧这样禽兽不如之才，要他何用？朕再不料他是此等狗彘之类人也。”雍正说的“要他何用”，并不只是撤其职、罢其官，而是决不让该人存在于世之讯号。

如果年羹尧确实罪该诛杀，何必在年已经离开西宁后，雍正竟然还在对天发誓：“朕若负你，天诛地灭；你若负朕，不知上苍如何如何发落你也！”雍正杀年羹尧之意已定，却还在对年羹尧发誓“朕若负你，天诛地灭”云云，岂是一般之虚伪，一般之阴险？

一个高高在上操握生杀大权的皇帝，居然对一个已决定要杀其头的死囚、罪臣对天发誓“朕若负你，天诛地灭”，如果雍正没有阴谋或不可告人的心思，何苦要如此对天发誓、做作演戏？

在雍正的授意下，刑部给年羹尧定了92款“滔天罪行”，年羹尧必死无疑。给年定的罪名如此之多，不过是做给天下人看看而已，为的是要营造出一个名正言顺、不杀年羹尧不足以平民愤的政治气候。

其实，给年羹尧定92款“滔天罪行”都还只是表面现象。雍正决心要除掉年羹尧最重要、最真实的原因，用雍正自己的话来说，是因为年羹尧“与戴铎、隆科多结党营私，煽惑众听”。

一般来说，结党营私者，要么为财，要么为权。年羹尧与戴铎、隆科多结党，既不是为财，也不是为权，而是要“煽惑众听”，其结党动机和目的都甚是奇怪。

更令人困惑不解的是，在政治上结党者，都有政治上共同的反对目标或攻击目标。年羹尧与戴铎、隆科多结党的反对目标或攻击目标竟然是他们共同的主子雍正帝。而戴铎一直以来都是雍正的心腹，隆科多、年羹尧更是雍正的功臣、恩人，年羹尧还是他大舅子，年羹尧为何要同戴铎、隆科多结党？年羹尧又为什么要“煽惑众听”？又“煽惑众听”了什么？雍正说年羹尧与雍正的心腹戴铎、隆科多结党，罪证又何在？

雍正列出了如下罪证：“前，年羹尧以戴铎折示给人看，却又以手捂住朕昔日的批语，直是要引起人们怀疑，以为其中有什么秘事。朕究竟有何秘事，尔可具实奏来，若有一字一句隐瞒，则必招天诛地灭。”众所周知，雍正口中的“天诛”，不是杀头，就是自裁，或者，如八阿哥、九阿哥在高墙暗牢中被毒害致死。

戴铎、隆科多、年羹尧三人当然知道雍正许多秘事，然，能按雍正之旨所说那样一一写出来吗？雍正料定年羹尧与戴铎不敢一一写出，却又偏要下令“具实奏来”，这是皇帝恼羞成怒后大发淫威。然仅此一条，年羹尧与戴铎已死定矣！

在此之前，雍正还作过如下朱批：“朕深知戴铎行止妄礼，罪实当诛，而近日不将戴铎置之死地者，实恐年羹尧等奸邪小人加朕以杀戴铎灭口之名也。”

雍正要杀戴铎，早已迫不及待急不可耐，甚至早已在暗中精心谋划如何解决年羹尧。雍正要杀戴铎，又何必要忌惧年羹尧会“加朕以杀戴铎灭口之名”？这是此地无银三百两，也实是在敲山震虎，是对年羹尧旁敲侧击。因为，雍正此前不是已对年羹尧公开警告，“先派图里琛捉拿他的哥哥，再派图里琛捉拿他年羹尧”吗？

雍正称帝后，最不能容忍者，就是臣下与他有二心，更不能容忍有人揭其短。年羹尧、戴铎、隆科多又恰好捅到了雍正最为敏感、最为忌讳、最为痛恨，也是最为难言的疮疤，雍正还会放过年羹尧、戴铎、隆科多三人吗？

但年羹尧与八阿哥、九阿哥并不一样，他不是雍正的政敌，他是雍正的功臣。怎样处置解决呢？雍正谕旨：“朕念年羹尧有平青海之功，不忍加以极刑，令其自裁。”

将年羹尧从杭州押往北京的，是雍正从北京特派来的、原康熙帝身边的一等侍卫拉锡。此人不仅已是雍正的得力鹰犬，还是雍正篡位中从不显山露水的功臣，故很短时间内竟连升四级。从原康熙帝的一名侍卫，火箭式上升至部长级都统、议政大臣。而对年羹尧执行自裁进行监刑的，又恰恰是年的老冤家蔡珽。雍正对年羹尧赐死的自裁令下达后，年羹尧迟迟不肯自裁。他还幻想着在最后一刻，雍正会改变主意。因为他以为自己毕竟是雍正的大舅子，雍正会看在他兄妹二人对雍正有功的面上，留他一命，他也再三表态愿意再做雍正犬马。但雍正决不会改变主意。在蔡珽的严厉催逼下，当然也是在雍正的严厉催逼下，年羹尧终于不得不含泪自缢身亡，时为雍正三年十二月十一日，离年贵妃之死，仅相隔17天!

近年来，学界对年羹尧之死，有两种意见。意见一，年羹尧罪有应得，罪该万死。年羹尧有92款“滔天罪行”，岂非罪该万死？意见二，年羹尧固然有罪，罪不至死。年羹尧之死，主要是年羹尧在雍正谋位的政治漩涡里卷入过深，知情太多，又自恃有功，雍正杀功臣主要是为灭口。

两种意见似乎都有理由，但真相只有一个。如果雍正怀疑、担心、害怕年羹尧对其不利，因而必须除掉年羹尧，那么，年羹尧的种种其他不法，都不是主要问题，都只是雍正杀年羹尧的借口；如果雍正并无怀疑、担心、害怕年羹尧对其不利，并无个人利害恩怨，纯是要为民除害、为国除患，当然就不存在杀功臣主要是为灭口问题。从这个政治背景去观照，再剖析雍正所说年羹尧“与戴铎、隆科多结党营私，煽惑众听”之真意，年羹尧案的主线脉络，自然就会更清晰。

如果把延信、戴铎、隆科多、年羹尧乃至年贵妃之死整合在一起作综合考察，则答案与历史真相就更不难看清——试问，年羹尧身上的种种罪名，年贵妃身上有一条吗？年贵妃结党营私了吗？年贵妃作威作福了吗？年贵妃大肆贪污了吗？年贵妃同雍正有二心了吗？年贵妃在宫内“煽惑众听”了吗？都没有，不是照样被逼死于雍正之手!

但据我研究，年贵妃自杀的可能性不大。为什么？因为，年妃很清楚，她活着一天，其兄尚可活着。她一死，胞兄年羹尧必死无疑。年妃与雍正的生母、皇太后乌雅氏，弘历的生母、钮祜禄氏一样，都已把雍正这个人彻头彻尾地看透了。因此，年妃绝不会自杀，也不可能自杀。她是被雍正用极其狠毒之计给活活逼死的。

雍正并没有拿出任何证据，揭露戴铎对其不忠，也没有拿出任何证据，揭露戴铎大肆贪污。纵观戴铎一生，可以说，无论对藩邸时代之四阿哥、还是对君临天下之雍正帝，都是忠心耿耿，肝脑涂地。但雍正怀疑、担心、害怕戴铎知情太多对其不利，赤裸裸地对年羹尧说出要杀戴铎。雍正又怀疑、担心、害怕年羹尧与戴铎、隆科多结党“煽惑众听”。如此，雍正杀年羹尧不是出于灭口，又是什么？

三、雍正帝与众兄弟关系

雍正帝与众兄弟关系，应分为两个阶段：其一，雍亲王藩邸时代的兄弟关系；其二，雍正帝执政时代的兄弟关系。

长期以来，关于雍正继位，存在着“兄弟相争、黑马胜出”一说。其实，这是一个很大的历史误说。

雍亲王藩邸时代的兄弟关系，无论从当时四阿哥的处境看，还是从四阿哥韬光养晦的策略需要看，并不存在四阿哥与众兄弟之间直接的、残酷的政治斗争。这从他称帝的第二年在乾清宫召见诸王宗室的面谕中，可以看得很清楚：“朕未登大位之先，不但朕之兄弟宗室，即八旗大臣官员，并无一人与朕有仇，通国共知。”这是真话、实话。

尽管这句话有虚伪性，是伪装，是韬光养晦，但康熙帝在世时，四阿哥与三阿哥、八阿哥、九阿哥、十阿哥、十二阿哥、十四阿哥众兄弟之间并无直接的、残酷的政治斗争，毕竟是基本事实。

四阿哥真正的谋储活动，始于康熙四十七年九月康熙帝第一次废掉太子以后。但其主要功夫都放在蒙骗父皇、麻痹众兄弟上，使父皇、众兄弟都对他放松警惕，便于他混淆视听，混水摸鱼，暗中准备，侍机而发。这就决定了四阿哥与众兄弟之间不可能有直接的、残酷的政治斗争。这也并非四阿哥仁慈，而是因当时的政治形势、政治力量都不容许。

当四阿哥的心腹戴铎向他献计献策，要他兄弟相争、黑马胜出时，四阿哥回答他："语言虽则金石，与我分中无用。我若有此心，断不如此行履也。……汝但为我放心，凡此等居心语言，切不可动，慎之，慎之。"说明他对兄弟相争、黑马胜出的持久战不以为然、不屑一顾。一句"我若有此心，断不如此行履"已充分说明，他谋取皇位会另有高招，他会出其不意，他要速战速胜。

四阿哥实际上已是跨过了谋储、做太子阶段，而是一步登天，是一夜之间龙袍加身，从皇子变为皇帝的。无论是康熙末年还是康熙帝临终前后数日，无论是施展最大的政治欺骗，还是采取最阴险残酷的宫廷政变，四阿哥的实质性动作主要都是针对康熙帝展开，并没有直接针对众兄弟。众兄弟们——无论身在畅春园内的众兄弟，还是远离京城的十四阿哥，当时还全都还蒙在鼓里呐。既然都还蒙在鼓里毫无知觉，哪里还有什么直接的、残酷的斗争？

因此，四阿哥继位的本质真相，并不是"兄弟相争、黑马胜出"，而应该是"父子相争、父输子赢"。

四阿哥与众兄弟翻脸，对众兄弟残酷斗争，都出现在他登基之后。这已不是什么谋储，而是为保持皇位、巩固皇权。其背景、目的、手段，都大不一样。

了解四阿哥与众兄弟关系，必须先了解以上这个真实的大政治背景，否则，就不容易看清，更不容易说清楚。以下试做一些展开。

1. 雍正帝与大阿哥关系

爱新觉罗·胤禔，康熙十一年二月十四日（1672 年 3 月 12 日）生，比四阿哥年长六七岁。雍正十二年十二月十四日（1735 年 1 月 7 日）去世，寿 64 岁。

在康熙帝诸皇子的齿序中，胤禔本来应排行第 5。因胤禔之前的 4 位皇子均早已夭折，胤禔便成为现实中的皇长子，惯称大阿哥。

胤禔是四阿哥第一个欲从众兄弟中除掉的兄弟。其原因，有心理嫉妒上的原因，更有政治上的原因，因为胤禔挡住了四阿哥谋储的道。

四阿哥嫉妒大阿哥什么呢？据法国传教士白晋介绍说：胤禔是个美男子，才华出众，又有 11 个老婆，仅比皇太子少 1 个。也是所有兄弟中，子女最多的王爷。从康熙二十七年胤禔 16 岁起，到雍正十年（1732）60 岁止，大阿哥共有 14 个女儿、15 个儿子，比皇太子二阿哥还多 3 个儿子。而最后 3 个儿子都是雍正年间生的。

在康熙帝第一次废太子前，大阿哥胤禔是深受父皇信任、器重的皇子。他 12 岁就随驾巡幸塞外。三次随康熙帝出征、巡视，而且都有所作为。第一次是康熙二十九年（1690），年仅 18 岁的胤禔奉命随伯父、康熙帝胞兄抚远大将军福全出征，任副将军，并参与指挥战事。第二次是康熙三十五年随康熙帝亲征噶尔丹，他与内大臣索额图领御营前锋营，参赞军机，这年三月，他 25 岁，被封为直郡王。他是众兄弟中最早封王的皇子。第三次是康熙三十九年他随同父皇巡视永定河河堤，任总管，还衔命祭华山。直到康熙四十七年，他多次作为贴身护驾，伴随康熙帝巡幸、围猎，可见他深得父皇康熙帝的信任。

康熙四十七年，康熙帝九月从热河返京途中已决定废黜太子，并由大阿哥负责途中对废太子的看守监管，可见他仍深得父皇康熙帝的信任。

回到紫禁城后，康熙帝命在上驷院（专为皇家管理马匹、车辆，直属于管理宫廷事务的内务衙署）旁立一帐篷，将废太子圈禁于帐篷内，由大阿哥、四阿哥共同负责看守。未几，又将废太子迁咸安宫幽禁。

康熙帝命大阿哥看守，是因为大阿哥与废太子关系对立，由他看守，只会严守，不会松散。再增加四阿哥参加，与其说是加大对废太子的看守，不如说是用四阿哥对大阿哥监视，以保护二阿哥生命安全更为准确。

为什么这么说？原来，在离开避暑山庄的返京途中，当康熙帝宣布废掉二阿哥的太子爵位后，大阿哥竟借在途中贴身护驾之机，企图趁火打劫、落井下石。他向皇阿玛提出：“今欲诛胤礽，不必出自皇父之手。”此语一出，大阿哥的心思及人品便暴露无遗，也令康熙帝大惊失色。想不到，被众人誉为美男子的大阿哥，内心竟如此狠毒。

其实，以上类似的话，四阿哥也说过。康熙四十八年二月，四阿哥随从康熙帝巡视京畿。在返京归途中，康熙帝责备同行的鄂伦岱结党。鄂伦岱以国戚自居，不知畏惧。四阿哥便趁机对康熙帝道：“此等悖逆之人，何足屡烦圣怒，乱臣贼子，自有国法，若交与臣，便可即行诛戮。”四阿哥的杀机丝毫不比大阿哥小。而且四阿哥玩弄的同样也是借刀杀人，杀人不露痕迹。

四阿哥是因为忠于康熙帝的缘故吗？非也。只因鄂伦岱与八阿哥结党。四阿哥只是欲用借刀杀人之计，扫除自己对手而已。

面对大阿哥、四阿哥的杀心重重，康熙帝仰天感叹道："朕虽有众子，远不及朕也。"

在康熙帝看来，立谁为太子，唯有自己一人说了算。生杀大权，更操在自己一人手里，岂容他人多嘴多舌？大阿哥想借刀杀人，无非是要对二阿哥斩草除根，或自己取而代之，或举八阿哥为储。

康熙四十七年废太子三周后，九月二十五日，康熙帝发谕旨给诸皇子："拘禁胤礽时，胤禔奏，胤礽所行卑污，大失人心。相面人张明德曾相胤祀，后必大贵。今欲诛胤礽，不必出自皇父之手。朕为之惊异。胤禔为人凶顽，愚昧，不知义理。倘果同胤祀聚集党羽，杀害胤礽，其时但知逞其凶恶，岂暇计及朕躬有碍否耶？似此不谙君臣大义，不念父子至情之人，洵为乱臣贼子，天理国法，皆所不容者也。"又道："朕前命直郡王胤禔善护朕躬，并无欲立胤禔为皇太子之意。胤禔秉性躁急、愚顽，岂可立为皇太子？"

康熙帝要动用国法了。但康熙帝不想株连更多人，只令凌迟相面人张明德一人。

如果大阿哥具备四阿哥一样的虚伪、伪装、韬晦功夫，一废太子时，他 36 岁。凭他才华优秀、文武双全的条件，或许他还有戏。但他错误估计了形势。用康熙帝的话来说，既迫不及待，又愚昧凶顽。其一，他以为二阿哥的太子资格被废，按继位人不是立嫡就是立长的传统，理所当然非他莫属。其二,二阿哥的太子资格已 30 余年，太子党已树大根深，二阿哥本人和太子党岂会甘心？皇阿玛与二阿哥父子感情甚深。一旦皇阿玛开始反悔再复立，自己这一辈子再也无戏可唱。

康熙帝对大阿哥的批评并未就此为止。以上谕旨三天后，又对众皇子发谕旨："尔等手下人应严行管教，勿令生事。如之太监三四人，护卫一两人，妄探消息，恃强无所忌怛，朕全知姓名。就是胤禔本人，杀人、将人发配，也不算少。应该自惦分量，赶快更改。朕连皇太子手下人犯法尚不宽大，何况尔等之人？上次发谕旨时，胤禔奏，伊等弟兄嗣后同心合意在皇父膝下安然度日。此也并非善言（并非可取之言）。倘若尔等内有不肖人行非礼事，也可众人一心助之而行乎？胤禔一面将他人毁谤，一面又说和好之话，谁能相信？何况胤禔连朕的侍卫、办事之人擅自责打的也不少。胤禔看守胤礽时，将胤礽府内所有匠人全部收去，又施以苦刑。以致匠人逃走甚至自缢。如此行事，何以服众？"

康熙帝回京后，命四阿哥参与对太子监禁，实际上也是连带着用四阿哥对大阿哥实施监视。康熙帝后来又对大阿哥接二连三的批评内容，不排除是四阿哥对康熙帝密奏、是四阿哥对大阿哥采取动作的结果。因为大阿哥公开推荐八阿哥胤禩，这就必然把大阿哥、八阿哥推到四阿哥之政敌的位置。

将康熙帝对大阿哥的美好印象一笔勾销，这只是四阿哥的第一步。接下来，就是千方百计再借阜阿玛之手，剥去大阿哥郡王王爵、终身监禁。唯有如此，大阿哥才会永世不得翻身，才能搬掉四阿哥谋储道上的一大障碍。扳倒大阿哥后，三阿哥便构不成对四阿哥的威胁，四阿哥便可青云直上了。

康熙四十七年十月二十六日，康熙帝在畅春园谕领侍卫内大臣等："大阿哥胤禔，素行不端，气质暴戾，朕经常当众屡加训旨。现在又有用厌咒害亲弟，并欲派人杀害胤礽。种种罪恶，一一暴露无遗。胤禔所派之人，俱已自缢了结。就连他生母惠妃，也责其不孝，请求置之于法。朕固然不忍杀之，但此人断不肯安静自守，必会再有报复之事。当派人严加看守，略有举动，即令奏闻。唯此，胤禔生命才可多延数载。胤禔行事比废皇太子更厉害过分，断不可轻纵。”

以上谕旨6天后，十一月初一日，康熙帝又对领侍卫内大臣等谕旨：“著革去（胤禔）王爵，即日起幽禁于其府内。凡上三旗所分佐领，可全部撤回，给予十四阿哥胤祯。将镶蓝旗所分佐领，给予弘玉。其包衣佐领及诨托（是内务府三旗中重要的机构和管领职官名，接近半个牛录），胤祯、弘玉两人均分一半。”废太子后又将胤禔革爵后，真正得益最大的是十四阿哥，这一点，十四阿哥本人从未想到，众兄弟也从未想到。今天看来，这是康熙帝在废太子后，在重立新太子过程中意有所瞩的一个自然流露，也有可能是康熙帝已开始秘密立储中举重若轻的一个重要暗示。

半个月后，十一月十四日，康熙帝又在畅春园召集满汉大臣后，对胤禔判处了政治死刑：“今令伊等与满汉大臣等会同详议，于诸阿哥中举奏一人（为新太子）。大阿哥所行甚谬，虐戾不堪。除他以外，于诸阿哥中，众议谁属，朕即从之。”这是康熙帝公开、明确将大阿哥排除在新太子候选人之外的举动。他又将这个举动同对十四阿哥的格外抬举，联系在一起，同步进行，意味深长。

康熙四十八年四月，康熙帝巡视塞外。临行时，又对此下了一道谕旨：“胤禔镇魇皇太子及诸皇子，不念父母兄弟，事无顾忌，万一祸发，朕在塞外，三日后始闻，何由制止？”王大臣接旨后急忙商议，最后决定，派遣八旗护军参领八人、护军校八人、护军八十人在胤禔府中监守。康熙帝还不放心，又加派了贝勒延寿、贝子苏努、公鄂飞、都统辛泰、护军统领图尔海、陈泰，并八旗章京十七人，更番监视，还对这些官员下了一道严谕：“谁如果玩忽职守，将遭到灭九族之灾。”

为什么康熙帝对看守胤禔一事，声势动静搞得如此之大、等级搞得如此之严？因为这不仅是对大阿哥胤禔一人，也是借此做给众皇子看，要他们牢记：一，不可私自谋储，二，不可兄弟间残杀。否则，必以国法、家法严厉处之。

但康熙帝并未因此株连胤禔儿子。康熙五十一年（1712），皇长子胤禔已拘禁四年，他的儿子已到了婚娶年龄，康熙仍十分关心，亲自为其婚事谕旨：“皇长子幽囚已久，其子已长成，而未有婚娶，故皇帝促令成婚。”

大阿哥果然被剥去了王爵、大阿哥果然被终身监禁，大阿哥果然被公开宣判为新太子人选之外。所有这一切，四阿哥从未明火执仗直接对大阿哥下过手，却也一直没有停止对其下手。他是利用三阿哥、十三阿哥完成了扳倒大阿哥的计划。为此，十三阿哥付出了巨大代价，容后再述。

2. 雍正帝与二阿哥关系

二阿哥，即爱新觉罗·胤礽，康熙十三年（1674）五月生，比大阿哥小一两岁，比四阿哥年长四五岁，雍正二年十二月十四日卒，寿51岁。

相传，胤礽也是美男子，长相很好。胤礽生母乃康熙帝嫡福晋赫舍里氏，康熙四年（1665）九月册为孝诚仁皇后，十三年五月生胤礽时，因难产去世，年仅22岁。在胤礽之前，她曾在康熙八年（1669）生第一子承祜，早夭。也就是说，皇后生的第一子早夭，皇后生下第二子后，自己却离开了人间。康熙帝非常悲痛，胤礽2岁时，康熙十四年（1675）十二月即册封为太子，从此成为一人之下、万人之上的人上人。

这种一人之下、万人之上的位置，既是荣耀，更是风口浪尖。因为，上面那个人时时刻刻要防范他抢班夺权；下面又有许多人，时时刻刻、朝思暮想要取而代之。他的四周，日日夜夜，始终有许许多多双眼睛从各个角度在盯着他。

因此，直到康熙五十一年九月三十日止，胤礽的两立两废，不仅令他个人政治生涯大起大落，也必将引起众兄弟间惊心动魄、跌宕起伏、你死我活的较量。

但是，这一切，都是废黜太子之后引起。因为太子被废黜，这才引起了众兄弟相斗相争事件。这种相争，是背靠背、各自谋储，并不明火执仗，也并不面对面。

所以，虽然民间一直盛传“九子夺嫡”，事实却是——在康熙四十七年九月胤礽第一次被废前，在长达34年时间里，并无任何一个兄弟有夺嫡之野心，更无任何一个兄弟有夺嫡之行动。除大阿哥在太子被废后有冒出对其杀灭之心外，三阿哥、四阿哥一直在为维护太子地位而活动，八阿哥则一直在处处作秀、以图收买人心。九阿哥只是自我感觉良好，如此而已。

三阿哥之所以自觉维护太子地位，是因为在太子被废前，三阿哥本人并无非分之想，这是因为儒家的传统思想在三阿哥身上还比较根深蒂固。四阿哥也一直在为维护太子地位而活动，这是因为四阿哥在政治上比大阿哥、三阿哥更老练，城府更深，也因为四阿哥当时势力并不强大，皇阿玛又不怎么喜欢他，局面的客观形势不容许他生出非分之想。严格说来，并非四阿哥没有想法，只是韬光养晦、等待时机。

四阿哥很清楚，太子是未来的皇帝。在自己未有势力或势力还不够强大时，搞好与太子的关系，无疑是有利无害之举。既然大阿哥对二阿哥落井下石已遭到皇阿玛严惩，那就换一种玩法，多为二阿哥说好话。从康熙帝谕旨可知："前拘禁胤礽时，并无一人为之陈奏，惟四阿哥性量过人，深知大义，屡在朕前为胤礽保奏，似此居心行事，洵是伟人。"

四阿哥不仅屡为胤礽保奏，还"为诸阿哥陈奏之事甚多"。这些，四阿哥登基前后都从不说起，他当时曾被康熙帝圈禁（软禁于王府内不许出大门），更不会再说起。

但我们还是确确实实地知道：康熙四十七年九月，也就是胤礽第一次被废被拘禁时，"皇太子，皇长子、皇十三子圈禁"。而"十一月，上违和，皇三子同世宗皇帝、五皇子，八皇子，皇太子开释"。

据外国传教士提供的材料，宣布圈禁时，太子、大阿哥、三阿哥、四阿哥、五阿哥、八阿哥均被五花大绑，脖子上还锁了铁链。

为什么康熙帝拘禁皇太子时，还将大阿哥、三阿哥、四阿哥、五阿哥、八阿哥五位年长皇子均五花大绑，脖子上还锁了铁链，全部圈禁于各自府内？因为皇太子已做30多年，太子党盘根错节。太子一旦被捕，年长皇子会不会为保太子而蠢蠢欲动？会不会为自己的谋储而蠢蠢欲动？康熙帝先下手为强，先把所有年长皇子控制起来，查一查，再分别酌情处理。

第一个受到区别对待的，是三阿哥。圈禁众年长皇子的第4天，康熙帝就有旨："胤祉平日与胤礽甚相亲睦，所以召胤祉来者，因有所质问，并非欲拘执之也。"康熙帝公开这么说，就等于把三阿哥同其他皇子作了区别，就等于公开为三阿哥作了平反。那么，为什么不对四阿哥作平反呢？

或许有人会说，康熙帝已称赞四阿哥“洵是伟人”，这评价还不高吗？但一查，问题疑问就都来了。原来，康熙帝称赞四阿哥“洵是伟人”时，正是四阿哥受圈禁之时，都在康熙四十七年十一月。

康熙帝为什么一面称赞四阿哥“洵是伟人”，一面又要将其五花大绑，脖子上还锁了铁链，圈禁于王府内不许出大门？又怎么可能仅仅因为四阿哥加强了对二阿哥看守工作的汇报，康熙帝就称赞四阿哥“洵是伟人”了？“伟人”这么容易做吗？康熙帝是一位规矩很大很严、很讲究自尊、很讲究用字准确的皇帝。四阿哥只是一名普通皇子。这样一个规矩很大很严的皇帝，怎么可能会大大咧咧地称赞起自己的儿子是“伟人”？更何况，康熙帝一向就并不怎么喜欢四阿哥，他怎么可能会突然间称赞起自己儿子是“伟人”了？古今中外又有哪一个皇帝公开称赞自己儿子是“伟人”者？

只有一种可能，康熙帝其实是在用“洵是伟人”四字对四阿哥进行反唇相讥，是对他进行嘲弄。这种情况以前也有过。一次，八阿哥生病，康熙帝问他去看过否？四阿哥说还没有。康熙帝试探性地说，应该看一看。当时正在从热河返京途中，四阿哥居然马上告别父皇赶去看八阿哥。康熙帝一试就立竿见影，心生不满说，“看来，此人与八阿哥也是一党”。因此，用大阿哥、四阿哥共同看守废太子，有令其二人互相牵制之意，并非就意味着对四阿哥的信任。若对四阿哥绝对信任，为什么不将大阿哥撤下来，单用四阿哥看守废太子？

据九阿哥的亲信秦道然透露，他的主子九阿哥胤禟曾告诉他，康熙帝将二阿哥拘禁后，四阿哥“十分着急，很要救他”。康熙帝令四阿哥参与看守废太子，是为防止大阿哥谋害废太子得逞。康熙帝令大阿哥参与看守废太子，是为防止四阿哥救废太子如愿。康熙帝既不愿大阿哥谋害废太子得逞，也不愿四阿哥救废太子成功，所以，才令大阿哥、四阿哥共同看守废太子。

康熙帝称赞四阿哥“洵是伟人”，除了带有讽刺他、嘲笑他的意思外，还有一个原因，那就是肯定、认可了四阿哥鼓动三阿哥对大阿哥的揭发、举报，从而终于揭开了太子疯狂颠沛、生病异常的原因。

据三阿哥向康熙帝揭发举报，大阿哥勾结收买蒙古族喇嘛巴汉格隆，用剪纸人代替太子真人将其埋在地下作巫术、念咒语，加害于太子。而且，果然在大阿哥的花园内挖出了这些东西。此事，除三阿哥外，没有人向康熙帝报告。这为后来太子复出，打下了伏笔。

问题是，大阿哥如此机密之事，三阿哥怎么会知道？这两位王爷的王府，并不相邻。诚亲王旧府在官园，即今北京市少年活动中心，西直门南小街东南地方。大阿哥直郡王府位于西城区西直门内前半壁街丁家井，今北京市消防总队所在地东对面。三阿哥与大阿哥又不是一个圈子中人，两人并无密切联系。三阿哥知道大阿哥机秘之事，应是同大阿哥有较为密切的人向三阿哥透露了。这个人很可能就是四阿哥。

四阿哥当时与大阿哥共同负责看守废太子，当有相互接触的机会。四阿哥、大阿哥的手下人，更有每天频繁接触的机会。所以，很有可能，大阿哥的手下人在得意忘形之中，向四阿哥的手下人，炫耀了自己主子的法力如何广大，将此事不意泄漏了出来。

当时，诸阿哥中同喇嘛、寺观僧道关系最密切者，首当其冲者就是四阿哥。将蒙古族喇嘛巴汉格隆以做佛事为名介绍给大阿哥者，很有可能也就是四阿哥。但四阿哥自己并不直接出面，而是通过十三阿哥胤祥。

当大阿哥的事情败露之后，康熙帝必会追究事情的来龙去脉。则四阿哥这个幕后的罪魁祸首，马上就会水落石出。关键时刻，十三阿哥胤祥自己一人承担了责任，没有把四阿哥推出来，保护了四阿哥。尽管康熙帝对四阿哥有怀疑，但没有证据。在大阿哥的交代中，只涉及十三阿哥。在十三阿哥胤祥的交代中，只涉及他自己。康熙帝后来很快释放了三阿哥，之后又释放了四阿哥、五阿哥、八阿哥，就是不放大阿哥、十三阿哥，不肯原谅此二人。不放大阿哥，是怕他谋杀二阿哥；不放十三阿哥，是因为他不肯说实话。他既然把事情全揽在自己身上，他就应当为此付出代价。

十三阿哥如此仗义于四阿哥，四阿哥龙袍加身后，必要对其加以重用，这就很自然，也很必然了。

就二阿哥本人而言，还有6件事是必须提到的：

(1) 康熙五十四年夏，准噶尔部首领策旺阿拉布坦派兵突袭哈密，清廷调兵遣将，西征之役再拉帷幕。被圈禁于紫禁城内咸安宫的废太子胤礽，认为这是一次获得再次复立的好机会。至少，可借此建功立业。此时，他的嫡福晋瓜尔佳氏生病，医生贺孟頫时常进出咸安宫，要为瓜尔佳氏诊治。胤礽遂以明矾水亲笔作书，秘密交付贺孟頫，要他将信件送与镇国公、都统普奇，嘱托普奇保举他为大将军。可见，领大将军一职是个立功、建立政治资本的极好机会。

(2) 早在康熙五十七年底，康熙帝就打算再建一行宫，将二阿哥迁移过去，所以后来这地方一度也叫理亲王府。该行宫在今北京市昌平区内郑各庄（又叫德胜门外郑家庄）。距京城二十余里。这座行宫规模甚大，大小房屋共有299间，游廊96间，王府大小房屋189间，南济庙，城楼十间，城门二座，有城墙、环城河。郑家庄距京城相对较远，若将胤礽移居于此，将他隔离于清朝政治中心之外，不易与京城联络，难以重新聚集党羽。郑家庄又临近汤泉，康熙帝常去汤泉疗养，也方便去居住。这里也是康熙帝出巡塞外，往返京城时频经驻跸之地。在此建行宫，也有利于他随时了解废太子动向。但后来并未将二阿哥迁移过去。直至雍正元年五月初七日，雍正才将二阿哥第二子理郡王弘晳携家属迁移至北京昌平郑家庄居住。

(3) 二阿哥太子爵位虽被废，其子弘晳这位皇帝长孙仍深得康熙帝喜爱。胤礽第二次被废黜后，他的儿子们一直由祖父康熙帝抚养。此事康熙帝曾提到："见今二阿哥颜貌丰满，伊子七八人，朕皆留养宫中"可知。

康熙朝二阿哥虽被废太子之位，但其本人及全家仍按亲王待遇生活。不仅二阿哥本人"颜貌丰满"，其妻妾、子女均未受牵连。这与后来雍正对众兄弟之手段有天壤之别。

(4) 二阿哥后来能全身而退、衣食无忧，是政治形势决定，并不是四阿哥仁慈、宽大为怀。二阿哥是皇后所生，是嫡出。四阿哥是妃子所生，是庶出。在二阿哥面前，四阿哥天生有一种自卑感。但后来四阿哥在夺位过程中，因二阿哥被康熙圈禁，这个政治形势就决定了，无论在主观上还是客观上，二阿哥对四阿哥的谋储已毫无阻碍与对抗。这也是二阿哥后来能全身而退的原因之一。

雍正元年五月初七日，雍正谕宗人府："郑家庄修造房屋、派兵驻扎，揆度皇考圣意，或欲令二阿哥前往居住，因无明旨，朕未敢擅自办理。今弘晳既已封王，令伊率领子弟居住此处，于理甚合。"雍正未让允礽迁住，而以其子弘晳代之，或与此时允礽的身体状况有关。弘晳虽已封王，并无任何实权。将废太子一支迁出京城，使其永远处于政治舞台边缘位置，这对于加强、稳固皇权，特别是保证皇位传承之际政局的稳定，确有裨益。所以，雍正帝命弘皙率领子弟移居郑家庄，从本质上看，依然是一种防范措施，这与康熙帝初建郑家庄王府之本意，如出一辙。

雍正帝明令：弘皙迁移郑家庄的同时，命恒亲王允祺等会同内务府办理弘皙“分家”事宜，俾其设立长久产业。旨称：“（弘皙）一切供用，务令充裕，勿使艰难且贻累属下之人。彼处距京城二十余里，不便照在城居住诸王一体行走。除伊自行来京请安外，其如何上班及会射诸事，著一并议奏。”

不久，由允祺等数次密奏，几经朱批修改，大体确定有关弘皙迁移的一系列事项。如：俟郑家庄房屋修缮完毕，交付钦天监择定吉日，理（郡）王（弘皙）率领子弟13人（或称11人，待考）迁移；届时由兵部领取车辆，将需用物件载往。将诚王（允祉）之人185名、简王（雅尔江阿）之人80名、弘昉（允禔第二子）之人80名拨给理王，共计345名“这实际上也是雍正借机打击、削弱大阿哥、三阿哥、简王雅尔江阿的力量”；因系初次分家，理王现有护军、领催、马甲并亲随执事等，均发给钱粮，令当差行走；仅以理王之侍卫、官员守卫王府，人数不足，由郑家庄驻防甲兵600名看守（南北）城门、（巡查）街道外，增设堆子4处，守护王府，每处堆子由章京或骁骑校各一员，分率甲兵10人值守；郑家庄内有住房400余间，允祺等拟亲往查看，倘若足用，拨给居住，如尚不敷，再行添造。

郑家庄距京城20余里，理王除自行往来外，不便如在京诸王一体行走，皇上升殿之日，理王听传来京，每月朝会一次、射箭一次；凡朝会、射箭，惟率侍卫、官员、执事人等前来；主子若去，停止每日齐集，理王勿须来京；正月初一日祭堂子、给主子上奏表、所有祭祀坛庙诸事，理王前来。交付内务府总管，修葺房屋一处，作为理王来京下榻之所。理王所领俸禄，由所在旗照例行文发放外，领取俸米时，由王之侍卫及官员内派遣一人，偕同长史、城守尉等前往通州领取；因郑家庄邻近清河，故执事人等口粮，由该处行文到部，由清河仓发放。每年正月至十二月，理王几次赴京向主子请安、朝会、射箭以及平日开启城门、进出行走之事，均由城守尉明白记录在档，年终汇总开列，报宗人府记录在案。经过充分准备，是年秋，弘皙率子弟十余人迁往郑家庄。

弘皙一生共有妻妾7人（嫡福晋，喀喇沁乌梁海济尔默氏，康熙帝之三额驸噶尔臧之女；妾6人），共计生育18个儿子，17个女儿，子女共35人。弘皙居住郑家庄的17年（雍正元年至乾隆四年），即其29岁至46岁期间，相继生育11个子女（7子、4女），约占其子女总数31%。与乃父胤礽相似，弘皙年过不惑，依然具有较强生育能力，身体、精力俱佳。

四阿哥夺位侥幸得逞后，二阿哥仍是阶下囚，毫无变化。四阿哥则由雍亲王转身成了雍正帝。四阿哥对二阿哥，已由仰视变成俯视，二阿哥对四阿哥更毫无阻碍与对抗能力。四阿哥也毫无必要再加害二阿哥。康熙帝去世第二天，四阿哥就封二阿哥次子弘皙为理郡王。这是对二阿哥一支的安抚与拉拢。难怪二阿哥临终时，会对四阿哥感激涕零。

（5）雍正二年十二月十四日，允礽在景山禁所病逝。雍正帝有旨，按亲王待遇出殡，葬河北蓟县黄华山下。现在早已荒芜不堪。

雍正帝曾说起过：“数年以来，时时遣人（向其）赉予服食之类，皆不令称御赐，不欲其行君臣之礼也。二阿哥常问云：此出自皇上所赐乎？我当谢恩领受。而内侍遵朕旨，总不言其所自。及雍正二年冬间，二阿哥抱病，朕命护守咸安宫之大臣等，于太医院拣择良医数人，听二阿哥自行选用。二阿哥素知医理，自与医家商订方药。迨至病势渐重，朕遣大臣往视，二阿哥感朕深恩，涕泣称谢云：我本有罪之人，得终其天年，皆皇上保全之恩也。又谓其子弘皙云：我受皇上深恩，今生不能仰报，汝当竭心尽力，以继我未尽之志。及二阿哥病益危笃，朕令备仪卫移于五龙亭。伊见黄舆，感激朕恩，以手加额，口诵佛号。以上情事，咸安宫宫人、内监百余人，皆所目睹者。

及病故之后，追封亲王，一切礼仪有加，且亲往哭奠，以展悲恸。其丧葬之费，动支库帑，悉从丰厚，命大臣等尽心办理，封其二子以王公之爵，优加赐赉。”

为什么雍正帝反反复复地一再在众兄弟中强调，他已不是过去王爷，而是当今皇帝，独在二阿哥前“皆不令称御赐，不欲其行君臣之礼”？名不正言不顺，理不足气不壮也。但，他称帝后对二阿哥及其二子的表现，倒件件是实事。

（6）到乾隆四年（1739），又发生以弘皙为首的倒弘历事件，结果当然是以失败告终。但乾隆帝并未对此残酷打击，更未为此株连九族。我以为，这同弘历的身世有关。另外，乾隆地位已很稳固也是原因之一。之后，乾隆帝又将郑家庄的守卫部队全部发往福建，郑家庄行宫遂自然荒废。

3. 雍正帝与三阿哥关系

爱新觉罗·胤祉，康熙十六年二月二十日出生于宫内，雍正十年（1732）闰五月十九日卒于景山禁所，寿56岁。他比大阿哥胤禔小五岁，比太子胤礽小三岁，比四阿哥胤禛大一岁。生母马佳氏荣妃，为康熙帝生育过4位皇子、1位皇女。虽不及四阿哥生母德妃生育多（4位皇子、3位皇女），但也是康熙帝众多妻妾中生育最多者之一。

在康熙帝众多皇子中，三阿哥称得上是一位学者型皇子，但也并非完全是个书呆子型皇子。他的射箭水平相当高，不在众兄弟之下，这一点可能出乎许多读者意料之外。他的办事能力很强，尤在对父皇的忠诚上与按旨办事的不折不扣上，很得父皇欣赏。当大阿哥、二阿哥被长期圈禁后，他成了众兄弟中实际上的老大。但他从不以大压小，而总是以大帮小。一方面，三阿哥性格沉稳，善良，处事谨慎。另一方面，三阿哥并无很大的政治野心。即使一度亦有过争储之念，并不十分强烈。从众多史料中可知，三阿哥倒是有一颗仁厚、慈善之心的人。

例如，康熙五十年，临近弘历出生只有一个月时，不知康熙帝是有意还是无意，这次偏偏没有带四阿哥去热河随驾。但四阿哥很有心计，他让三阿哥诚亲王胤祉出面求情，“俟哨鹿时，随皇父哨鹿，乐往瞻仰圣颜”，以此达到了三阿哥诚亲王胤祉先去，待康熙帝行围狩猎时，四阿哥再去，遂达到了他去热河山庄外狮子沟随驾行围的目的。而是年七月二十九日，正是康熙帝自热河动身去木兰行围的日子。这一天，离弘历出生日期仅14天。

弘历出生后，与生母共同住在狮子沟草房里。又是三阿哥诚亲王胤祉，出面打报告给父皇康熙帝，以扩建狮子沟行宫为名，顺带将草房改建为瓦房，极大改善了弘历母子的居住条件。

又例如，康熙四十六年当九阿哥等人要求在畅春园附近建房时，康熙帝命三阿哥去选址。三阿哥不仅货比三家，力求降低成本，而且，还把为何放弃康熙帝所赐之地的理由一一列出，包括新选之地靠近四阿哥园子，便于众兄弟来往，也作为定址理由之一。从中可以看出，三阿哥对众弟兄与四阿哥和睦之重视。

康熙帝第一次废太子后，身体曾极度虚弱。三阿哥同四阿哥、八阿哥精心调理，才使父皇徐徐恢复。这是三阿哥对长辈之诚孝。

因此，康熙帝因常去避暑山庄，便常将京城宫里事务委托三阿哥料理。凡有谕旨，也常令三阿哥收管。尤其是第二次废太子后，自康熙五十二年（1713年）至康熙六十一年的十年间，也即康熙帝的最后十年中，康熙帝每次避暑塞外，无不带上允祉，而四阿哥胤禛却有四年未得随驾。可见，康熙帝对三阿哥之信任使用，均在四阿哥之上。这一条，之后也成为雍正嫉恨、整治三阿哥的原因与理由。

那些年里，康熙一般是四月前往口外，九月返京，其间就在避暑山庄处理军政事务。用康熙帝的说法，热河“去京师至近，章奏朝发夕至，综理万机，与宫中无异”。康熙帝最后十年中每次去热河，都将允祉带在身边，说明他在处理政务时，因体力精力不逮的原因，经常需要三阿哥允祉的帮助，这也是他晚年加大秘密立储、令十四阿哥在军政方面独当一面，再三叮嘱务必不忘将得人心放在心上，又千方百计树立其威望影响，凡此种种，都是康熙帝意有所属，促其早日成功，自己可以放心、平稳“歇肩”的主要动因。

再例如，当三阿哥听到雍正将十四阿哥革爵时，竟情不自禁地落下了眼泪。凡此种种都说明，三阿哥是一个办事公正细心、又极富同情怜悯之心、能助人为乐之兄长。

照理，四阿哥对三阿哥应该领情友好才对。表面上，四阿哥时常请众弟兄吃饭、并未把三阿哥忘掉。但实际上，从四阿哥称帝后对三阿哥的公开评价看，他心中一直对三阿哥抱着嫉妒恼怒又鄙夷轻视、不屑一顾的心态。

本来，揭发大阿哥用蒙古喇嘛咒害太子表面上是三阿哥出面，康熙帝却并未夸赞奖赏三阿哥，反而夸赞四阿哥“洵是伟人”，而康熙帝又向来并不怎么喜欢、重用四阿哥。所以，康熙帝虽然口头上夸赞四阿哥“洵是伟人”，却并未在夸赞之后实际上给四阿哥任何奖赏。因此，“洵是伟人”四字的真正含意，值得研究者再玩味与深究。

如果把康熙帝当时还有一段十分重要的话联系起来，其中原因就不言自明了。康熙帝说：“今立皇太子之事，朕心已有成算，但不告知诸大臣，亦不令众人知，到彼时，尔等只遵朕旨而行。”时下许多人习惯人云亦云“康熙帝晚年不立太子”一说，其实此说并不准确。康熙帝只是改变了以前立二阿哥为太子早早便公开宣布的做法，改为向意立之人压担子、受磨砺、建功业、得人心、“必令尔等倾心悦服”。虽然不会公开宣布，但“今立皇太子之事，朕岂忘耶？”康熙帝吸取历史教训，将明立太子改为秘立太子的一系列举措努力，一刻一步也不会停止、不会放松。他已年届七十，怎么会不考虑立太子？

康熙帝说“今立皇太子之事，朕心已有成算”，既可以理解为是新的皇太子人选他已有成算，也可以理解为是新的立储计划他已有成算。这两者是互为依存、缺一不可的。他一面说“朕心已有成算，但不告知诸大臣，亦不令众人知”，一面又将尚不是郡王的十四阿哥享受被革爵的原郡王大阿哥的政治待遇。如此看来，康熙帝秘密立储计划早在康熙四十七年下半年就已“成算”了。但为了让众阿哥倾心悦服，他必要让十四阿哥展现才华、建功立业，必要让大

了胤禛对三阿哥胤祉之所以忌恨、心态不平衡的原因之所在。

因此，虽然四阿哥与三阿哥在对太子的政治态度上基本一致，但四阿哥对三阿哥的忌妒与忌恨，却由来已久。一句三阿哥“以储君自居”，集中浓缩了四阿哥对三阿哥的心态，也决定了四阿哥登基后对三阿哥的根本态度。

康熙六十一年十一月十四日晚，在事先未作任何协商、也未有任何告示的情形下，四阿哥突然在乾清宫为康熙帝举行大殓，并突然宣布隆科多、八阿哥、十三阿哥、马齐4人为总理大臣。胤禛还未正式登基，就封八阿哥胤祀等四人为总理事务大臣，却并不重用胤祉，这是胤禛用重用胤祀迷惑稳住八阿哥，也是利用八阿哥挤压三阿哥胤祉的手段。

四阿哥称帝4年后回忆道：“大殓之日，八阿哥胤祀于分任之事全然不顾，与三阿哥胤祉窃窃私议多时。”父皇猝死，众兄弟、众大臣都感到蹊跷。胤禛称帝，众弟兄更感到蹊跷。在这种情形下，对胤禛所封总理事务大臣要不要接受，当事人八阿哥同三阿哥商议一下，何罪之有？然而，这也竟成了雍正记恨三阿哥和八阿哥的“根据”。

因为三阿哥基本上是一个安分守己学者型皇子，又心慈善良，在宫中并无构成对胤禛威胁的政治势力，因此，雍正对其动手较晚。但这只是时间上的迟早与策略上的先后而已。

胤祉为皇子时并不太过分热心皇储之争，他一门心思编书。胤祉在畅春园的20多年，文化盛事频繁。胤祉的老师和门客全是学者和无功名的布衣，如陈梦雷、杨文言、周昌言等。他依靠这些人，主持编纂了《律历渊源》和《古今图书集成》两部大书。

古今图书集成

《律历渊源》全书是在康熙帝玄烨主持、胤祉带领一班人编纂而成的。康熙帝不但亲自拟定编辑方针，而且还把自己数十年积累的算稿拿出，作为编纂数学部分的资料。法国耶稣会士白晋在写给法王路易十四的信中还提到，康熙亲自给胤祉讲解几何学。

康熙五十二年康熙在畅春园蒙养斋开馆，先是命胤祉主持纂修《律历渊源》。《律历渊源》集律吕、历法和演算法于一书。这是一部我国科技史上具有很高价值的天文数学乐理丛书。后又命胤祉主持纂修《古今图书集成》，共分 6 编 32 典。是中国现存古代规模最大、资料最丰富的类书，也是世界上规模最大、资料最丰富的大百科全书，共一万卷，一亿五千万字。

《古今图书集成》采撷广博，内容非常丰富，上至天文、下至地理，中有人类、禽兽、昆虫，乃至文学、乐律等，包罗万象。它集清朝以前图书之大成，是各学科研究人员治学、继续先人成果的宝库。陈梦雷为此耗费了 20 多年心血，康熙帝亲书“松高枝叶茂，鹤老羽毛新”对联赐奖。

雍正帝即位之后，陈梦雷被撤职，换为蒋廷锡主持，不许允祉过问。但世人都清楚，《古今图书汇编》一书，三阿哥允祉和陈梦雷功不可没，并不是雍正、蒋廷锡的功劳。

雍正帝即位之后，先是将胤祉改名为“允祉”，命他去守护景陵。雍正二年，世子弘晟获罪，被削去世子之位。

雍正六年六月，雍正帝命降三阿哥亲王为郡王，撤去佐领四个，并将其世子弘晟拿交宗人府，严行锁禁。嗣后又有旨，允祉“不必入班”。何谓“不必入班”，即剥夺了三阿哥上朝参政、议政资格。

雍正八年二月，雍正先是恢复两年前降为诚郡王的三阿哥为和硕诚亲王。然至五月二十四日，即三阿哥复封亲王仅三个月，宗人府又奏称：允祉性情乖张，行事残刻，罪恶日稔。犯不孝、妄礼、狂悖、恶逆、其罔不敬、奸邪、无道、怨怼不敬、贪黩负恩、背理蔑伦等十款大罪。雍正下旨：“将允祉革去亲王并予拘禁。其子弘晟著严加拘禁。”

之后，又定“景山永安亭为允祉之禁所”。至此，雍正对允祉的镇压才算告一段落。最终，三阿哥也与康熙的传旨太监梁九公一样，于雍正十年闰五月死于景山的拘禁之所永安亭。同年七月初九，弘晟卒于禁所，年仅35岁。

我在景山采访时，承景山公园负责人也是研究景山的专家张富强先生相告，雍正曾一度将允祉拘禁于景山最高峰处的万春亭。万春亭是当时皇城内的最高建筑。从这里可以清楚望见向南仅数百米的紫禁城金碧辉煌的大殿屋顶和屋角上的螭吻及御花园里参天大树的树梢。更可以每日耳闻神武门城楼上的钟鼓报时。然事过境迁，睹物反会更加伤情。让允祉每天从日出到日落，面对被神武门城墙隔断的大内宫殿“可望而不可即”、“可闻而不可居”，甚至令其独处一隅有话无处可说，这或许又是雍正对众兄弟的另一招有意为之的“出奇料理”吧？

4. 雍正帝与八阿哥关系

爱新觉罗·胤祀，康熙二十年二月初十（1681年3月29日）生于宫中，雍正四年九月初十（1726年10月5日）被雍正帝害于禁所，寿46岁。他比四阿哥小3岁，比十四阿哥长7岁。

八阿哥与十四阿哥，是康熙帝诸多皇子中最具戏剧性的悲剧人物之一。所谓戏剧性，是指他们也曾经短暂地热热闹闹昙花一现、粉墨登场，轰轰烈烈地有过一番成功，结局却大大令人意外。

何谓悲剧人物？不是一般的好心未得好报，而是把他们身上美好的东西硬是野蛮地撕碎，将一朵鲜花撕裂后再用脚掌肆意碾碎，将一个即将成熟的果实打在脚下，再将它踩踏得面目全非，令人产生某种不可名状的淡淡忧伤与彷徨不安，令人产生同情叹息、思绪波动与不平。八阿哥与十四阿哥，都是这样的人物。

康熙四十七年十一月十四日，当康熙帝要在廷满汉大臣推举一人为新太子时，八阿哥不仅满票当选，而且，仅此一人当选。电视剧《雍正王朝》里，有一个用算盘统计八阿哥与四阿哥各得票数的画面，这件事历史上根本无影无踪，完全是为美化四阿哥而捏造的戏说。当时满汉大臣推举新太子时，根本并无一人推举四阿哥，四阿哥是零票。

但所谓得人心者得天下的道理，在八阿哥身上竟毫无作用。八阿哥当时大得人心，却并未得天下。所以，八阿哥是悲剧人物。四阿哥当时并未得人心，偏偏后来得了天下，靠的是权术，用的是阴谋，搞的是宫廷政变，但他侥幸得逞，竟成功了。四阿哥的阴谋得逞与成功，是将八阿哥、十四阿哥促成悲剧人物的主要原因。

十四阿哥是康熙帝从诸多皇子中，经过反复比较、长期观察、深思熟虑后，又在实践中委以重任的皇位接班人，已经大得人心，取得舆论一致赞赏。通过长达 14 年的长期努力与考验，康熙帝秘密立储十四阿哥的计划，在即将圆满实现的最后几天里，不意竟被四阿哥的关键一击彻底粉碎，功亏一篑。

虽然康熙帝晚年对四阿哥还有所防范，但康熙帝对八阿哥的防范，远胜过对四阿哥的防范。故康熙帝对八阿哥的防范是公开直指其名的，对四阿哥只是旁敲侧击，只是频频采取调虎离山，令其离开大内，离开行宫，甚至离开京城。然康熙帝仍过于自信，过于轻视四阿哥了，以为如此便足以压住、控制住了四阿哥。对四阿哥的太过于轻视小看，这是导致康熙帝秘密立储计划在即将圆满实现的最后几天功亏一篑的根本原因，也是激化四阿哥与康熙帝父子矛盾，激起四阿哥拼死一搏的内外原因之一。四阿哥长期以来野心勃勃，又一直隐蔽很深。当双方摊牌亮底后，四阿哥便拼死一搏，孤注一掷了。

也正是由于八阿哥曾经有过被在廷满汉大臣一致看好、满票当选、大得人心的经历，他必然就成为四阿哥谋位道路上的障碍，也必然成为四阿哥谋位成功后政治舞台上的潜在威胁。即使四阿哥已当上皇帝，八阿哥仍是宫廷内的一枚定时炸弹，必须彻底排除。

由于八阿哥被大家看好，四阿哥称帝后必然会先对其拉拢利用，再择机对其囚之、杀之，完成其卸磨杀驴、过河拆桥的把戏。这是八阿哥、十四阿哥必然会成为最具悲剧性历史人物的根本原因。这也是中国封建社会宫廷权力斗争的必然结果。

例如，四阿哥明知父皇轻视他、压制他，他心中对此非常不满，非常不服。但他丝毫不露声色，他采用了一个忍字。这可并不是一般的忍，而是忍常人之所不能忍。不到关键时刻，他决不会暴露，更不会轻易出手。而大阿哥、二阿哥、八阿哥，都是在忍字上没有过关，都过早暴露了。

如果大阿哥不是迫不及待地暴露出要杀太子，便不会那么快就失去康熙帝的信任。虽然康熙帝不会立他为储，但也决不会将其终身圈禁。

(1) 八阿哥的与众不同之处

首先，八阿哥的能力，不仅得到康熙、雍正两代帝王的认可，还得到了康熙、雍正两朝宫廷上下几乎所有人的一致认可。须知，康熙帝的众多皇子，个个都是“人精”，唯八阿哥的能力，无论是父皇、兄弟、大臣、贵戚，都一致赞赏。这说明，八阿哥的能力确实出类拔萃、非同一般。康熙帝第一次废太子后第4天，就任命八阿哥署理内务府总管，仅此一点已足可证明。即使四阿哥当上皇帝后，对于八阿哥的能力，他也是公开认可的。

康熙帝还说道：“八阿哥之为人，诸臣奏称其贤，裕亲王（康熙帝之兄，名福全）存日（活着时）亦曾奏言，八阿哥心性好，不务矜夸。胤礽若亲近伊等，使之左右辅导，则诸事皆有箴规矣。”康熙帝的哥哥不仅称赞八阿哥其贤，还向当皇帝的弟弟推荐，要太子多跟八阿哥亲近，向八阿哥学习。

力挺八阿哥的，除了康熙帝的哥哥外，还有康熙帝的国舅佟国维，满洲大学士马齐，满洲大臣鄂伦岱、阿灵阿，更有康熙帝的众多皇子即八阿哥的众多兄弟九阿哥、十阿哥、十四阿哥等。康熙五十四年、五十五年，四阿哥心腹戴铎去福建上任，特地去泉州安溪拜访回家休养的大学士李光地，赤裸裸地向李光地提出，若能向皇上保举四阿哥，四阿哥可保证李荣华富贵。李光地不为所动，明确回答："目下诸王（诸位年长皇子），八王最贤。"可见八阿哥深得人心已成气候。但此事以后，康熙五十六年，戴铎竟然向四阿哥提出以台湾作为退路，等待时机、以图东山再起。说明当时政治形势已对四阿哥极其不利。康熙帝向众皇子训诫："或有小人，希图仓卒之际，废立可以自传，推戴一人以期后福。朕一息尚存，岂肯容此辈乎？"这"小人"，很有可能就是指戴铎与四阿哥。否则，对四阿哥极其忠诚又政治极其敏感的投机家戴铎，怎么会早不提、晚不提，偏偏就在康熙五十六年向四阿哥提出逃亡海外以台湾作为其退路之计？

那么，对于八阿哥这样优秀的贤人，既然大家这样一致看好、并这样一致推选为新太子，为什么康熙帝就是不肯同意呢？

对此，康熙帝讲了两次。先是讲："八阿哥到处妄博虚名。凡朕所宽宥及所施恩泽处，俱归功于已，人皆称之。朕何为者，是又出一皇太子矣。""此人即（使是）朕亦畏之。"于是康熙帝发出警告，以后"如有一人称道汝好，朕即斩之。此权岂肯假诸人乎？"康熙帝已对八阿哥人气如此之旺，心中多少已产生了畏惧和忧虑。

康熙帝对八阿哥的恼怒不只是停留在批评教育上，而是国法、家法侍候。第二次再提，就对八阿哥动真格了："当废胤礽之时朕已有旨，诸阿哥中如有钻营谋为太子者，即国之贼，法断不容。废皇太子后，胤禔曾奏称胤祀好。春秋之义，人臣无将，将则必诛，大宝岂人可妄行窥伺者耶？胤祀柔性成奸，妄蓄大志，朕素所深知。其党羽早相要结，谋害胤礽，今其事皆已败露。著将胤祀锁拿，交与议政处审理。”

为什么康熙帝对八阿哥处理如此严厉？康熙帝把八阿哥与二阿哥作了个比较：“二阿哥悖逆，屡失人心；胤祀则屡结人心，此人之险百倍于二阿哥也。”其“党羽甚恶，阴险已极，即朕亦畏之”。“朕恐后日必有行同狗彘之阿哥，仰赖其恩，为之兴兵构难，逼朕逊位，而立胤祀者。”其实，八阿哥既然想用得人心、得选票谋储，这是正大光明之举，是用和平、民主方式，惜未得康熙帝所容。倒反而是八面玲珑的“笑面虎”，笑里藏刀之四阿哥，渡过了一个又一个难关。

原来，康熙怕行同狗彘之阿哥兴兵构难，逼他逊位，而立胤祀。于是，先下手为强，将八阿哥拿下。康熙帝一世英明，这一预见却是错了。因为后来的实际证明：八阿哥虽有作秀、到处博取名声之事，只是想多获取选票，走的是和平、议会之路。其实，八阿哥用选票作其政治资本，本质上也并无大错。

而之后真正兴兵构难，逼康熙逊位，废康熙之所立、用阴谋自专于皇位者，并不是八阿哥，而是所谓诚孝的四阿哥。无论在当时，还是站在今天的角度，回头去看四阿哥同八阿哥的储位之争，尽管两人都有个人野心的成分，八阿哥的手段远比四阿哥要更合乎得人心之要求，若八阿哥上台，国家政治局面也可更为稳定。

当下部分研究者欢喜用一句“历史选择了雍正”。

他们用“成者为王、败者为寇”的陈旧理念，用赞赏的态度为四阿哥用阴谋上台大唱赞歌。他们否认四阿哥是用阴谋、用政变上台。他们认为四阿哥是用骗取康熙帝信任，才黑马胜出的。即使历史真的如此，试问，皇太子的产生，究竟是用能否骗取康熙帝信任得逞为好，还是以赢取众多大臣、众多兄弟的一致叫好，一致推举为好？孰优孰劣，应该是一清二楚的吧。

大概康熙帝自己也觉得，对八阿哥的处理有些过分，不到一个月，又召见八阿哥，并恢复了他的贝勒爵位。

康熙帝生怕八阿哥的威望会超过他，会动摇其皇位。因而，以个人意志，否定了宫殿上下的意见，收回了自己提出的“众意属谁，朕即从之”说法。这是出尔反尔，又把开始向前进的开明路线、理念，倒退到由他个人说了算的老路。

这一出尔反尔的倒退，引起了三阿哥、五阿哥、八阿哥、九阿哥、十阿哥等众多皇子的不满，这种不满，其实多少有点历史进步的痕迹。因为，这实际上是对皇位接班人一直由皇帝一人说了算的不满与动摇。

对此只有四阿哥是高兴的。因为康熙帝把大家选出来的八阿哥一票否决后，扫除了他谋储道路上的最大障碍。

（2）四阿哥对付八阿哥的策略

在四阿哥的藩邸时代，八阿哥对四阿哥其实是不错的。一次，蒙古王爷向八阿哥献马。八阿哥特地挑选两匹良马送给四阿哥。四阿哥除了经常宴请父皇康熙帝外，也经常宴请众兄弟。八阿哥也基本上都是到场的。

雍正说：“朕在藩邸，光明正大，公直无私，诸兄弟之才识，实不及朕，其待朕悉恭敬尽礼，并无一语之争竞，亦无一事之猜嫌。”“朕在藩邸时，仰托皇考福庇，安富尊荣，循理守分，不交结一人，不与闻一事，于问安视膳之外，一无沽名妄冀之心。”“朕性本最慈，不但不肯妄罚一人，即步履之间，草木蝼蚁，亦不肯践踏伤损。”“朕自幼蒙皇考钟爱器重，在诸兄弟之上，宫中何人不知。”

其实，凡是真正打天下坐江山的人，无需自己去大吹大擂。因为历史已证明了一切。越是靠用阴谋上台的人，越是会自己大吹大擂。以上，雍正说的几乎都是极其虚伪、极其可笑之言。他说他在藩邸时光明正大，公直无私，诸兄弟之才实不及朕，不是极其虚伪、极其可笑之言吗？他还说他走路时连一根草、一只蚂蚁也不肯践踏伤损，不是极其虚伪、极其可笑之言吗？他说他自幼蒙皇考钟爱器重在诸兄弟之上，不是极其虚伪、极其可笑之言吗？

当然，他也有吐露真情的时候。"前曾静逆书，诬谤朕躬诸条，离奇荒唐，即梦寐中亦无此诞幻怪异之境，惟有加朕屠弟之名一件，朕不辩亦不受。"

对宫里宫外全国上下攻击他屠杀兄弟，他说他"不辩亦不受。""不辩"，是因为他根本无法掩盖、抵赖。"不受"，是因为他担当不起这恶名。他一边说屠杀兄弟之事不辩亦不受，一边又说："若天下之人，必欲以朕诛戮（兄弟）二人为言，据伊等罪情、朝廷法律而论，朕也不以诛戮二人为讳。"这就等于公开承认即使屠杀兄弟会落下骂名，他也在所不惜。

雍正对兄弟翻脸，对兄弟残暴镇压，均发生在他做皇帝之后。这有两个方面原因。一方面，他在藩邸时，在客观上，他的政治力量、政治声誉、政治形势都不允许他与兄弟公开恶斗；在主观上，他要采取伪装韬晦、麻痹欺骗手法，也不会与兄弟公开恶斗。另一方面，他篡位成功后，在客观上，他的政治力量、政治舆论、政治形势都允许他对众兄弟残暴镇压。在主观上，也完全符合、完全暴露了他虚伪、残暴也是无所顾忌之本性。

再看雍正上台后如何评价八阿哥。雍正说，"允祀颇有识量"；"允祀为人聪明强干，谦洁自矢，才具优裕，朕深知其能办大事"；

“允祀较之朕诸弟，颇有办事之才”；“允祀若肯实心办事，部务皆所优为。论其才具、操守，诸大臣无出其右者。而其心术之险诈，诸大臣也无与之比者”；“允祀非允禟、允䄉可比”；雍正甚至拿自己同八阿哥相比，结果是“能與相当”。雍正向来自视甚高，谁都看不起。他自认允祀水平和自己不相上下，这个评价已非常之高了。从雍正对八阿哥的评价也可以清楚看出，当初众大臣一致推举八阿哥为国家接班人，确是任人唯贤，并非结党营私。

雍正说：“阿其那方封亲王时，伊即向人出怨望愤激之语，且向在廷大臣云：‘皇上今日加恩，焉知未伏明日诛戮之意！其目下施恩，皆不可信？’又当大庭广众，诅咒朕躬，则其他可知矣。”后来之结局证明，八阿哥的判断并无错误。

八阿哥嫡福晋郭络罗氏，出身名门贵族，她是和硕额驸明尚之女，安亲王岳乐的外孙女，康熙的宠妃——宜妃（郭络罗氏）的侄女。家世显赫，身份尊贵，从小受到宠爱，故为人颇为傲慢任性。遗憾的是，她婚后没有生育，又不允许八阿哥再纳妾。读者也许马上就可联想到四阿哥为什么迟迟不能将弘历领回府中的原因了——雍亲王的嫡福晋乌喇那拉氏不依不饶也。

八阿哥嫡福晋虽然厉害，并未干预政治。雍正之所以对八弟媳恨之入骨，据雍正说，是因为封八阿哥为亲王后，其娘家人前往贺喜时，八阿哥嫡福晋说：“有何喜可贺？恐不能保此首级耳。（不知什么时候脑袋就搬家了）其言怪诞，则平日之居心可知也。”

这是八阿哥嫡福晋的一句气话、牢骚话，但平心而论，也确实点中了雍正的要害，揭穿了雍正封王的虚伪把戏，雍正怎会不恼羞成怒？

以上训斥20多天后，雍正再次开火：“廉亲王允祀（雍正名胤禛，登基后因避帝讳，众兄弟名均改‘胤’为‘允’。因十三阿哥允祥助帝业有功，在其死后，雍正帝破例将其名改回“胤祥”，为清一代臣不避讳之唯一。）愈来愈悖逆，将朕所交之事不但毫不实心效力，而且每事败坏。”接着话锋一转，又指向八弟媳：伊妻更属狐媚残刻（既漂亮又刻薄，犹如白骨精）允祀平日甚畏之。戊子年（康熙四十七年）圣祖皇帝御乾清门，因允祀畏惧其妻，曾特降谕旨，“允祀之妻残刻，皆染伊外家安郡王恶乱之习，欺侮允祀，几致绝伊之嗣。圣祖皇帝屡降谕旨，伊妻始惧，方容允祀收取使女一二人，仅生一子一女。允祀实系大罪之人，朕即位以来，于允祀无恩不施，无事不教，乃允祀终怀异心，并不悛改，看来皆因其妻唆使所致。朕将允祀晋封亲王时，伊妻外家向伊称贺。伊云，何喜之有？不知头落何日等语。是诚何语（这是什么话），是诚何心（居心何在）？朕屡降谕旨与允祀之妻，又令皇后面加开导，谕令伊劝谏其夫（八阿哥），感激朕恩，实心效力，乃屡次训教，允祀夫妻毫无感激之意，伊等恶迹昭著。亦不可留于允祀之家。”这实际上就是由雍正下令将允祀之妻赶出允祀王府，将允祀夫妻强行拆散两地。

在此之前，雍正已经下令：“允祀既经革去黄带子（圣祖皇帝直系子孙的腰带标志），则已非宗姓之人，母妃亦不应在伊家居住。”就是说，雍正先后已将允祀之妻、之母赶出允祀王府，再将允祀赶出允祀王府单独囚禁，这对允祀的心灵精神无疑是个双重巨大打击。

我们不妨将雍正与康熙比较一下。康熙将大阿哥、二阿哥圈禁于府内时，从未令其妻离子散。大阿哥、二阿哥的有些子女，就是在圈禁期内在府内生育的。甚至，康熙还将二阿哥的好几个儿子养育宫中。雍正口口声声“朕肖圣躬”，不过是嘴上说说、对自己美化宣传罢了。

在以上谕旨的同一天，雍正就作出具体规定，“今尔等前去（允祀府中），将谕旨于允祀之妻，革去福晋（革去允祀之妻的身份名分），逐回外家（娘家），降旨于外家人等（外家所有人），另给房屋数间居住（所谓另给房屋，实际上就是另外专门改建囚室单独囚禁。这与后来另建房屋关押隆科多、延信同出一辙。）。”

果然，雍正紧接着又就此作出具体规定：“严加看守，不可令其（与任何人）往来潜通消息。若有互相通信之事，必将通信之人正法，尔外家人亦一人不赦。”

雍正谕旨中继续布置，“尔等（从允祀之妻外家处理完毕）回来后，再将此旨降与允祀。”雍正将木已成舟以上处理一一完毕后再通知允祀的做法，可将针对允祀的压力最大化、极致化。

雍正为什么那么害怕允祀之妻与任何人往来潜通消息？此举并非偶然。隆科多、年羹尧、延信、戴铎，都是雍正的有功之臣，但他后来都特别害怕他们胡言乱语，都特别严厉地将他们与外界严密隔绝。

雍正将八阿哥改名阿其那（一说雍正命八阿哥改名，八阿哥自己改名阿其那，意为砧板上之鱼，任人宰杀）。八阿哥将唯一儿子弘旺改名菩萨保，其绝望之状，已可想而知矣。

雍正四年六月，大臣议定允祀罪名40条。雍正杀八阿哥的舆论造势已完成。

雍正已决定一年之内将八阿哥、九阿哥彻底消灭，从以下简列可一览而知：

雍正四年正月初四，有旨严审允禟父子书信密码。

正月初四，有旨将允祀之妻革去福晋，逐回外家与世隔绝、严加看守。

二月初六，有旨降允祀为民王（名义上仍是王，实际上已取消王的一切政治、经济待遇）交所属旗内稽查，旋即将其锁禁高墙小屋。

三月，有旨令允祀父子改名。

六月，大臣议定允祀罪名 40 条。

八月二十八日，直隶总督李绂奏：（九阿哥允禟）塞思黑于本月二十四日已在保定禁所（牢房）“病故”。

八月二十九日，有旨：“阿其那、塞思黑罪大恶极，天下共知，诸王大臣等屡请将伊正法，朕犹豫不忍即定（并非不忍即定，而是尚未准备妥当）。昨闻塞思黑已伏冥诛（这是雍正发明的新词，意思是老天爷将塞思黑收去了，是老天爷对其报应），朕心恻然。今欲将阿其那从宽曲宥，诸王大臣以为如何（这是反话，实是在暗示，对阿其那可如法炮制，使其一样遭受冥诛）？”

又有旨：令李绂为伊（允禟）料理棺木殡殓，俟其妻子家人从西宁赶到保定之日，再行奏闻读旨（这实际上就是令允禟之妻与子女从此再也见不到夫、父）。

这是雍正的老把戏故伎重演了。雍正元年五月，当太后谕旨将十四阿哥召回宫时，雍正故意拖延不让母子相见，逼使太后选择自尽了结。如今，允禟妻子家人从西宁赶到保定至少要一个多月，允禟却早已入棺，之后无法相见。允禟妻子家人与允禟只能作永不可能相见的死别。而允祀及妻子家人虽然还活着，却从此永远无法相见而又活生生隔离。

九月初九，阿其那也遭“冥诛”。先是初一，顺承郡王锡保奏，阿其那呕吐不止。雍正有旨：“将其用心调养，欲食之物悉行给与。”

只有即将执行死刑的人，才会“欲食之物悉行给与”。八阿哥既已呕吐不止，哪里还能有欲食之物？这分明是按计划执行的暗语。果然，到初五，阿其那已不能吃任何东西。初十，阿其那也死于禁所。

看一看八阿哥、九阿哥是怎么死的吧。盛夏酷暑之时，雍正命将八阿哥、九阿哥分别关押在一间仅七八平方米的小屋，四面全是无窗高墙，暗无天日，密不透风，闷热难熬。仅在一面高墙下有一个可旋转的小窗洞，像喂狗似地传送粗食。每天仅在传送粗食的一刹那，有极其短暂、如电光光线一闪而过。身上、脖子上还用 9 条粗重铁链锁住。雍正四年八月二十七日，九阿哥因“腹泻不止卒于幽所”，享年 43 岁。同年九月初十,八阿哥因“呕吐不止卒于幽所”，享年 46 岁。一个死于上吐不止，一个死于下泻不止。为什么死得如此蹊跷？如此奇怪？如此巧合？又如此残酷？

九阿哥死后，雍正再令法海带人去西宁将允禟妻、儿子、家人从西宁押送保定后再宣旨。读者不会忘记，康熙帝是康熙六十一年十一月十三日夜死于畅春园，雍正是十一月十四日夜在乾清宫才宣布康熙帝之死的。从保定带人去西宁，至少须一个多月。再从西宁将允禟妻、子家人从西宁押送保定，也须一个多月。待允禟妻、子、家人从西宁被押送保定后，允禟已死亡入棺两个多月矣。

雍正称帝后，若必须将八阿哥、九阿哥列为政敌，若以为这是政治斗争之必须，对其抄家、流放、抓捕、圈禁、单独押禁都足以解决问题，何必非要如此残忍折磨至死？

八阿哥、九阿哥死后半年，雍正有旨：“阿其那、塞思黑二人之恶不枚举，实逆党之巨魁。二人一日不除，则逆党一日不散，国家一日不安，是以无奈将伊二人拘禁。此时诸王大臣奏请即行正法，而朕未即谕允者，乃一时小不忍，意略迟回耳。不意二人遂服冥诛。

朕为宗庙社稷计，若二人（现在）不死，将来未必不将伊明正典刑，以彰国宪。盖朕受皇考付托之重，不得顾小节而忘大义，亦不得顾一身之毁誉而忘国家之安危。朕只论阿其那、塞思黑有必可诛之罪，有必当诛之理，而断不避诛阿其那、塞思黑之名也。”他在《大义觉迷录》里也再次表态，“至于众口之褒贬，后世之是非，朕不问也。”

雍正帝说一千、道一万，无非是要说阿其那、塞思黑罪该万死。即使现在不处死，将来也必会明正典刑，以彰国宪。既然理由如此冠冕堂皇又如此充分，为什么不明正典刑？为什么要如此残酷折磨后、再施加毒刑？雍正帝遮遮盖盖后，终于自己坦白，他不怕众口之褒贬，也不避杀弟之名，他就是要杀此二人。

从雍正帝对八弟媳（八阿哥嫡福晋）之处置，更可看出雍正之阴狠、残暴。

雍正四年十二月初三，也就是九阿哥死去三个多月后，雍正有旨：“塞思黑之妻（九阿哥嫡福晋）逐回其家严加禁锢。”这之前，并未见九阿哥嫡福晋干涉政治之任何罪状，也并未见雍正帝对九弟媳有任何之不满。之所以在九阿哥死去三个多月后再对九弟媳逐回其家严加禁锢，并不是事发于一般株连，而是生怕九弟媳多言，是要封其九弟媳之口也。

雍正对九弟媳尚且如此，对八弟媳则更不会放过了。雍正有旨：“（八阿哥嫡福晋）唆使其夫，以致恶乱已极。近将伊逐回其母家，伊毫无畏惧，忿然而去，甚属可恶，亦不可容于盛世……令其自尽，仍散骨以伏其辜。”

雍正处死八弟媳，并无正当、充分理由。当雍正将伊逐回其母家时，也并未见她有一字一句正面对抗之语。但她对雍正如此处分，既毫无畏惧，又态度忿然而去。雍正对她的表现很不高兴，竟令其自尽，这已经够狠毒了。但雍正仍不甘休，还要准宗人府将其死后扬灰。实际上，宗人府就是揣摩、迎合雍正令其自尽再提出焚尸扬灰的。雍正将宗室苏努大臣父子流放山西不久，即在大街处死，死后就在大街扬灰，再用多辆马车在大街上来回碾压。吕留良死去49年后，雍正仍令执开棺戮尸枭示之刑，并株连其子孙。

乾隆帝执政后，即恢复八阿哥和九阿哥原名、宗籍。为什么？乾隆帝说，八阿哥、九阿哥对皇考（雍正帝）虽口头上时有不服言语，并未有组织有计划在行动上作谋反之举。那么，雍正如此残忍处死八阿哥、九阿哥等做法，尤其是如此残忍处死八弟媳，究竟是政治斗争之必须，还是雍正残暴之毕现？

八阿哥王府

5. 雍正帝与九阿哥关系

爱新觉罗·胤禟，生于康熙二十二年八月二十七日，卒于雍正四年八月二十七日，忌日与生日同月同日，显然不是巧合，是雍正帝或其鹰犬有意为之。

胤禟生母郭络罗氏，康熙帝宜妃。胤禟与胤祺为同母兄弟。胤禟幼胤祺5岁，幼八阿哥胤祀2岁，长十四阿哥胤祯5岁。

胤禟与其他诸位阿哥相比较，个性、经历、结局都显然不同。性格决定命运这句话，用在胤禟身上，非常贴切。

胤禟生母郭络罗氏，是第一位连续为康熙帝生过3位皇子的皇妃，这便令她很有些自鸣得意的优越感。康熙帝去世第二天夜里，乾清宫大殓时，她抢在四阿哥生母德妃之先，乘坐肩舆，闯入乾清宫，根本不把四阿哥放在眼里，雍正当然对此要耿耿于怀。

宜妃卒于雍正十一年，已年70岁以上，寿比其3个儿子都长，可见身体素质、意志都很坚强。宜妃与三阿哥生母荣妃、四阿哥生母德妃的区别，是宜妃从未生育过女儿。

胤禟体格强壮、魁梧。曾得到父皇康熙帝夸奖："九阿哥甚勇敢，骑马强于其他阿哥。"因此，九阿哥随驾康熙帝行围打猎的次数比四阿哥多。一次行围中，胤禟亲手射杀了一只幼虎，再次得到了父皇康熙帝夸奖。四阿哥从未亲手射杀过老虎，他称帝后，13年里，任何大小规模的打猎一次也没有。但他却命传教士为他制作了一张他头戴西洋假长发，手持钢矛，孤身一人刺杀老虎的画作，用以宣传他的神勇。四阿哥之虚伪、之虚荣、之作假均已毕现。当下不少书文作者居然也喜欢引用此画为雍正作假宣传帮腔，岂不荒唐可笑？

胤禟为人行事快人快语，敢作敢当，且表里一致，一言一行，从不虚伪掩饰，大有其母宜妃风范。据四阿哥说，“皇考升遐之日（实是指康熙帝去世后，四阿哥秘而不宣，将康熙帝遗体转移到乾清宫，第二天夜里乾清宫突然宣布大殓时），朕在离痛之时，塞思黑（胤禟）突至朕前，箕踞对坐（箕踞，两脚张开，两膝微曲地坐着，形状像箕。另一说是张开双腿坐在地上，是一种不拘礼节的坐法，比喻轻慢傲视对方的姿态），傲慢无礼，其意大不可测。若非朕镇定隐忍，必至激成事端。”

窃以为，以胤禟之个性，他既然敢冲到四阿哥面前傲慢怒视，就不可能一言不发。按当时现场那突如其来出人意料之政治局面，胤禟必会当面追问四阿哥，皇阿玛究竟是怎么死的？为什么在畅春园不通知众弟兄到场？大阿哥、二阿哥圈禁后，还有三阿哥在，为什么由你一人召集主持大殓？又凭什么由你继位？你又有什么凭证？面对九阿哥的当面追问，四阿哥能说什么呢？雍正说，为了不激化矛盾、不造成事端，他采取了隐忍。隐，就是默不作声，沉默以对；忍，就是忍耐，就是忍让。并非其修养好，四阿哥当时也只能这么做。因为，他一旦同九阿哥争论起来，非但辩不清楚，争不明白，很可能要引起众兄弟的更大反弹。那就真会出现如四阿哥所说“必至激成事端”。然四阿哥继位毫无合法证据，于此已可足见。若四阿哥继位合法，合情合理，证据确凿、充分，众兄弟怎会因为局面突然而难以接受？雍正说：“朕初即位时，塞思黑谓其左右人等曰：‘不料事情竟至如此，我辈生不如死’，此伊太监王应隆亲口供出者。”九阿哥对于四阿哥突然、蹊跷上台称帝，无论明里背后，皆持质疑、抵触情绪，毫无隐瞒。如果说，八阿哥对四阿哥采用的是阳奉阴违、以柔克刚、消极对抗，那么，九阿哥对四阿哥突然、蹊跷上台，则既是深恶痛绝，又勇敢无畏，人前背后皆直来直去，公然采取鄙视、嘲讽、抵触、对抗之态度。

四阿哥也并非单一采用隐忍就能摆平局面。主要是，四阿哥已将乾清宫当作一个巨大的笼子，将众兄弟诱入宫内一网打尽，又全由隆科多的步兵将乾清宫严密封闭了。

面对九阿哥的当面追问，四阿哥采取装聋作哑，避而不答，面对九阿哥的傲慢无礼，四阿哥采取隐忍。如果九阿哥继续大闹，四阿哥可以用九阿哥破坏父皇大殓作借口，轻则驱赶之，重则拘捕之。四阿哥这边心虚理亏，虽对众兄弟一时也无可奈何，但对九阿哥之杀心，此时已就埋定了。因此，雍正后来对待众兄弟打击报复中，对九阿哥最凶狠、最残酷，也就不奇怪了。

雍正对九阿哥恨之入骨，不仅九阿哥从来不把当上皇帝的四哥放在眼里，一直敢于当面嘲笑讽刺他、顶撞他，还由于九阿哥之前就一直公开力挺八阿哥、十四阿哥，从未力挺过四阿哥。四阿哥并不将此归咎于自己得位全由阴谋，而是将此归咎于九阿哥仍希望八阿哥或十四阿哥东山再起。因此，雍正将三阿哥、八阿哥、十四阿哥等政敌，分别关押在京城不同地方。虽曾令十阿哥允䄉去蒙古，允䄉行至张家口便不肯再前，雍正也未再坚持。独对九阿哥，早就处心积虑，将其发配流放到青海西宁以北大通县，还是不肯罢休。

早在康熙六十一年十二月十二日，即康熙帝去世仅一个月，雍正就先逮捕允禟府中太监张起用、何玉柱等12人，发遣边外，籍没家产。张起用乃康熙宜妃宫中太监；何玉柱乃贝子允禟之太监。雍正谕称："伊等俱系极恶，尽皆富饶。如不肯远去，即令自尽。护送人员报明所在地方官验看烧毁，仍将骸骨送至发遣之处。”同年十二月二十四日，雍正帝又命将贝子允禟遣往驻西宁（实际是西宁以北40公里的大通）。谕称：“大将军来京，其往复尚未定，俟胡土克图喇嘛等到日，再为商榷，西宁不可无人驻扎，命九贝子前往。”

雍正照例仍先将九阿哥与妻妾家人分离隔绝，只允九阿哥带少数随从太监。一路上，由武官楚宗带兵锁链戴铐押送。之后，再将九阿哥部分妻妾发配流放到大通。奇怪的是，雍正却命葡萄牙传教士穆经远也与九阿哥同往。这既是雍正对葡萄牙传教士穆经远实施打压，也是雍正杀鸡给猴看，警告恐吓仍在京城的其他西方传教士，不要多嘴多舌。

据雍正道：“及至拘禁之后，（允禟）不但不知畏惧，转欢跃加餐（反而欢喜、多吃），横肆之态，不堪枚举。塞思黑（允禟）居住西宁，逆状种种，无丝毫畏惧之心。及令其来保定时，岂但无微惕之意，一路谈笑自如。向伊称述朕即位以来所办政务，伊笑曰：他从来伶俐。全无臣弟之道，而其悖逆之念更炽，又何可望其悛改耶！”

面对众兄弟软硬不吃，雍正叹道：“（朕）诚切劝告，至于泣下，所少者，惟下跪恳求耳。”

雍正给人的感觉，一向是刚毅、果断、勇猛，不意内心也有如此脆弱、卑微到向众兄弟下跪之地步。

雍正又道：“从朕遣塞思黑往西大同（满汉谐音，应为青海西宁以北大通县，非山西大同也）者，原欲离散其党，不令聚于一处，或可望其改过自新。岂知伊怙恶不悛，悖乱如故，在外寄书允禩，公然有‘机会已失，悔之无及’等语。又与伊子巧编格式，别造字样，传递京中信息，缝于骡夫衣袜之内，诡计阴谋，甚于敌国奸细。有奸民令狐士仪，投书伊处，皆反叛之语，而伊为之隐藏。其他不法之处甚多，不可胜数。”

雍正既将九阿哥比作敌国奸细，又已将此密信收缴，为什么不将此密信内容公开揭露，大白于天下？

从两江总督查弼纳同年同月给雍正的密奏可知，九阿哥府中与内地乃至湖广的金融往来，规模甚大且相当频繁。如两江总督查弼纳为审理九贝子收藏银两一案折：

康熙六十一年十二月二十七日　奴才查弼纳谨奏：为请旨事。

“康熙六十一年十二月十七、二十三等日，自扬州府江都县呈详正黄旗永富家人阿尔发，令九贝子所属之人班柱儿将银六万三千两、皮箱一个、水桶一只，收藏其家。跟随班柱儿来之李四十九等四人，被一并告发，即刻将李四十九等缉捕，兑银观之，六万九百一两余，欠银二千九十八两余等情一案，奴才将罪犯速押解省城，交付江苏按察使葛继孔审理。据李四十九供称：我乃九贝子家刘亚图牛录之闲散，今年十月十三日，跟随办理我等贝子家务之轻车都尉班柱儿，前往湖广总督满丕处。总督满丕赐给银六万三千两。十一月十六日，自湖广启程，十二月初六抵达扬州，前来阿尔发家。班柱儿速往京城，因携银难行，故存留于阿尔发家中。初七，阿尔发借取班柱儿银一千五百两。初八班柱儿启程前往京城。我同班柱儿家人巴勒守护留银。班柱儿已将此银亲交付阿尔发家。我不晓数额足与不足，班柱儿启程后，阿尔发告发，将我等缉捕等语。”

审理满丕所供转移银两折给旗贝子允禟银十一万一千两，金五百两。……原湖广盐驿道员徐达定收藏银六万一千两……以上（共）责偿银十八万五千五百六十两、金五百两。

又如邵元龙奏参允禟折：臣邵元龙谨奏：窃臣奉圣祖仁皇帝派臣在允禟前行走，不能顺承允禟，日见远，虽允禟踪迹诡秘，不能尽知，然其悖乱恶迹亦有知之最真者，敬为皇上列款陈之。

（1）允禟原系庸恶陋劣之人，起初犹肯读书写字，后与秦道然日近日亲，不复与臣见面，每日令秦道然由角门私进，三鼓方出。不知密商何事。

（2）允禵出兵之时（离京之前），允禟日至其家，四五鼓方回。不知所商何事，亦令秦道然往见。

（3）秦道然与太监何玉柱、管事人班柱儿结为弟兄，狐群结党，行事凶恶，臣时劝阻，反致怀恨，几欲陷臣于死地。

（4）允禟令太监何玉柱往关东私刨人参，又令人在天津霸占木行，惟知射利，不畏国法。

（5）允禟使太监何玉柱在天津、苏、扬等处货买良家子女，其不愿卖身者，何玉柱扮作新郎，假称安三之子明媒娶来，暗入贝子之室。

（6）允禟使太监张瞎子控听各宫消息，姚子孝往来允禵用兵之处，今二人尚在允禟处，恐不安静。

以上数款，臣谨实奏。

雍正四年三月初十日刑部左侍郎臣黄炳两江总督臣查弼纳进秦道然口供折：……班柱儿、何玉柱合谋诈永福银两，允禟得了三十万，何玉柱、班柱儿也得了二万两，我也得了一千两。再允禟叫永寿之妻拜了干女儿，要了永寿八万两银子，也是班柱儿经手的。允禟从前家私不满二十万，自与明（珠）家结亲之后，现银约有四十余万两，田产、房屋、生意等项约还有三十余万两，这都是实话。

何玉柱往关东私刨人参是实，又闻得何玉柱在关东将有人参的人逼打，要他贱卖，拿到江南将人参换了布，到天津关不肯纳税，又辱骂天津道家人，天津道必要揭参，班柱儿去赔罪调停了，此是知道的。天津的木行是有的，允禟有本钱在内，是段永成管着，其霸占何人木行之处，我实不知道。

何玉柱第一次到江南，在苏州买一个女子进允禟，第二次到江南，带了十多个女子来，闻说是扬州安葑即安二送允禟学戏的，何玉柱假扮新郎骗去人家女子的话也曾闻得，天津买女子的话不曾听见说。

允禟好将财货给人、借与人，全不计较，即如原任巩昌府知府何图一人借银纳官，后来何图往西边军前效力，又帮骡马、赏盘缠，如此者不止一人，这明是收拾人心处。

又如葡萄牙传教士穆景远供词：雍正四年五月初二日，多罗果郡王臣允礼等谨奏，为审奏事：据供：我在允禟处行走又随他在西大同，前后有七八年了，允禟待我好也是人所皆知的。……后来十四爷出兵的时节，他又说：十四爷现在出兵，皇上看的也很重，将来这皇太子一定是他。

又供：允禟将到西宁时，我因身上有病，向他说：我们到了西宁，皇上若再叫我们出口，如何受得？允禟说：你不知道，越远越好。

问穆景远：允禟说越远越好的话是什么意思呢？

供：在先我还不懂他这话是什么意思，如今看来，他的意思不过是越远了就越由他做什么了。

又供：允禟在先原与阿其那、允禵很相好的，自皇上登极后，他心上很不如意，他口里虽不说，但我在旁边也看得出来。他到西宁的后头有个骡夫张五往来寄信，我也知道。

又供：他儿子五阿哥到西大同来的时节，允禟向我抱怨说：与其这样揉搓我，比拿刀子杀了我还利害。

问：允禟寄信给他儿子都是西洋字，据他管事人佟保已经供明是你教他的西洋字，他跟前只得你一个西洋人，这是不用再问的了。

供：我有薄格物穷理的书，他看了说这些字倒有些像俄罗素（斯）的字，我说：果然有些像俄罗素（斯）的字。他说：他得过俄罗素的字头儿，况这些字也有阿额衣，竟可以添改用得。我也说可以添改用得，不想他后来怎么样添改了写家信，我实实不得知道，委实我不曾教他写这样添改的字。我是什么话都说出来了，若这一件果然有我教他的字，杀我就是了。（说明密码是允禟自己搞的，并非穆景远所设计，而且是作家信用的。）

问穆景远：你在西宁住处合允禟住处相连，可是将墙挖了个洞时常往来的吗？

供：我住的去处与允禟的房子只隔着一个马厩，是他到了的后头将一堵墙开了一个窗户，离地不多高，他时常着老公（太监）们来叫我，都是从这个窗户来往，因我病了，他自己时常从这窗户到我的住处来，是实。他时常有抱怨的话也很多，我也时常劝他，叫他怎么求皇上才好，他说：还不是时候，要等三年孝满了的后头才可以求得。

问穆景远：为什么要等三年孝满之后才可求得，这是什么缘故呢？

供：他是这样说，我实不知他是为什么缘故。

又供：允禟在西宁同我商量说：京中家已抄了，这里家定不得也要抄，我要将这里的盘缠银子拿一二千两放在你处，我慢慢的向你取用。他说这话时，我就已经知道他的事情败露了，我心上害怕万岁爷知道，越发当不起，我因此不曾领他的这银子。

又供：允禟听见泾县要盖房子叫他到那里去住，他向我商量说：我那里没有一个人，你悄悄寻一个妥当人，我给他银子开铺子做买卖，我京中带来的东西与寄来的信息都先放在那里，在（再）慢慢的拿到我家里来才好。我说：这里没有个妥当人，也怕万岁爷知道，我的罪更了不得了。我也没有敢替他找寻人。

又供：上年冬天我病好了，到允禟那里，他向我说：这两日前有件怪事，外边有个人妆（装）成做买卖的，说有很要紧的话断要见我，我因总没有见人不曾见他，他封了一个字儿叫老公送进来，上面写的是山陕百姓说我好，又听见我很苦的话，我看了帖子随着人送还了，向那人说：我们兄弟没有争天下的道理，此后若再说这样话，我就要叫人拿了。我向允禟说：这样的人一定就该拿了交与楚仲才是，若不拿就大错了。允禟说：若拿了这人，他就吃大亏了。

楚仲把我拿了上了锁，起解出了城……

雍正四年六月二十三日，直隶总督管理巡抚事务李绂还奏报查出年羹尧与塞思黑（允禟）往来密书折：

五月十五日都统楚仲遵旨将塞思黑带回至保定，交臣将塞思黑圈住，臣因细询塞思黑在西情形，据楚仲向臣切齿言：塞思黑阴谋诡秘之处甚多，尤可异者，去年于西大通千总阿维新日记号簿查出，内载年羹尧与塞思黑密封文书十数次，又塞思黑回复年羹尧密封文书亦十数次，当经具折奏明，今应将号簿封存，即日差人附折赍呈御览等语。

臣闻此言不胜骇异，查塞思黑造作十九字头私写格子书信，至有“事机已失，悔之无及”之语。

今查塞思黑有识字家人二达子，现在遵旨解送刑部，其密封文书往来情弊二达子必无不知，伏乞皇上将臣此折发交刑部，敕令将二达子严审，如果不轨情实所当，即将塞思黑明正典刑以彰国法者也。臣无任愤激之至，谨奏。

朱批：此系塞思黑之小罪，此数十封字年羹尧在日即问过，但二人各有所犯不容诛之罪，何必牵连一事，故未究也。

连雍正本人都已批示是小罪，可见后来对允禟则是上纲上线、小题大作。是为杀他作舆论宣传罢了。

况且，同样用特务方式进行秘密联络的事，早在康熙五十五年（1716）秋天，四阿哥心腹戴铎前往福建赴知府之任，沿途及到任所，均写信报告见闻和办理主子交待事务时，就干过。戴铎在信中报告：“福建到京甚远，代字甚觉干系”，这封信就放在给雍亲王的装福建土产匣子的双层夹底内，以便保密。四阿哥在此信的批语中，还特地赞扬了他的谨慎。为什么戴铎与四阿哥可用特务手段联络，四阿哥还为之赞许，胤禟将密信缝于骡夫衣袜之内，就成了敌国奸细？

允禟是康熙帝众多皇子中最富有的一个，这是因为允禟善于经商、经商规模又大的缘故。相传，允禟经商木材、人参，家财丰厚，这也早已引起四阿哥嫉妒，却又一直无可奈何。将九阿哥发配流放到青海西宁以北大通，除了有离散其党，不令聚于一处动机外，也有切断允禟京城的经商人脉，令其远隔千里，难于再经商之动机。不料允禟天生特会经商。他到达青海大通后，非但毫无畏惧悲伤，竟然又捕捉到了新的商机。之所以与葡萄牙传教士穆经远及儿子共同用满文结合西洋字母创造中西合璧的密码，并非是要阴谋推翻雍正统治，只是不愿将新的商机信息透露出去，只是不愿将京城府中与青海两地金融来往之信息透露出去，纯是经商之用，并非政变之用。如果雍正真正抓到了允禟与外国传教士勾结、是阴谋政变的新证据，还不大张旗鼓地揭开锅盖、一五一十地大作政治文章?

允禟在青海大通时，有人煽动允禟谋反。允禟斥责道："尔等指望我们兄弟为皇位争斗耶? 再作此言，必予法办之。"说明允禟虽鄙视雍正、质疑雍正得位不正，但并不想造反，更无有组织的谋反活动。

四阿哥藩邸时就对允禟，极其痛恨、极其轻视，却又将允禟之为、作为自己邀功之为。

康熙四十七年一废太子时，康熙帝在宣布废胤礽的告天文书之前，命将文书令胤礽观看。胤礽甚为抵触，说，我的皇太子是父皇给的，父皇要废就废，何必告天? 胤禔把这个话转奏后，康熙说，做皇帝是受天之命，这样大事，怎能不告天? 胤礽如此胡说，以后他的话就不必上奏了。胤禔将谕旨传达给胤礽，废太子胤礽又说："父皇若说我别样的不是，事事都有，只弑逆的事，我实无此心，须代我奏明。"胤禔以父皇已有不必上奏旨意，严词拒绝。这时，九阿哥胤禟向四阿哥胤禛说，"这件事关系重大，似乎应该代奏。"胤禛就说，“九阿哥说得对，即使我们因代奏得了不是，也该替他奏明。”但是胤禔仍不答应，胤禛就说：“你不奏，我就去奏。”胤禔只得同意代替废太子陈奏。康熙听了后说，“你们奏得对”，就下令把胤礽项上的锁链拿掉了。事后，此事颇得康熙好感，特传谕旨表彰：“前拘禁胤礽时，并无一人为之陈奏，唯四阿哥性量过人，深知大义，屡在朕前为胤礽保奏，似此居心行事，洵是伟人。”胤禛听了，本应高兴，他却表现出诚惶诚恐的样子，说他从来没有保过废太子，因而“皇父褒嘉之旨，臣不敢仰承”。

事实上，为胤礽代奏明明是九阿哥胤禟第一个提出来的，虽然胤禔开始时不同意代奏，但在胤禟、胤禛的劝说下，最后还是同意代奏。如果要论“功”，首功应归第一个提出来的倡议者胤禟。如果单论代奏的完成，则是大阿哥胤禔。四阿哥胤禛只是这件事情的参与者之一，怎么成了“并无一人为之陈奏，唯四阿哥性量过人，深知大义”?

从康熙帝的唯四阿哥“屡在朕前为胤礽保奏”可知，除了按制度程序规定，废太子胤礽与康熙帝之间，凡有奏陈由大阿哥胤禔进行呈报外，四阿哥还经常暗中向康熙帝密奏。因为，康熙帝以上谕旨前还有一句话，四阿哥“为诸阿哥陈奏之事甚多”。康熙帝并不是听风就是雨的人，凡欲了解某人某事，必多方进行。康熙帝必已知道此事首倡代奏者是胤禟，但胤禟从未在康熙帝前故意作秀表现自己。所以，康熙帝说“并无一人为之陈奏，唯四阿哥性量过人，深知大义”，本似是反话；“似此居心行事，洵是伟人”。唯其是反话，四阿哥才会诚惶诚恐，才不肯接受。四阿哥极力想在康熙帝与太子间两边讨好，更想在康熙帝这边讨好。当康熙帝讥讽他与太子一党时，他又诚惶诚恐，马上退缩了。从中不难看出四阿哥极其虚伪，又极爱耍弄心计的一面。

类似例子在四阿哥与兄弟的关系中并非少见。一废太子后，众大臣一致推举八阿哥为储，康熙帝甚为恼怒，以为这是逼宫。众兄弟担心康熙帝会严惩八阿哥。为力保八阿哥安全，九阿哥、十阿哥、十四阿哥等相约，将毒药随身携带。一旦父皇要处死八阿哥，众兄弟誓与八阿哥同归于尽。十四阿哥将这一决定与行动也一并告诉了四阿哥，无非是要四阿哥一同参加。若四阿哥一向反对八阿哥，与八阿哥等格格不入，十四阿哥决不会将这一重要决定与行动一并告诉四阿哥。可见，四阿哥在自己不得势时，暗中脚踩几条船，在父皇康熙帝、太子、八阿哥间，八面玲珑，投机取巧。胤祀、胤祯等对胤禛全无防范之意，这说明起码已将他视为同路人。康熙帝拘执胤祀时，胤禟、胤祯果然"挺身保奏"，胤祯还邀约胤禛一起保奏，却未邀其他年长皇子。这是反太子一派视胤禛为自己人的又一证明。胤禛称帝后说，自己"向日并无希冀大位之心……他人容或不知，深知朕者，无过允祀也。"据此，胤禛在众大臣一致推举八阿哥为储的形势下，很可能也私下在八阿哥面前表示过支持态度。据胤禛后来透露，大学士马齐，就曾力邀其加入胤祀一党。马齐哪会知道，四阿哥为谋储已朝思暮想、焦头烂额，怎会加入胤祀一党呢?

雍正二年十二月废太子允礽在病逝前，对奉命前来探视他的大臣说："臣当日与皇上（胤禛）虽无好处，亦无不好处。"说明太子被废前，与四阿哥关系甚为一般。在八阿哥声望大振时，暗中讨好依附八阿哥，这在四阿哥而言，也并不奇怪。

对四阿哥的种种虚伪、投机、狡诈、八面玲珑，习史者应赞赏之歌颂之，还是应揭露之辨析之？这是本书与某些书文不同选择、不同写法之所在。

然，此一时，彼一时也。以上都是四阿哥争储无望时的表现。四阿哥称帝后，则又是一番心态，又别有一番出奇料理也。

雍正也绝不会放过从政治、经济这付双轨，对众兄弟尤其是对九阿哥允禟施行双重打击的天赐良机。

允禟一方面在筹划新的商机，一方面又在青海大通大方散财。相传，允禟离京时，就带去大量银子。既然八阿哥早就有不知何日人头落地之预感，九阿哥又岂会存侥幸心理？允禟带去大量银子，既是自己奢侈滥用，为再伺机捕捉到新的商机之用，也有广散银子、留芳美誉之心。相传，允禟特别嘱咐下人，买东西不许还价。甚至，还有意用高于市价之银成交。一时，九王名声在青海大振。这同样引起了雍正不满。

允禟慷慨的个性，并非只始于雍正朝，也并非只始于青海。早在康熙时代，允禟就一次资助十四阿哥两万两银子建造花园和修葺府邸之用。当八阿哥因嫡福晋多年不育而欲纳妾时，允禟又资助八阿哥银子从江南购买年轻貌美女子。这些银子都是允禟私人财产，允禟也并未提出任何政治条件以作交换，只是作为兄弟情谊、解囊相助、慷慨仗义而已。但四阿哥称帝后，这些也都成为对允禟发泄不满之借口。

于是，雍正命先将葡萄牙传教士穆经远处死于青海西宁，再命楚宗带兵将允禟用铁链锁住押回，并不是押回北京，而是押至保定听候处置。其实就是要在保定结束允禟之生命。允禟在保定单独囚禁小屋大约 4 个月左右，时值酷暑，小屋四面围筑高墙，小屋内蝇蚋遍地。又有九条铁链裹身。就在他 43 岁生日那天，允禟在受尽折磨后又腹泻不止而死。

允禟、允祀死后，雍正竟然还特命人向十四阿哥传旨："你先前不是要和允禟、允祀同死吗？现在他们两个都死了，你要不要看一看？如果你要和允禟、允祀同死，朕现在可以成全你。"雍正之阴险、残暴再现。

雍正三年十二月，雍正命他的大舅子，也是雍正的心腹功臣年羹尧自尽。雍正四年十二月，雍正命他的八弟媳自尽，然后焚尸扬灰。在允禟、允祀受尽折磨而死后，雍正还或是诱导或是威逼同父同母所生的十四阿哥也赶快自尽。

6. 雍正帝与十三阿哥关系

雍正朝有 4 名总理大臣，隆科多、允祀实只是过渡人物，很快就遭整肃、殒命；马齐是老臣，四阿哥称帝时，马齐已 70 岁。所以，雍正朝真正掌握实权、又能实心办事的，仅十三阿哥允祥一人。隆科多、允祀遭整肃前后，凡宫中不能定夺之事，均交允祥定夺。允祥不能定夺之事，再奏雍正帝定夺。而雍正帝在定夺中，也往往要听取允祥的意见。

雍正帝虽有众多弟兄，大阿哥、二阿哥早在康熙朝中期就终身监禁，三阿哥、八阿哥、九阿哥、十阿哥、十二阿哥、十四阿哥，无一人站在雍正帝一边。众位年长弟兄中，唯十三阿哥允祥，始终不渝支持雍正帝执政。

雍正帝执政 13 年，允祥的第一总理大臣则连续干了 8 年。雍正帝的改革也好，雍正朝的重大事件也罢，基本上都在雍正帝执政的前 8 年内实施。

以上 3 点，已基本注定允祥是雍正朝高层内最重要的核心人物。

还有一点不得不说的是，由于允祥早在康熙四十七年一废太子后即被康熙帝长期圈禁，客观上已经远离了争储的政治漩涡。他客观上成了一个超脱于各政治集团的“无党派人士”，加上允祥为人正派、谨慎，因此，他虽为雍正帝第一总理大臣，却既不构筑个人势力集团，也不贪赃枉法、更不以权谋私。这样，允祥考虑问题，就很少只从个人或集团利益出发，办事就能比较公正。

而在以往的介绍中，往往只突出了雍正帝承上启下的表现与功绩，忽略了总理大臣允祥在康雍时代承上启下的表现与功绩。

实际上，雍正朝真正鞠躬尽瘁死而后已的，是允祥，并非是雍正帝。雍正帝的确是一位勤政的皇帝，但还称不上鞠躬尽瘁死而后已，基本上也就是前 8 年勤政。雍正八年五月允祥之死，是雍正帝执政风格大变的分水岭。也许，允祥之死，使得雍正帝的人生观、价值观开始发生了重大变化。也许，雍正八年后，因政敌已全部扫除，皇位巩固，政局稳定，雍正帝便开始追求享乐、追求成仙长寿了。

总而言之，允祥至死勤政不止，一生未追求个人特权，也未为自己家族谋求特权，他把一生奉献给了雍正时代的改革、发展，是雍正朝值得大书一笔的好官、好兄弟。

但当下不少书刊把雍正时代的改革、发展都记在了雍正帝一个人的头上，这并不公平。

允祥与雍正帝是君臣关系，又是同父异母的兄弟关系。允祥并不因与雍正帝是君臣关系，就不上谏议。也并不因与雍正帝是兄弟关系，就对雍正帝处处迎合，就对雍正帝的政敌兄弟落井下石。这与大阿哥、四阿哥具有很大不同。在封建时代，在一切以皇帝的是非为是非的时代，这种品质更是十分难能可贵。

以上，作为允祥与雍正帝关系的一个总纲，供读者对允祥与雍正帝关系先有一个总体了解。下面，再逐项展开。

爱新觉罗·胤祥，康熙二十五年十月初一（1686年11月16日）生于宫中，生母是康熙帝的敏妃章佳氏。卒于雍正八年五月初四（1730年6月18日），年仅45岁。胤祥比四阿哥年幼8岁，比十四阿哥年长2岁。

胤祥一生大致可分三个时期：康熙四十七年康熙帝第一次废太子之前23年；康熙四十七年至康熙六十一年康熙帝逝世，其间14年；康熙六十一年康熙帝逝世至雍正八年五月初四日他自己累倒不起的最后8年。

前23年的康熙时代，基本上是胤祥的得宠期；中间14年的康熙时代，是胤祥的政治低谷、受打压期；康熙帝逝世后的雍正时代，是胤祥的黄金期、发挥能量的放光期。胤祥的一生经历与命运，轨迹呈“U”字型，即两头高，中间低。其中间的14年低谷和后半生连续8年的黄金期，这22年都直接与雍亲王、雍正帝有极大关系。

胤祥14岁那年，生母病逝，留下比胤祥年幼1岁和年幼6岁的妹妹。少年丧母，对胤祥性格带来很大影响，也使得聪慧懂事的胤祥更加珍惜父爱。相传，“圣祖过，寻履迹伏地嗅之，其孺慕诚切如此”。这使得父皇康熙帝也颇为动容。胤祥14岁丧母，康熙帝玄烨14岁亲政。

康熙从三十七年始，至四十九年后第一次幸五台山，凡有巡幸，胤祥基本上都随驾扈从。因此史书有“康熙三十七年，从上谒陵。自是有巡幸，辄从”之说。

相比之下，康熙于四十五年幸塞外避暑山庄，四十六年第六次南巡，四十七年五月幸塞外，连续三年外出都未带四阿哥。从中可知，在四十七年第一次废太子前，康熙帝对胤祥的喜爱似乎超过了四阿哥。但从四十七年第一次废太子后，情况似乎发生了变化。

康熙四十九年，四阿哥、五阿哥、八阿哥、十三阿哥胤祥与太子、大阿哥等共7位年长皇子一起被圈禁。两个月后，太子、三阿哥、四阿哥、五阿哥、八阿哥开释，十三阿哥胤祥却未被开释。十三阿哥因何被捕？为什么其他被拘捕皇子均获开释，大阿哥、十三阿哥仍圈禁不放？康熙四十九年，在皇三子胤祉、皇十三子胤祥、皇十四子胤祯的请安折子上，康熙帝谕批："胤祥乃不大勤学忠孝之人。"这与在政治上判处他死刑已相差无几。康熙帝为何会作出这样的政治判决？

多年以后，四阿哥上台后曾谈起此事："怡亲王前因二阿哥之事无辜牵连，一时得罪皇考，随即鉴宥。"那么，是受了什么无辜牵连，又因何得罪皇考呢？

康熙四十七年十一月，大阿哥直郡王因魇咒太子胤礽，谋夺储位，被削爵囚禁。此事是三阿哥向康熙帝揭发的，但未见三阿哥揭发出十三阿哥什么内容。因此，雍正所说受到"二阿哥之事"牵连，实应是指受到当事人大阿哥的牵连。很有可能，是大阿哥已供出，蒙古喇嘛是十三阿哥向其引荐的，这才有可能"一时得罪皇考"，这才会出现将大阿哥、十三阿哥继续圈禁，其他人全部释放之局面。

请注意康熙帝谕批恼怒胤祥的"不大勤学忠孝"之语。"不大勤学"，可理解为不务正业、勤荒于嬉。如果胤祥与寺庙、喇嘛来往过于密切，就很有可能招致以上批评。但这还不至于招致圈禁，更不至于招致其他受拘禁者全都释放，胤祥仍继续圈禁。

胤祥受牵连继续圈禁的原因，在于"胤祥乃不大忠孝"上，在于胤祥在某些重要事情上，向康熙帝有所隐瞒。

康熙四十七年时，胤祥23岁。据胤祥一向为人谨慎之个性，据胤祥一向精于书法、精于射箭之事实，加上胤祥与寺庙、喇嘛来往一向并不过于密切，过于密切者是四阿哥之事实，大阿哥与喇嘛来往，很有可能表面上是胤祥牵线，实际上幕后是四阿哥诱导胤祥所为。

四阿哥本来的目的是借三阿哥之手打击大阿哥，不料康熙帝对大阿哥追查不放后，大阿哥又供出了十三阿哥。而十三阿哥又宁死不肯供出四阿哥，这才会出现康熙帝痛斥其“不大忠孝”。雍正才会在后来归结其“怡亲王前因二阿哥之事无辜牵连”、“一时得罪皇考”。

那么，胤祥为什么宁肯牺牲自己，却仍要死保四阿哥，不肯向康熙帝吐露实情呢？

可能有两个原因。其一，十三阿哥与四阿哥情深谊厚，不忍将他供出。下面这首胤祥作的诗，很能说明情况：

西　山

霁色来西爽，云端见远峰。
翠含新雨重，青爱晚烟浓。
逸兴登山屐，清音隔寺钟。

西山，是北京众多大寺庙所在之地。一句“逸兴登山屐，清音隔寺钟”，更是直截了当点出了他与四阿哥同登山屐、同往寺庙的场景。

胤祥逝世后，雍正在《交辉园遗稿》和硕怡贤亲王遗稿题辞中写道：“因忆昔年，兄弟聚首时，宴集唱和，王（胤祥）每以所作就正于朕。朕扈从塞垣，王亦间有寄怀之句，片楮寸缣，朕皆爱而藏之，不令弃置。今检点箧笥中，得王诗三十二首，爰汇为一帙，附于朕诗集之后，以存其概。此在王虽为余事，然自古名臣硕彦，偶有吟咏著述，即残篇剩简，而当时后世之人咸宝重爱惜，流传歌诵，想慕其为人。初不在篇什之繁富，所谓诗以人重也。王以不世出之名贤而有此清新俊逸之词翰，且忠孝慈惠之意，蔼然流露于笔墨间，吉光片羽，岂惟朕心不忍湮没？谅亦天下后世所共珍欤！”可见兄弟二人情谊之深厚。如，胤祥为四阿哥祝寿诗：

恭祝兄雍亲王寿

朱邸宴开介寿时，九重恩眷集繁禧。
纯诚自是承欢本，仁厚端为受福基。
三岛露浓培玉树，小春风暖护琼芝。
年年愿傍青鸾队，拜献南山祝嘏词。

奉和兄雍亲王山居偶成元韵

莲漏无声鸟不哗，山居习静味偏赊。
闲寻别院新栽竹，坐数前溪未放花。
小瓴日高松影直，方塘风过水纹斜。
太平盛世身多暇，著屐携筇踏浅沙。

其二，四阿哥做事一向心思缜密。他在与弟兄八面玲珑的周旋中，似要一箭三雕——用十三阿哥去诱导大阿哥出错，用大阿哥魇咒太子胤礽，再用三阿哥去举报大阿哥。把十三阿哥在父皇前的得宠势头压降下去，把大阿哥彻底按下去，让大阿哥与三阿哥结下永世之仇。四阿哥如此狡诈，怎可留下把柄在十三阿哥手中？他与十三阿哥进行此事，必是私下口头进行。即使十三阿哥将四阿哥供出，也是口说无凭，四阿哥死不承认，弄不好再倒打一耙，推得干干净净，十三阿哥又能奈何？所以，即使十三阿哥当时将四阿哥供出，也口说无凭，而十三阿哥本人也难逃罪责、有口难辩、洗不干净。与其将四阿哥供出自己也难逃罪责，与其两个人担责，不如自已一人默认担责，这很可能就是十三阿哥为四阿哥代罪受过之由来，这也就是康熙帝斥责其“胤祥乃不大勤学忠孝之人”之由来。胤祥为此付出了长期圈禁。及年长皇子中，唯一不给其任何爵位的光头皇子，他本人却又长期隐忍不说。雍正朝的官史中将康熙朝后期的胤祥称为贝勒，无凭无据，找不到康熙册封胤祥贝勒的出典，全是为美化胤祥所作之伪史。直至康熙帝逝世前，胤祥仍始终只字不吐，委曲求全，默默忍受14年，康熙帝也未对其册封任何爵位。胤祥因长期失去人身自由，也是康熙帝众多皇子中生活最贫乏羞涩的一个。他对四阿哥之付出，肝胆之照人，已足显也。

相比于九阿哥、十四阿哥面对康熙帝斥责八阿哥私自谋储，居然毫无畏惧、仗义执言，敢于在廷殿上公开为八阿哥申辩“八阿哥并无此心”，不惧招致康熙帝之发怒，孰高孰下，泾渭分明。九阿哥、十四阿哥之所以挺身申辩“八阿哥并无此心”，并不完全是江湖义气，更因为，这是众大臣为响应康熙帝号召，要大家推选新储人选之结果，并非八阿哥个人有组织的地下活动拉票所致。九阿哥、十四阿哥敢于在廷上公开为八阿哥申辩，也带有针对康熙帝出尔反尔提出微词之用意。究竟是九阿哥、十四阿哥公开的秉直而言更正直，更出于公心，其做法更可取，还是四阿哥的虚伪、奸诈更可取呢？康熙帝将大阿哥府中上三旗佐领全数撤下赏给十四阿哥，说明康熙帝喜欢表里一致之人，不喜欢表里不一致、言行不一致之人之言。

如果说，十三阿哥胤祥代四阿哥受过、只是出于一种江湖义气，或是一种权术之为、是权冲利害关系下的无奈之举，那么，十三阿哥胤祥之难能可贵、之可爱、之真本性，更充分地表现在他位高权重之后，从不计较个人利害，敢于在雍正面前以国为重、以人才为重、以大局为重，而始终坚持把个人恩怨、把山头圈子放置一边。这在封建社会里，十分难能可贵。

负责会考府

雍正对地方亏欠国库的情况知之甚悉，他说："历年户部库银亏空数百万两，朕在藩邸，知之甚悉。"他还说，"皇考在世时宽仁，尔等别指望朕也会行妇人之仁，朕今不能如皇考宽容，朕断不姑息。"

康熙帝逝世仅一个月，十二月十三日，雍正就给户部下达全面清查钱粮。说明各地亏欠国库不仅是钱（银子），还有粮（稻米、麦）。

雍正元年正月十四日，正式成立会考府。全国各省钱粮出入奏销，由怡亲王允祥、总理大臣隆科多、大学士白潢、尚书朱轼会同办理。如果说，户部是财政部，会考府就是设在财政部里的审计署。

雍正早已册封允祥为亲王、第一总理大臣，又将总理户部的大权交给他，让他主管钱粮奏销的会考府事务。在封建国家，掌管军队和钱粮，都是掌管实权。这是雍正对允祥的信任与重用，也是对允祥展现才能、不以权谋私的重大考验。

会考府成立不到三年，办理部院钱粮奏销事件550件，其中被驳回改正的有96件，占所办事件的5.7%。允祥查出，亏空银250万两，雍正责命户部历任堂官，司官及部吏赔偿150万两，另100万两由户部逐年弥补。清查中涉及贵族和高级官僚，也不宽贷。

十二阿哥允祹在康熙朝一度负责过内务府事务，也被追索其亏空。据官员汇报，允祹家已无银可赔，万般无奈下，允祹只得将家中器皿摆到大街上出卖，以凑值赔偿。十阿哥允䄉，按查明应赔6万两左右，结果，赔了60多万两现银，也仍未结案，又被抄了家内务府旧官员李英贵伙同张鼎鼐等人冒支正项钱粮百余万两，雍正就抄了他的家。雍正严查严追，很有必要。非此不能对贪官有威慑、有震动，但也不排除雍正借机对兄弟行扩大打击之用意。雍正对八、九、十、十二、十四阿哥，除政治整肃外，在钱粮上，都是扩大打击之。

钱粮退赔的规模很大，程度也甚为激烈。如山西巡抚苏克济，自康熙四十八年起任职，六十年丁忧去职。雍正元年六月潞州知府加璋告发他，勒索各府州县银450万两，于是籍没家财。苏州织造李煦，亏空银子38万两，抄家赔补。

有贪官，必罢官。雍正三年，湖南巡抚魏廷珍奏，湖南省贪官受参劾已大半。雍正十年，直隶总督李卫奏，全省府厅州县级别在职三年以上者，已寥寥无几。

雍正的扩大化打击，还株连到应赔者的亲戚身上。但株连过度则不得人心，雍正四年后，对此有所改变。

雍正反贪有两条做法值得点赞：其一，对付大贪，必令其倾家荡产；其二，凡是贪官，一经告发核实，就革职离任，不能再留任补交完事。雍正说："亏空钱粮各官，若革职留任催讨，必致贻累百姓。"这与允祥配合当有很大关系。

负责水利

允祥不仅是位出色的理财专家，还是一位出色的水利专家。雍正初年的水利，几乎无不渗透了允祥的足迹与心血。

雍正三年十二月，因直隶地区水灾，雍正命允祥总理京畿水利。允祥提出："直隶卫河、淀河、子牙河、永定河皆汇于天津大直沽入海，卫河又与汶河合流东下。沧、景以下，春多浅阻，伏秋暴涨，不免溃海，请将沧州砖河、青县兴济河故道疏浚，筑减水，以泄卫河之涨；并于白塘口入海处开直河，使砖河、兴济河同归于白塘出海；又浚东、西二淀，多开引河，使脉络相通，沟浍四达；仍疏赵北、苑家二口以防冲决。子牙河为滹沱河及漳水下流，其下有清河、夹河、丹河同趋于淀，宜开决分注，缓其奔放之势。永定河故道已湮，应自柳义口引之稍北，绕王庆坨东北人淀，至三角淀，为众水所归，应逐年疏浚，使浊水不能为患。又，请于京东、蓟、天津，京南文、霸、任丘、新、雄诸州设营田为专官，募农耕种。"

允祥对水利情况如此了如指掌，提出的方案如此周密，没有亲自全面勘察、实地调查研究是做不到的。雍正曾令允祥绘一张全面的京畿水利图，这就更必须深入现场实地勘察才能完成。

负责军机处

雍正七年六月，成立军机处，雍正命允祥办理西北两路军务。西部用兵前南苑阅兵，就是允祥主持组织。兵马未到，粮草先行。大量军事后勤，都是允祥作总决策、总调度。

负责人事与情报

由于雍正上台要大规模整肃政敌，要维持执政机器，要大规模反贪，必须大批人员换岗，而雍正上台又受到宫廷内外、全国各地的舆论攻击，许多人不愿做官，消极做官，这就使得雍正朝官员岗位的供需矛盾十分突出。我在其他书中有专门论述，这里不作展开。雍正天性疑心重重，生怕臣僚官员对其不忠，不实心为他办事，甚至用测八字、看面相，作为用人时定夺取舍的最后一招。他对允祥信任有加，因此，允祥在人事上的建议权（实际上具有 50% 的决定权），就更显举足轻重，允祥肩上的担子，又要大大加重了。

值得点赞的是，允祥在人事上的建议，基本上无个人私欲，他向雍正荐人，都是出于公心。所谓公心，就是只看能否胜任，能否人尽其材。例如十七阿哥允礼，雍正并不喜欢，是允祥向雍正推荐的。雍正元年，允礼 25 岁。由于允祥的推荐，雍正元年四月，封为郡王，六年，封为亲王。实践证明，礼亲王为雍正朝的公务出了很大力气。雍正帝的重臣李卫、田文镜，都同允祥的推荐有关。

值得一提的是，允祥对雍正除灭年羹尧、隆科多、延信，对雍正除灭八阿哥、九阿哥等作法，是做过规劝的，实际上就是提出过异议，这一点非常难能可贵。因为雍正朝官员多数都是看雍正脸色行事，迎合雍正需求，见风使舵、投其所好。允祥敢于对雍正除灭年羹尧、隆科多、延信，及除灭八阿哥、九阿哥作规劝，持异议，这是需要极大勇气的。允祥与年羹尧、隆科多、延信并非一党，与八阿哥、九阿哥更非一党。说明允祥完全只是在更大更高的政治层面上去作考量。但雍正并没有完全接受允祥的意见，在其晚年又生出内疚和悔意。这说明允祥当初的意见是正确的。

雍正朝的特务统治，是有清一代最厉害的。雍正本人向来对情报工作非常重视，因此，密折盛行。雍正先是规定，凡有密折一律密呈龙案。后来又规定，凡有重要密折与情报，先报告允祥，由允祥筛选后再呈雍正。允祥职务之繁重则可想而知矣。

雍正生活上的特殊的要求也要允祥完成

以上，是就国务公事而言。雍正对允祥如此信任，其个人生活上的特殊要求也要允祥完成。例如，雍正喜欢鼻烟壶，更喜欢瓷器，当然，要求很高，很挑剔。从允祥与内务府的奏折看，高级鼻烟壶及高贵瓷器的制作，不仅雍正提出的条件相当苛刻，而且数量不少。这无疑又增加了允祥的辛劳。

雍正还有更难以完成的求仙访道、炼丹长寿任务，及重新选址另建帝陵的计划，也都要允祥参与完成。允祥两次为雍正选万年吉地，最终选定河北易县境内太宁山天平峪这块上吉之壤，雍正非常满意。因允祥选陵有功，雍正将自己万年之地附近一块中吉之地赐予允祥。允祥听后竟惊悚色变、惶惧固辞。另在距天平山谷 60 里外涞水县境内，自选一块平善之地，雍正允请后，允祥踊跃忭舞，随即派护卫前往起土。8 天后护卫回来，呈看土色，允祥竟当着护卫的面取了一块"捧而吞之"。

从雍正元年十一月雍正谕旨可知："怡亲王于皇考时敬谨廉洁，家计空乏，举国皆知。朕御极以来，一心翊戴，克尽臣弟之道。从前兄弟分封，各得钱粮二十三万两，朕援此例赐之，奏辞不已，宣谕再四，仅受十三万；复授裕亲王例，令支官物六年，王又固辞。"

允祥作为康熙帝皇子却"家计空乏"，这同他长期被康熙圈禁当有密切关系。然雍正送几十万两银给他，他居然固辞不收。说明允祥为官十分谨慎，而且确实不贪。

雍正三年二月孝服满，雍正以总理事务谨慎忠诚，从优议叙，复加郡王，任其于诸子中择一指封。八月，又加俸万银（按例，康、雍朝亲王年俸 1 万两银，现加封万银，即年俸银 2 万两）。当时虽有四位总理大臣，八阿哥与隆科多二人，都被雍正认为是暗中捣蛋者，雍正自云："凡宫中府中，事无巨细，即王（允祥）一人经画料理，无不精详妥帖，符合朕心。"

雍正七年冬，和硕怡亲王允祥病倒了。他所居住的交晖园与圆明园邻近，雍正皇帝常派御医过来治疗，并多次打算亲登亲王府看望，都被和硕怡亲王允祥恳辞谢绝。

允祥病中仍关心朝廷大事，每隔十天半月就硬撑着入宫觐见皇上。后来病情日重，为避免雍正皇帝登府看望、增添忧伤，允祥特地搬到京郊西山去养病。

雍正七年十一月，“怡亲王后来患病乞假。八年五月初三日逝于昌运宫。上亲四问其疾。两临其丧。葬水东村，设守冢官兵。创庙京师。诏天下立王祠岁祀。”（这与雍正对皇后、年贵妃病危病重，态度完全不一样。雍正对前者假惺惺，对允祥则是真着急、真关心）

河北易县西陵管理处马丽红科长有一篇《从怡亲王胤祥吞土说起》的佳文，颇为有趣、又颇能发人深思，现转引如下：“……胤祥在病重期间，已经将自己的坟墓的修建做了安排，亲自画好一幅亲王坟墓图交给妻子及诸子，说：‘我身后墓地之制悉照会典所载亲王之礼行，毋得稍有逾越，如或稍过，则汝等违背我的命令，即非我妻、子。”

我完全赞同马丽红女士对胤祥吞土的如下分析：“胤祥对雍正皇帝实为赤胆忠心，以他的‘精敏资性’，自幼又与雍正接触较多，对雍正的性格、为人、用人诸方面定有了如指掌的了解，尤其是雍正当了皇帝以后，胤祥目睹了雍正帝对待诸兄弟的态度，以及雍正对那些不拥戴他当皇帝的政敌的制裁，因此，为了报答皇兄的知遇之恩，更重要的是为了保住刚刚得到的崇高政治地位，胤祥对雍正帝必然忠心耿耿。况且自古‘伴君如伴虎’，再以他‘自幼懦弱、只服慈训’的性格，胤祥对雍正也不敢有丝毫怠慢，对雍正帝给予的褒奖则始终保持谦抑固辞的态度，从不居功，从不自傲，这就更深得雍正的喜爱。这是胤祥保持雍正信任、重用的保证，更是胤祥的聪明所在。”

允祥从政鞠躬尽瘁，死而后已，是雍正朝值得称道的一位有功之臣。雍正朝真正累死的，是总理大臣允祥。我们从允祥晚年亲口吞下自己万年吉地陵址样土的背后，是不是仿佛还在冥冥之中、“看到”了雍正那双令人不寒而栗的眼神了？

7. 雍正帝与十四阿哥关系

四阿哥与十四阿哥的关系，是雍正帝与众弟兄关系中，最为特殊、最为神秘、最有戏剧性的关系。特殊之一，雍正帝的其他众多弟兄都是同父异母，唯四阿哥与十四阿哥是同父同母的同胞手足；特殊之二，四阿哥与十四阿哥本无矛盾冲突，只因康熙帝晚年台前台后意欲树立十四阿哥为接班人，这便在四阿哥与十四阿哥间滋生出一层政治性十足、利害关系十足、水火相克的特殊关系。四阿哥争的是皇位（已跳过了储君阶段），其矛头所向，完全是针对皇父康熙帝的。四阿哥真正对十四阿哥动手，是康熙帝去世、已完全控制局面之后。四阿哥因为皇位之争而同众兄弟发生矛盾，其表现形式与过去唐朝李世民同兄弟争夺皇位，完全不一样。李世民为争夺皇位是直接与兄弟兵戎相见，四阿哥则是先将父皇康熙帝摆平，上台后，再用皇位皇权镇压众多弟兄。由于四阿哥上台十分突然，完全出乎众多弟兄、众多大臣、天下百姓、甚至众多外国使节的意料，这就使四阿哥上台，披上了神秘的、戏剧性的、甚至带有一层阴森恐怖的色彩。

尽管有的史家也声称，著史、评史，不能只以皇帝的是非为是非，不能只以成败论英雄，但在实际介绍中，还是只以皇帝的是非、特别是只以雍正皇帝的是非为是非，还是只以最后结果的成败论英雄。这两点，在介绍、评价四阿哥与十四阿哥时，可谓泾渭分明、立竿见影。只因为四阿哥谋位成功了，所以，四阿哥的一言一行便都是对的、好的、美的；就因为十四阿哥被四阿哥的宫廷政变击垮，失败了，所以，他的所有言行便都是错的、坏的、丑的。这是典型的以成败论英雄，以皇帝的是非为是非的史学观。

例如，胤祯第一次离京之前，他对胤禟说："皇父年高，好好歹歹，你须时常给我信儿"；"但有欠好，就早早带信给我"。这是一个离京远征皇子对兄弟流露出的怀念父皇的真实感情。这样的父子之情，后来在康熙帝与十四阿哥之间大量满汉朱批密折中清楚可见。而这样两段很自然、很正常的对话，也被某些研究者划入是"为争储位事"而论，也被判定"他倒不一定是关心乃父的健康，而是为自已相机行事"。

从另一方面来说，既然康熙帝下定决心要废掉二阿哥的太子资格，就必然会考虑新的太子人选。康熙四十七年十月初一，他对诸皇子、议政大臣、大学士等面谕："今立（新）皇太子之事，朕心已有成算，但不告知诸大臣，亦不令众人知。到彼时，尔等只遵朕旨而行。"

康熙帝的意思很明白，(1) 新的太子人选计划与意中人，他均已胸有成竹，但现在不到公开的时候，到时候你们遵旨执行就是了；(2) 他改变了、改革了以前公开立太子的作法，采用秘密立储，来解决新皇太子之产生。但许多研究者将康熙帝改变、改革以前公开立太子、采用秘密立储的作法，解读为他不立太子，解读为不想立太子，显然是向读者误传了康熙帝的意思和做法。

实际上，从康熙四十七年十月起，康熙帝已经将十四阿哥作为意有所属之人。但正如康熙帝所言，只是“不告知诸大臣，亦不令众人知”而已。为什么？康熙帝生怕他的意有所属之人是否会有人不服。另外，他对十四阿哥能否胜任，还欲有待观察、有待考验。换言之，康熙帝还要等待适当时机，才可正式宣布。康熙帝希望十四阿哥能建功立业，能经风雨、担大任，让大家心悦诚服后再公布。这说明康熙帝对重新立皇太子，做法上十分谨慎，是深谋远虑，决不是心血来潮。这也是在二立二废皇太子的沉重教训之后，产生出如上秘密立储理念和周密计划。这样考虑不仅是为十四阿哥能顺利接班考虑，更是为国家政局稳定和长治久安考虑。

他一方面警告：“诸阿哥中如有钻营谋为皇太子者，即国之贼，法断不容”，另一方面又对诸皇子、议政大臣说：“朕万年后，必择一坚固可托之人与尔等作主，必令尔等倾心悦服，断不致赔累尔诸臣也”。

很显然，康熙帝的“必择一坚固可托之人”就是“今立（新）皇太子之事，朕心已有成算”的那个意有所属之人。胤禟对十四阿哥说：“（希望）早成大功，得立皇太子”，正是以上这个政治背景下的产物。而“早成大功，得立皇太子”，也正是康熙帝的本意，并不是胤禟的什么阴谋活动。胤禟若要搞阴谋活动，还要支持十四阿哥万里之外去立功吗？胤禟称赞十四阿哥：“绝顶聪明”，“才德双全，我兄弟内皆不如”，也正是康熙帝之所以在众皇子中选中十四阿哥的主要原因。从性格、气质上看，十四阿哥也更接近康熙帝，而四阿哥与康熙帝则完全是两种性格、两种气质，完全是两种人。

康熙帝的“必择一坚固可托之人”，这个人，康熙帝其实早已经向诸皇子、议政大臣、大学士等有所暗示，但开始时尚未能引起大家注意。

康熙四十七年十一月初一，康熙帝下令革去大阿哥胤禔的郡王爵位，圈禁于府中，撤回他在上三旗所分佐领6名全部划给十四阿哥胤祯。

清制，皇子府中的佐领，不仅数量上有严格规定，人员的层次结构也有严格规定：

亲王、郡王——满洲佐领6名，蒙古、汉军佐领各3名。

贝勒、贝子——满洲佐领3名，蒙古佐领1名，汉军佐领2名。

康熙四十七年，胤祯尚未分封，康熙帝就直接将直郡王门下（当时尚未封亲王，郡王为最高爵位）的6名上三旗所分佐领全部划给十四阿哥胤祯，这是康熙帝有意破格给胤祯以郡王的政治待遇和政治荣誉。其政治背景，第一，这是在一废太子两个月之后；第二，这是在康熙帝已明确宣谕“今立皇太子之事，朕心已有成算”之后一个半月。

之后，康熙帝又将大臣们特召到畅春园，要大家从诸皇子中举奏一人为皇太子。当众位大臣一致推举八阿哥后，内侍梁九功、李玉却又出来传旨：“立皇太子之事关系甚大，尔等各宜尽心详议。八阿哥未曾更事，近又罹罪，且母家亦甚微贱，尔等其再思之。”这显然只是康熙帝的借口。康熙帝有意破格给胤祯以郡王的政治待遇和政治荣誉，其实是一只政治气球，但众皇子、众大臣似乎尚未领会这只政治气球的深层用意。

于是，康熙帝不得不要大家“再思”、“详议”，无非是要在八阿哥之外，要大家再议出一个人来。康熙帝本想放一个政治气球试探一下，想不到拥举八阿哥为太子的呼声那样强烈、人气那么旺、票数那么高。想不到他已经向大家有所暗示的十四阿哥胤祯，却无人推举。众大臣推举出的八阿哥，康熙帝并不喜欢；康熙帝心中喜欢的十四阿哥胤祯，却又无人领会。这就说明，公开宣布十四阿哥胤祯为皇太子，时机尚未成熟。

此事一年后，康熙四十八年三月，康熙帝对诸皇子第二次分封时，将从未分封的十四阿哥胤祯，破格封为贝子。这实际上是对去年把直郡王门下的 6 名上三旗所分佐领全部划给十四阿哥胤祯做法的公开化、正式化。

康熙五十二年二月，左都御史赵申乔又向康熙帝陈奏立皇太子一事。有人以此为据，否定康熙帝当时对十四阿哥胤祯意有所属。其实，只要把康熙帝在五十二年二月对赵申乔的批驳原话认真领会，再看康熙帝如何处置赵申乔，就不难得出正确结论。

康熙帝召领侍卫内大臣、大学士、九卿面谕："建储大事，朕岂忘怀？但关系甚重，有未可轻立者。……汉唐以来，太子幼冲，尚保无事。若太子年长，其左右群小结党营裂私，鲜有能无事者……今欲立皇太子，必能以朕心为心者，方可立之，岂宜轻举？……凡人幼时，犹可教训。及其长成，一诱于党类，便各有所为，不复能拘制矣。"

这实际上已经在向大臣们宣示：康熙帝重新立储的思想和原则就两个字——立幼！而四阿哥比十四阿哥要年长 10 岁，康熙重新立储的立幼原则，早已将四阿哥从立储人选中排除在外了，这是重新立储立幼思想和原则的必然结果。对此，四阿哥当然要对康熙帝不满意，当然也必然会对十四阿哥不满意。世上没有无缘无故的爱，也没有无缘无故的恨，至言也。

康熙四十八年三月初十第一次复立太子时，康熙帝册封胤祉、胤禛、胤祺为亲王，胤祐、胤䄉为郡王，胤禟、胤祹、胤祯为贝子，基本上都是按皇子年龄大小分封，从康熙帝这面来说，没有严格划分高低、亲疏之意。

但就在以上分封当日，康熙帝在给满汉大臣的朱笔谕旨中，有以下一段非常重要的话："朕观五旗诸王，并无一人念及朕躬，竟以朕躬为有何关系，惟各饱暖是图。外面匪类有将朕诸子肆行议者，朕诸子并不与之较……人情若此，朕深为愤懑。"

康熙帝说的五王，就是三、四、五、七、十阿哥中的三位亲王、两个郡王，其中就有四阿哥胤禛，怎么还会选择四阿哥雍亲王（当然也包括三、五、七、十阿哥）作继位人？

康熙五十六年十一月二十一日，康熙帝在乾清宫东暖阁对众皇子、满汉大学士、九卿等又作了一道长篇面谕："或有小人，希图仓卒之际，废立可以自专，推戴一人以期后福。朕一息尚存，岂可容此辈乎？"

后来的实践证明，废立自专者，指的就是胤禛。胤禛就是用废康熙帝之所立、用宫廷政变之阴谋仓促突然上台自专的！

康熙五十七年十二月胤祯出征前，是年正月，康熙帝围绕立储一事又特作谕旨："今于未立皇太子之前，当预将礼仪议定。"康熙帝的意思是，新皇太子树之前，应先将新皇太子享用并遵守的礼仪制定出来。这一方面是针对原皇太子超越礼仪的总结教训，另一方面，也是为十四阿哥以新皇太子形象政治亮相作组织程序和宣传舆论的准备。是年底，胤祯离京西征出发时，不仅完全是以代天子出征气象，其礼仪规格，亦完全是新皇太子气派。康熙帝明谕，胤祯出征"用正黄旗纛，照依王纛式样"。众所周知，上三旗中镶黄旗属太子，正白旗属太后，正黄旗属至尊，是天子自将。胤祯出发前，不仅康熙帝亲往堂子行祭告礼，亲临太和殿向胤祯授大将军印；而且，胤祯骑马出天安门正门；诸王及二品以上文武官员在三阿哥诚亲王、四阿哥雍亲王率领下齐集宫内午门广场，继而又前往德胜门送行。所有这些，都是天子的出征礼仪。宗人府官员阿布兰之所以在胤祯回京时，敢于在城门公开"出班跪接"，施以接驾之礼，并非阿布兰政治投机、讨好巴结，而是大将军王胤祯离京西征时，就是以皇太子礼仪出发的。九阿哥胤禟之所以说"皇上对这次出征看得很重，（希望）早成大功，得立皇太子"，是面对当时形势和事实所说，不能完全归结为江湖义气、结党营私。当时，四阿哥还以兄长身份，在德胜门再摆宴席，为十四阿哥祝酒饯行。

胤祯出征后，青海蒙古和硕特部盟长亲王罗布藏丹津等进京，康熙帝在接见他们时，特别强调："大将军王是我皇子，确系良将，带领大军，深知有带兵才能，故令掌生杀重任。尔等或军务，或巨细事项，均应谨遵大将军王指示。如能诚意奋勉，即与我当面训示无异。"

如果说，前几次康熙帝都还仅是在间接暗示的话，那么，这一次已是在直接明示了——听大将军王十四阿哥的指示，与听我当面训示没有什么两样。这样的权力或荣耀，在二阿哥当皇太子 30 多年里，从未有过。可以肯定，不仅大将军王十四阿哥的威信已大大超越了前皇太子，其权力也更大大超越了前皇太子。这是康熙帝的安排，绝非八、九、十阿哥所能为之。

康熙六十年大将军王胤祯离开西宁前，是年九月，康熙帝还特钦定御制《平藏功碑》碑文，并在布达拉宫东山下盖亭立碑。我曾在布达拉宫及布达拉宫东山下考察，康熙朝的功碑亭及功碑，早已荡然无存。据《卫藏通志》记载，此碑还曾立在拉萨大昭寺前。我曾在大昭寺前寻找，当然也不可能得见。

清代，除了在位皇帝如康、雍、乾三帝为自己立碑外，从无将皇子名字刻碑勒石之先例。这是康熙帝有意为树立胤祯威望、具有深远目的的重大之举。雍正称帝后，攻击此碑“并不颂扬皇考，惟称大将军允禵功德”，命人将碑文文字磨去，毁掉重刻，这就更见雍正毁碑只是表面行为，其内在目的，是要毁掉胤祯准太子地位的历史痕迹和康熙帝对胤祯“意有所属”之历史物证。

《平藏功碑》在拉萨耸立后，胤祯回京时，宗人府官员阿布兰才敢于公开在城门前像迎天子一样“出班跪接”。如此之举，康熙帝会不知道？即使当时阿布兰之举纯是个人行为，在康熙帝已经谕旨制订皇太子礼仪后，若“出班跪接”大将军王十四阿哥系违规行为，一向等级观念极为森严的康熙帝为什么不处罚阿布兰？康熙帝非但不责怪、处罚阿布兰，反而还借机奖励他。康熙六十年，“辅国公阿布兰祖母故，（康熙帝）赐银一千两”。可见，康熙帝对阿布兰“出班跪接”十四阿哥，不仅允许，还给予了奖励。实际上，就是对阿布兰将十四阿哥作为准太子之举给予了公开的默认。

康熙六十年十一月二十六日，大将军王胤祯为请示明年对准噶尔部大举进剿方略事，由青海返回京师。胤祯未到京前，康熙帝先命礼部特别制订欢迎礼仪。实际上就是再次明确对大将军王胤祯施用皇太子礼仪。胤祯抵京时，康熙帝命三阿哥诚亲王、四阿哥雍亲王领在廷大臣郊迎。北京城万人空巷、夹道欢迎。宗人府官员、都统、辅国公阿布兰在城门口出班跪接。这是胤祯出征三年后，康熙帝又一次指示诸皇子、大臣，乃至京城百姓夹道欢迎。又一次向天下世人公开并明确了以太子礼仪隆重迎接大将军王胤祯返京的重要事实。

康熙六十一年四月，皇十四子、大将军王胤祯重返青海时，康熙帝又特御诗一首：

去年藏里凯歌还，丹陛今朝宴赏陪。
万里辛勤瞬息过，欢声载道似春雷。

康熙六十一年正月的“丹陛今朝宴赏陪”，在乾清宫共办了两次。第一次680人（一说千人），第二次340人，然两次都不见四阿哥胤禛参加。也正因如此，胤禛、张廷玉为掩盖六十一年四月十四阿哥返藏真相，又妙笔移花，有意淡化庆功宴的意义，只突出千叟宴，以竭力抹杀是年是月康熙御诗“丹陛今朝宴赏陪”之历史真相。

据朝鲜史料记载，康熙帝与皇十四子抚远大将军在京郊途中今昌平区清河分手时，“父子相对，亲赐玉玺以送。”可见，康熙帝是特借六十一年去热河（承德）避暑山庄并木兰秋弥为名，带了11名皇子，从畅春园出发，亲自护送皇十四子、抚远大将军王胤祯重返甘州。不仅如此，在京郊昌平清河分手时，康熙帝还当着11名皇子（包括四阿哥）的面，向胤祯“亲赐玉玺以送”。这个“送”字，当有两层含意：一是康熙帝亲自率领11名皇子为胤祯重返甘州隆重护送；二是在昌平清河父子分别时，当着11名皇子的面，亲自向抚远大将军王胤祯赐送玉玺。由于雍正已将有关史料毁灭，今天已无法知道康熙帝赐皇十四子是何方玉玺。但无论怎么说，玉玺是皇帝专用，康熙帝当着11名皇子的面，向胤祯“亲赐玉玺”，无疑是个重大的政治暗示，甚至已不是暗示，而是相当公开的明示了。

于此又可见，当时宫中朝野上下盛传康熙帝欲传大位于十四阿哥，并非空穴来风，有康熙帝是年是月之御诗《示平藏将士》及康熙帝是年是月“亲赐玉玺以送”为证。

十四阿哥回京前，康熙帝不仅于康熙六十年九月先为胤祯在拉萨树立平藏功碑，还早早为胤祯回京亲自精选122匹御马，千里迢迢预先送往西宁，以备胤祯返京时使用。

清朝中期已有定例：朔漠出征，将军给马25匹、都统20匹；直至乾隆朝后期的《军需则例》仍有明文规定，京城、东北出征的大将军，给马25匹，将军20匹，副将军18匹。康熙六十年胤祯回京前，除早已军中给马外，康熙又特从宫中亲自挑选100匹御马，专人专程送给十四阿哥返京时专用。可见十四阿哥返京时规格之高，已远超大将军之职。赐其100匹御马专用，俨然已是用皇太子礼仪。胤祯心领神会，除在满文奏折中致谢外，还表示，一定好好喂养，备回京时乘用。康熙末年，康熙帝究竟在疏远谁，喜欢谁，重用谁，对比已非常显明而且强烈。也因此，四阿哥对十四阿哥之嫉恨，已达到了高潮，已接近爆发之临界点，当然也由此生出对父皇康熙帝的嫉恨。因为，父皇康熙帝把十四阿哥捧上了天，却把四阿哥压到了政治舞台的边缘。

据京城老年旗人介绍，雍和宫一年一度举行的“跳布扎”仪式，所谓魔祟，指的就是几度入侵西藏的准部兵将。“创编这个跳布扎的大型乐舞剧，就是为了纪念黄教中兴的战功”，而“纪念黄教中兴”，即包括“胤祯入藏”，“支持第七世达赖喇嘛坐床、恢复藏地”。

康熙六十一年，康熙帝已多次表示自己要退休；与此同时，又多次强调皇十四子胤祯立功西域、这明摆着是在为胤祯接班大造声势。

在康熙六十一年四月初五的“千叟宴”上，康熙帝还作七律一首，最后两句便是：“万机惟我无休暇，七十衰龄未歇肩。”他在专为十四阿哥隆重举办的千叟庆功宴上公开向大臣们表示自己极想“歇肩”，当然也是在暗示他“歇肩”后要把这副担子交给皇十四子胤祯，是有意特将两事同时联系在一起说的，其用意已不言自明。

康熙末年，同皇十四子分别才两个月的康熙帝又在避暑山庄作《立秋在六月》，其中诗句：“庚伏虽云尽，依然六月中……杖藜西顾意，数问奏边功”，生动表现了康熙帝急盼皇十四子从西部飞马传来报功奏章。其心情，与皇十四子四年前离京西征时九阿哥对其言“早成大功，得立为皇太子”，可谓上下一致、众望所归。

作为一代帝王、一位政治家，康熙帝也曾经估计到这中间可能还会有难以预测的变数。他在避暑山庄登上最高峰处所作的《四面云山亭》，就具体反映了这种难以言状的担忧心情：“云梯石磴逼茏苁，倚杖傍观众壑同。更上一层图远望，奈何树杂与烟笼。”

据日本已故著名清史专家宫崎市定先生研究，康熙帝“以十四阿哥的面貌最酷肖圣祖本人，特见钟爱，故任命胤祯为抚远大将军或许就是册立其为皇太子之前的预备行动。胤祯才识优长，又任西路军务大将军，权势颇重，当王鸿绪等联合保奏胤祀为皇太子的计划彻底失败以后，皇十四子胤祯就成为唯一可立为皇太子的最佳人选。”宫崎市定先生的见解分析是完全正确的。

需要指出的是，康熙帝喜欢十四阿哥胤祯，并不仅仅是因为胤祯长得酷似自己，更是因为胤祯的性格、作风、气质酷似自己。而四阿哥胤禛之所以不讨康熙帝喜欢，主要也是胤禛的个性、为人与父皇康熙帝完全相左之故。

康熙帝训诫诸皇子，“推心置腹以示人，阴刻何为？若于所爱者故为怒容，待之于所恶者故以喜色遇之，是欺人即自欺也。朕之喜怒，无不即令人知者，惟以诚实为尚耳。”

又训曰，“朕观人必先心术，次才学。心术不善，纵有才学何用”；“朕听政有年，见人或自恃有才，辄专恣行事者，思之可畏。朕意必才德兼优为佳。若止才优于德，终无补于治理耳。”这些训诫，对四阿哥尤为对症。

有人以为，康熙帝批评胤禛“喜怒无常”时提出“戒急用忍”，是给其开导之药方。殊不知康熙帝实是以“戒急用忍”，作为对其长期冷落、压制胤禛之紧箍咒。康熙帝一生至死，从不给其重要官职，更从无打算立其为继位人，胤禛“喜怒无常”，或云胤禛“阴刻”、“心术不善，纵有才学何用”当是重要原因。历史与现实中的胤禛不正是一个“阴刻”、“心术不善”之人吗？

与康熙帝批评胤禛“喜怒无常”相反，康熙帝一再向十四阿哥胤祯叮嘱“人心最为重要，你须将此日夜放于心上”。中国儒家一直有得民心者得天下说。康熙帝要十四阿哥把得人心日夜放于心上，当然是希望他能顺利接班，并以得人心著称治理天下。

五十八年六月十三日，康熙帝又就此对十四阿哥作出评价：“尔甚得土司、回子们之心，今后获益者多于汉人。朕之此言断勿使汉人闻之。”康熙帝对胤祯的工作进展，甚为满意。尤其是对胤祯能在西部甚得少数民族之心，大为满意和高兴。对十四阿哥抵达庄浪后随即阅兵、调兵，康熙帝称赞：“办理得好。”“事似很顺利，所办所遣者甚好，惟将好消息，随得随问明，火速报闻。”

早在十年前，康熙帝就说过，“即使朕躬如有不讳，朕宁敢不慎重祖宗弘业，置诸磐石之安乎？迨到彼时，众自知有所倚赖也。”康熙帝一直在为“到彼时，众自知有所依赖”而在精心谋划、精心落实，怎么能简单笼统地说成康熙帝晚年不想立太子呢？

康熙五十一年二废太子时，康熙帝已自叹“今年已六旬，知后日有几”？在以上情形下，重立太子一事，必须要摆上议事日程，以给朝野上下有一个交代。怎会不想立太子？不想立太子、不立太子的话，他又怎么能退休，怎么能息肩，怎么能做到“即使朕躬如有不讳，慎重祖宗弘业，置诸磐石之安”？

有人鼓吹，康熙帝委任十四阿哥为大将军统领20万大军，纯是军事目的，是用十四阿哥具有军事才能之故，与政治无关。这是在睁着眼睛妄议，与康熙帝原话完全不符。康熙帝为大将军王制定的大计方针是：“乱则声讨，治则抚绥，安宁百姓，保护地方为先。”抚远大将军王胤祯在领会、执行、指挥时，也始终坚持“军务事小，有关黄教、众生灵劳逸事大”。脱离康熙帝原话，离开当时社会实际，只能是自说自话而已。

康熙五十九年十一月，定西将军噶尔弼亲撰《平定西藏碑记》的碑文这样写道：“……（康熙帝）亲授方略于抚远大将军王，驻守西宁，名以兵威之，实则以德绥之。”有人一再把康熙帝委任胤祯为大将军描述为纯军事行动，明显与康熙帝父子对平定西藏的大计方针背道而驰，目的就是采信雍正对其贬低之论，要把委任胤祯为大将军同新立皇太子一事割断其内在联系。

对于康熙帝选用十四阿哥胤祯为抚远大将军王西征的用心，连小呼毕勒罕即七世达赖喇嘛（当然也包括其他西藏政教上层势力）都看得很清楚。小呼毕勒罕与抚远大将军王、十四阿哥胤祯首次在古木布木寺（即塔尔寺）会面时，以小呼毕勒罕为首的4500名喇嘛为康熙帝增寿诵经7天。并再三告称：“大将军王蒙大圣主遵旨，既临边疆，黄教自此即可定，众生自此永获安居乐业。为增大圣皇帝万万岁之寿、大将军王成就大业之喜，献释迦牟尼利玛佛一尊、阿玉希利玛佛一尊及舍利、额尔德尼利鲁、念珠、马100匹、驼10峰。”七世达赖喇嘛所说的“大将军王成就大业之喜”，既是指平定西藏大业，也是功成后得为皇太子大业。当时，所有出征将军、大臣、宗室乃至青海众台吉都有一个共识：“今依圣主深谋，扬三十万军威，大将军王率军出边，想必能成大事。”七世达赖喇嘛包括其他西藏政教上层人士、所有出征将军、大臣、宗室乃至青海众台吉都将大将军王率军出边看作是圣主深谋，都把大将军王率军出边，看作是圣主欲十四阿哥胤祯能成大事、大将军王成就大业之喜，也就是其兄弟之言“早成大功，得立为皇太子”之意。

康熙帝在给西征大臣的朱谕中写道：“朕自幼经办吴三桂噶尔丹军务大事多……若我大军抵达取招，此非平常之功，功大也。”康熙帝有意用大将军王率军出边抵达取招“此非平常之功，功大也”为大将军王“早成大功，得立为皇太子”宣传造势，也是在为众皇子、众大臣“到彼时，自知有所依赖”给出之答案。

胤祯抵达甘肃红山堡后，在奏折中写道：“臣原为皇父膝下使唤之一小儿，今派遣在外……诚如在皇父眼前。”“使唤”，即接受调遣、奉命办事也。折中还透露了另一个十分重要的信息，即“臣出征前，蒙皇父训旨，出来以后，心内所虑者，皇父必将儿臣作为志坚男子汉”。可见，康熙帝当时所说要为大家选一个坚固可托之人，本意是指抚远大将军王胤祯。

十四阿哥胤祯似乎也信心满满，在奏折中写道：“臣之本事，皇父自幼知之，若长成好汉，臣可不辱皇父。若坐享其成，身蒙富贵之事，臣今世断不能接受。况且确能如此仰副圣旨效力，使皇父稍悦，则亦可稍尽为子之道。”

康熙五十九年六月二十日大将军王胤祯率大军抵达木鲁乌苏（位于青海西藏交界处的长江南源当曲会合后称通天河南源头地，蒙名木鲁乌苏，番名州曲，或译曰直曲、周曲，普通曰通天河）后，胤祯表示："我虽遵旨能坐而建功，亦多羞耻……若不能令父喜悦，虽有功名，超越古人，有何希罕，有何体面？臣不为功名效力……为子之人，以父母之心为心……若坐享其成，继承荣华富贵之事，我今世断不承受……"

胤祯出征前，康熙帝已明确对皇十四子表示"必将（胤祯）为志坚男子汉"，说明：（1）康熙要胤祯西征的目的，就是要将胤祯锤炼成一个志坚男子汉、一个坚固可托之人；（2）如果胤祯出征前康熙帝没有同胤祯正面谈过"继承"大事，十四阿哥胤祯怎么会、又怎么敢在密折中公然同父皇康熙帝堂而皇之谈论"继承荣华富贵之事"？这里的"继承"二字，当然不是一般意义上财产之"继承"，当然是指皇位之继承！（3）综上，康熙帝晚年选择并坚持由十四阿哥胤祯"继承"当是事实，而并非全是"民间传说"。

在藏文《户口册与历史》中就有相关记载，大将军王："皇太子亲自斟酒，表彰慰问，平易近人"。从宫廷内外到全国上下，从京师之城到边疆蒙古、青海、西藏，十四阿哥胤祯的皇太子形象，完全是、也只能是康熙帝有意有计划地树立的，不可能是十四阿哥个人所为，也不可能是八阿哥、九阿哥少数几个"同党"弟兄私下一厢情愿就能为之。

康熙帝需要的、喜欢的，是真心诚孝、真心为他挑重担、干实事的人；康熙帝鄙视的、讨厌的，是口上诚孝、纸上谈兵、阳奉阴违、两面三刀、空弹高调之人。为此，康熙又已经在为胤祯回京而精心准备了。在此谕之前三个多月的三月初六日，乾清门头等侍卫拉锡、御前二等侍卫佛伦奉旨："朕差出御马22匹。今青草生长之时，将御马肥壮者100匹，驽马100匹，尔等亲选，差派贤能蒙古侍卫、索伦侍卫，经张家口驱赶，马尔赛遣彼处妥员一名，解送大将军王"。康熙帝亲自选的22匹御马，连同另外100匹御马、100匹驽马，共220匹，三月二十一日从京城出发，五月抵宁夏，六月二十日抵西。康熙帝亲选御马，亲派人员，亲定回京路线，是有其特殊用意的。对此，十四阿哥胤祯回奏："返归之时，再用此马"。这是康熙帝、十四阿哥胤祯父子默契，密切合作也。

从以上康熙帝向众皇子、诸大臣乃至天下国人的多次暗示或明示中可以清楚看出，康熙帝选择、培养、考验、坚持十四阿哥胤祯的接班人地位，不仅由来已久，而且是深思熟虑的，及至去世止，前后共历时15年。只是在最后关键时刻，被四阿哥废立自专的阴谋权术破坏而失败，四阿哥令人意外又侥幸得逞罢了。

十四阿哥胤祯只迷信于父皇、只迷信于父皇一人择时宣诏，只迷信于自己功德圆满、早日凯旋，自信于甚至陶醉于即将封储，根本没有对京城内宫廷斗争的诡诈、变数及残酷性作出充分的估计和对策。康熙帝、十四阿哥胤祯父子俩为秘密立储所作的多年努力，被四阿哥一举粉碎。不仅十四阿哥胤祯的一切功劳化为乌有，还被其兄雍亲王倒打一耙，诬其西征是为康熙帝驱远。雍正不仅一巴掌将胞弟十四阿哥胤祯从准太子打为阶下囚，先帝一死就秘密下令收缴、销毁一切对胤祯有利、有用的史料，甚至将种种罪名、脏水泼在胤祯身上。历史如此突变，岂非命运之悲剧？

国家至上，不搞分裂

十四阿哥胤祯明确得知先帝去世，时间应为康熙六十一年十二月初七，地点在陕西保德州西南之双山堡，这是胤祯原手下的议政大臣、平逆将军延信亲笔向雍正密折中所汇报。高阳先生对此有一个生动的比喻，说胤祯当时的心态就像《红楼梦》中的贾宝玉，满心以为娶的是林妹妹，谁知道揭开红盖头一看竟是薛宝钗！这个比喻惟妙惟肖。而当其时，千里迢迢风尘仆仆而又洋洋自得置身在晋陕交界的抚远大将军胤祯，比起贾宝玉的痛苦，实是有过之而无不及。

查清朝地图，从双山堡抵达保德州的实际距离，至少150公里，一往一返即是300公里。从双山堡抵达榆林至少30公里，且都是日行夜宿，晚上因无路灯并不赶路。如此，则延信在给雍正的密折中所说“我亦前来”会到什么地方去呢？我以为，延信将大将军王从双山堡送过秃尾河，送到柏林堡，仍再返回建安堡。第二天（八日）一早再赶往榆林，“于榆林附近会见前锋统领阿哥，亦照此禀告”，这个可能极大，也颇合情合理。问题在于，如果大将军王和弘曙确实都是奉了雍正回京奔丧之命而来，那么，他们从西宁（或甘州）出发时，早就应该知道康熙帝的噩耗，如此，延信在榆林附近会见前锋统领阿哥时“亦照此禀告”，还要再禀告什么？在榆林附近“禀告”，当然已不是重复丧讯，而是丧讯细节。然而，康熙帝十三日晚上去世，延信并不在康熙逝世现场，他也是第二天十四日才知晓。而十四日雍正就已命延信速赴西宁接管大将军王印务，康熙帝去世的细节，延信又能知道些什么，又怎能说得清楚？

胤祯所痛哭的，是突然不明不白失去了皇父，他当然也是在为痛哭自己不明不白失去了即将到手的皇冠。胤祯曾对皇父康熙帝一再表态“不为功名效力”。现在，经过反复的思想斗争，胤祯终于选择了不为个人皇冠与四阿哥刀兵相见而致国家分裂、生灵涂炭、刀光剑影、血流成河的崎岖之路。当然，这必须是以自己忍受巨大的、乃至永久的个人痛苦为代价。忍受了个人巨大的、永久的痛，则国家就少一场折腾、国运将无大损。这种为国家的长治久安、避免生灵涂炭而甘心个人忍受巨大痛苦，无疑是一种高尚襟怀。没有高尚的人格境界与坚强的毅力，是构不成这座高尚襟怀之大厦的。这也是胤祯宁可失去即将到手的皇冠、也不用千千万万人民鲜血去染红皇冠宝座的高尚之所在。与胤禛为了个人皇冠到手而搞欺骗、而搞宫廷政变，岂非高下分明、立竿见影。

康熙帝健在时，十四阿哥建功在西藏。在此之前，清政府对西藏一直是间接统治的。自从十四阿哥、抚远大将军王西征胜利、护送七世达赖喇嘛去布达拉宫坐床成功后，清政府对西藏开始派官员直接统治。这个重大的历史转折，是康熙帝晚年直接由抚远大将军王胤祯完成的。

对康熙帝蹊跷死去，胤祯远离京城鞭长莫及，而当时通讯、交通工具又十分落后，这些本是命运中的悲剧因素，但在雍正嘴里和笔下，竟都成了康熙帝压抑、放弃、改变胤祯接班人资格的政治上、人格上的缺陷因素。这是雍正对康熙帝立储意旨的歪曲，也是对十四阿哥胤祯的倒打一耙。

国学大师钱穆先生说过："国家民族要成功，历史也要成功，可是确有失败的人，这等人或许也有人称他为人物或英雄。如西方历史上，古代有亚历山大，近代有拿破仑，都不曾成功……但是，在法国首都巴黎，一切市容建设，以拿破仑作中心，环绕凯旋门八条大道，四面分布，形成了巴黎市区。另一部分，以拿破仑坟墓作中心，巴黎市容所表现的，就是一个拿破仑。好像法国人认为拿破仑还是他们的第一号人物。"中国历史上的苏武、文天祥、岳飞、袁崇焕等，都是历史上的悲剧人物。但十四阿哥胤祯与岳飞、袁崇焕等人物又不同，他有一个特殊性，即他的哥哥是雍正皇帝。而当时的社会舆论，无论其母、其兄弟、其大臣，乃至康熙帝生前的御前传旨太监，几乎众口一词都说雍正当皇帝大感意外，甚至说雍正是抢在十四阿哥胤祯回京之前谋害了康熙帝，并以此夺取了皇位。在这种形势下，胤祯的命运就更具悲剧色彩了。

拿破仑虽然失败，法国人民承认他，法国历史承认他，虽败犹荣。胤祯被其胞兄抢去了皇冠后，把他对国家、对历史的功绩也都一笔勾销。例如，中央政权对西藏的直接统治，是从康熙朝开始的。具体说来，就是由十四阿哥胤祯完成的。但雍正非但抢去了胤祯的继位资格，还一笔勾销了胤祯的历史功绩，甚至将其列入“卑污不堪小人”之伍。胤祯的悲剧，岂是失去一顶即将到手的皇冠所能比价乎？只因四阿哥连骗带抢使其废立自专得逞，本应是原告的他、竟成了雍正口诛笔伐下的被告，所有的污泥浊水全朝胤祯身上泼去，胤祯之悲剧岂是一般之悲剧？

著名学者黄裳先生认为：“雍正的政治敏感与魄力都是少见的，他又很精细勤奋，在某种意义上也许可以称之为一个英雄。不过在《知新录》里说：‘皇帝合是吾学中儒者做，不该把世路上英雄做……甚是老奸巨猾，即谚所谓光棍也。’曾静说的是迂阔话，但他指出是‘光棍’，却是不错的。光棍也就是流氓，流氓皇帝在历史上有不少先例，但像雍正这样的却极少。看他对付读书人的手段，从吕留良到钱名世，不只是残酷，同时还是残忍。他的努力得到了很大的成功，终于转移了一代士风，大大加强了奴性。”抨击得有力、到位。

如果说，雍正“少年无赖”，那么，从他当皇帝以后给年羹尧的朱批看，从他对康熙帝未死之前、所有助其夺位又知之过多、卷入过深者竟全部被杀人灭口看，从他给钱名世悬挂“名教罪人”的匾额看，从他给阿灵阿墓碑上镌刻“不臣不弟暴悍贪庸阿灵阿之墓”，给揆叙墓碑上镌刻“不忠不孝柔奸阴险揆叙之墓”看，从太后欲见小儿子胤祯，雍正百般阻挠使其母子至死也终于不得相见看，从八阿哥、九阿哥被处死后，雍正又对十四弟胤祯下旨“尔欲同死，悉听其便”看，从雍正对八弟媳令其自尽再焚尸扬灰看，这其中的种种心态与行为，称其为流氓皇帝，实在也毫不为过。

有人还从中悟出：“政权统治者的聪明才智愈是出众，他玩弄的统治手法就愈难捉摸。知识分子的命运好坏，同政权统治者聪明才智的高低恰成反比。”

一个十分典型的对照，就是吕留良和张廷玉。吕留良早已死去几十年，因曾静案而牵连出吕留良，结果，被雍正下令从地下挖出来鞭尸扬灰，吕氏活口满门抄斩。张廷玉本无功劳，只因对雍正伪造历史文字功夫了得，掩盖真相助其上台有功，成为权倾天下、荣华富贵之极、雍正须臾不可或缺的权臣。

我们今天应该跳出四阿哥与十四阿哥个人之间特殊的兄弟关系、特殊的政治利害关系去看雍正，应该从他上台前后完整的历史走向、从他完整的历史轨迹、从他心路的变化以及这种变化给国民带来的政治变化，来看雍正，这才看得更真切、客观。

胤禛用政变加欺骗的手段终于得到了皇位，却失掉了民心，留下了骂名，这于他个人究竟是祸是福，还是祸福相当？雍正用流氓手段对待自己的父母、妻妾、弟兄、臣属、用前所未有、闻所未闻的文字狱对待天下知识分子、用封闭锁国对待世界先进的科技文化，是国民之福还是之祸？他害怕老百姓，竟然害怕到禁止民间习武，禁止民间传教武术；他害怕老百姓造反，竟然禁止穷人上山开矿；

他要整顿民俗风气，却居然禁止妇女进庙；闽粤书生不会京话者，居然不得进京赴考，等等，这与康熙帝比较而言，究竟是国民之福，抑或是国民之祸？这些问题，若不与前任作比较，评论他就失去客观性。若不结合当时国内外的舆论，评论他就失去了民心、民意基础。就四阿哥与十四阿哥个人之间是非恩怨而言，是完全采信雍正公布的材料方能客观可信，还是用原始档案的记载、用当时国内外的舆论记载更为客观可信？看来，都还有待进一步再研究。

四、雍正帝杀子，不仅可能，而且必然

四阿哥雍亲王称帝时，已有5个儿子。分别是：(1）弘时，康熙四十三年甲申二月十三日生，时年19岁；(2）弘历，康熙五十年八月十三日生，时年12岁；(3）弘昼，康熙五十年辛卯十一月二十七日生，时年12岁；(4）福慧，康熙六十年十月生，时年2岁。福慧卒于雍正六年九月初九，寿8岁；(5）福沛，雍正元年五月初十生，当日夭折。所以，雍亲王称帝的头一年，实际上拥有4位皇子。

当时还出现3个特殊情况：其一，雍正元年八月十七日，雍正帝在乾清宫召集总理大臣、满汉文武大臣、九卿入殿面谕，宣布施行秘密立储。虽然是秘密立储，因弘时年已19，比弘历、弘昼年长7岁，有天生的优越感。其二，雍正帝本人的兄弟如三阿哥、八阿哥、九阿哥、十阿哥等，又必会对弘历的私生子身份心知肚明。由于这一层原因，当雍正帝宣布实行秘密立储后，根据以上情况，八阿哥等众皇叔自然而然会在暗中更加笼络、支持弘时为储。雍正帝一上台，这种活动就已经开始了。雍正帝宣布实行秘密立储后，这种活动的强度更甚了。其三，由于三阿哥、八阿哥等在政治上与四阿哥离心离德，当雍正帝宣布实行秘密立储后，不排除三阿哥、八阿哥等希望以太子党去分散雍正帝的权力。如此一来，势必将出现八阿哥等人与弘时双方在政治上抱团越演越烈。

雍正帝是何等敏感之人，他对此看得一清二楚，绝不会无动于衷，必会采取断然有力措施。一来，他已秘立弘历为接班人，不会容忍八阿哥等人与弘时重蹈他废立自专的老路；二来，他也绝不会允许弘时与八阿哥等人政治上走到一起，影响他的执政。但弘时毕竟也是自己儿子，在如何处置上，雍正帝也确实颇费一番周折。太轻、太重，都不合适。

弘时究竟是自然病故，还是被雍正帝政治谋杀？学界有两种不同意见。

一种意见认为，“弘时之获罪，与太祖时戮其长子褚英，殆相等也”。就是说，弘时之死与努尔哈赤长子褚英一样，是被其父皇杀戮的。弘时死于雍正五年（1727）八月初六。其前一年，即雍正大戮其弟之岁。允祉、允禟二人，削宗籍在四年正月。允祀于二月圈禁高墙，三月改名阿其那，九月初五日幽死。允禟于四月入狱保定，五月改名塞思黑，八月二十七日死于禁所。又允䄉则前于二年削爵禁锢。同母弟允禵，则亦于四年削爵拘禁于寿皇殿。允祀、允禟、允禵三人，同以四年六月，各廷议罪状多款，宣示天下。雍正兄弟间之祸，极甚于此时。

举以上内容，无非是想说明两点：其一，由于褚英在政治上与父皇相左，对其父努尔哈赤杀弟又有微词，努尔哈赤将屡建战功的长子褚英以家法处死。清代既有父皇杀子先例，雍正便有理由仿其例而行之。不过，即使清代没有先例，依雍正其人之个性及当时之情形，也必会对弘时果断下手。他对父、母、妻妾都会耍弄手段，还会对年轻力壮二十几岁的儿子手软？其二，雍正对诸兄弟除籍并秘密处死，均集中于雍正四年前后，故弘时也在这时期被彻底解决之。

澳大利亚墨尔本大学东亚研究院的金承艺教授提出：“弘时不是被诛戮，就是被世宗赐令自尽了。”金承艺先生引雍正五年九月初六雍正在一份奏折上的朱批为证：“朕尚有阿其那、塞思黑等叛贼之弟……不但弟兄，便亲子亦难知其心术行事也。”所谓“便亲子亦难知其心术行事”，即雍正对弘时在政治上仍站在八阿哥一边极为愤怒。在解决了年羹尧之后，雍正又用令年羹尧自裁的方式，彻底解决弘时，这同雍正当时一再宣称要“大义灭亲”，是完全一致的，对得上号的。故我以为，雍正令弘时自裁的可能性极大。雍正极怕弘时为了皇位，也会像自己一样，害死父皇，自己上台。

1. 雍正杀子，意为弘历

有人认为，雍正在解决了允祀、允禟、允祉、允禵之后，没有必要再杀弘时。故弘时之死当是因病而死。但这仅是一种观点，未必即是事实。事实是：如果弘时确实因病而死，清代官书当可如实记载，根本无须避讳。但迄今为止，所有清代官方史书中，不仅没有任何弘时是因病而死的史料，而且一再回避一个“死”字，倒反而成为弘时非正常死亡的一个有力证据：

（1）一个年轻力壮、无病无灾、思维敏捷、年仅24岁的皇子，因为向往储位却又在政治上同父皇存有严重异见，更在政治上与允祀等雍正政敌结成一党且态度坚定，在受到雍正这样的父皇一再严厉打击下突然去世，而所有官方史料又均不见弘时病故之记载，那么，只有三种可能：或弘时被父皇处死；或被父皇勒令自尽；或承受不了父皇的政治高压而于绝望中自杀。在宫廷斗争极其残酷的年代，这些都是极有可能之事。而以上三种结果，无论哪一种，都可以将弘时之死归之于雍正杀子。这正是雍正“此辈实国家之贼，断不可留于人世”统治理念的必然结果。雍正既云“断不可留于人世”，则弘时不是被杀即是自杀，二者必居其一矣。

（2）所有清代官方史料中非但不见弘时病故的记载，而且，在记载弘时时都竭力回避一个“死”字，这就更可说明弘时之死乃非正常死亡。在官方正史《清史稿》中，是这样记的：“弘时，雍正五年以放纵不谨，削宗籍，无封”。如果弘时确是正常病故，何以在《清史稿》中会将“病故”二字漏掉、又何以要如此避讳一个“死”字？

（3）雍正帝去世后，比弘时小 7 岁的同父异母兄弟弘历继位做了皇帝。弘时死时，弘历已 17 岁，他对其兄弘时之死因，当知之甚确。如果弘时之死实乃正常病故，其弟弘历在做了 13 年皇帝之后，没有必要再继续避讳一个“死”字。

请看乾隆十三年（1748）弘历对此专作的一段谕示：“从前三阿哥年少无知，性情放纵，行事不谨，皇考特加严惩……今之三阿哥（弘时）已故多年，朕念兄弟之谊，似应仍收入谱牒之内。”

在弘时死去已近 20 年后，弘历所说“今之三阿哥已故多年”中，仍然不见“病故”二字，这就更不是偶然疏漏了。从弘历所说也可再次认定：弘时之死确非正常病故，而是“皇考特加严惩”之结果。

（4）据北京故宫博物院清史馆协修唐邦治所记：“皇三子弘时，康熙四十三年甲申二月十三日子时生，雍正五年丁未八月初六申刻，以年少放纵，行事不谨，削宗籍死，年二十四。十三年十月，高宗即位，追复宗籍。”可见，所有的清代官书，全都回避了弘时之死因。直至民国期间，故宫清史馆史官才秉笔直书，将弘时之死与雍正对其“削宗籍死”绑在一起。

有人提出，“弘时早在雍正四年二月十八日被削除宗籍，由允祹约束赡养，至五年八月去世，前后相隔一年零六个月。足见《清皇室四谱》有误。”其实，唐邦治所记与弘历所追记“三阿哥年少无知，性情放纵，行事不谨，皇考特加严惩”完全一致，并无误。唐邦治所记弘时死亡的时间是“雍正五年丁未八月初六申刻（下午3—5时）”，这与玉牒记载及杨珍先生所说的“弘时……雍正五年丁未八月初六日申时卒、年二十四岁”，完全一致，并无错误。由于官方正史都回避弘时的死因，唐邦治在《清皇室四谱》中将弘时之死因记为“以年少放纵，行事不谨、削宗籍死”，不仅无误，而且十分具体，因而可贵。

“年少放纵，行事不谨”是雍正及官书给弘时之死按的罪由，也是为雍正杀子在史书中所作的掩饰之词。

弘时先是在雍正四年二月十八日被削除宗籍，继而在雍正五年丁未八月初六申刻，受皇考特加严惩而死，这与唐邦治将弘时之死归结为“削宗籍死”，也无误可责。在弘时的死因上，唐邦治先生的《清皇室四谱》一反所有清代正史都不直说、不直记弘时是因病而亡，也并无矛盾之处。

2. 雍正杀子的舆论准备与组织准备

（1）弘时被削宗籍，其实比其八叔（八阿哥允祀）遭革爵还要早一个月。雍正四年二月十八日雍正下旨：“弘时为人断不可留于宫廷，是以令为允祀之子。今允祀缘罪撤去黄带，交与允祹，令其约束养赡。”弘时被削宗籍前，雍正已令弘时为允祀之子。雍正这么做，已公开把弘时推到允祀一边，说明已将弘时列为政敌了。

雍正整肃重要政敌，从来都是分阶段进行，而且总是先反复宣传，务令达到“罪状彰著”、惩治之“理由充分”，以期收到不杀不足以平民愤、不杀不足以告慰祖宗天理的预期效果。“弘时为人断不可留于宫廷”，只不过是为日后杀子所作的早期舆论准备与组织准备。“弘时为人断不可留于宫廷”，只不过是“弘时为人断不可留于世上”之变版。

（2）就在此谕一个多月后，雍正四年二月二十五日，雍正在给鄂尔泰的奏折中朱批：“似尔如此大臣，朕之关心，胜朕顽劣之子。”雍正对鄂尔泰说，朕关爱你这样的大臣，远胜过朕子弘时，并在削除弘时宗籍后又公开宣布弘时是“顽劣之子”，这就已经十分露骨地亮出了雍正恨儿子弘时已到了咬牙切齿地步。

（3）雍正四年五月，雍正作过一通长篇谕旨，尽数允祀、允禟如何该杀：“……伊等皆得罪于宗庙社稷之人，国法所当诛也……此等实国家之贼，更断不可留于人世矣……即此辈正法，亦属当然……即姑留之，亦不过数名死人耳。”

在允祀、允禟被杀前几个月，雍正已宣扬允祀、允禟“更断不可留于人世”，其杀机已经向世人宣布。允禟于该年八月“冥诛”死亡，允祀于该年九月“冥诛”死亡。就此足见，允禟、允祀完全是按雍正旨意“冥诛”的，已毋庸置疑。而弘时革爵、革籍，比允祀还要早一个月。令弘时为自己政敌允祀之子，即是视弘时为允祀同党的舆论和整肃准备。

（4）雍正说，“知臣子者莫如君父。”这是雍正借用康熙斥责允祀的话“父子之恩绝矣”来表明自己对弘时的态度，同时也以此暗示杀弘时的理由充分，势所必然。在雍正眼里，弘时早已不再是他的儿子，而只是允祀一党的中坚分子。

清代，在位皇帝杀皇子的事，并非史无前例，也非后无来者。努尔哈赤杀长子褚英就是先例。雍正朝以后的乾隆朝，也差一点重蹈覆辙。乾隆元年（1736），乾隆帝欲立皇二子永琏，然第三年因永琏病故而停止；又改立皇七子永琮。乾隆十二年（1747）永琮病逝。在这种情形下，皇长子永璜、皇三子永璋为立储一事的矛盾加深了，种种不孝之言行，引起了乾隆帝的不满。为此，乾隆帝下旨：“此二人断不可承继大统……若不自量，各怀异意，日后必至弟兄相杀。与其令伊等弟兄相杀，不如朕为父者杀之。伊等若敢于朕前微露端倪，朕必照今日之旨，显揭其不孝之罪，即行正法。”

乾隆帝“与其令伊等弟兄相杀，不如朕为父者杀之”，显然是继承了雍正帝的衣钵，而雍正当时正是在“与其令伊等弟兄相杀，不如朕为父者杀之”的考虑下，作出这个决定的。

3. 雍正宣扬大义灭亲

雍正宣扬大义灭亲，更是直接为杀弘时大作舆论准备。

雍正一直在宣扬，在警告：“忠我则臣，背我则敌”。弘时死前死后，雍正的谕旨一再强调了这一条：

(1)“今诸王大臣以为奸党不剪、奸宄不除，恐为宗社之忧，数次力引大义灭亲之请者，固为得理……手足之内，遭遇此等逆乱顽邪，百计保全而不可得，实有痛于衷而不忍于情者矣。然使姑息养奸，优柔贻害，存大不公之私心，怀小不忍之浅见，而不筹及于国家宗社之长计，朕又为列祖皇考之大罪人矣。”

雍正的这段话，已完全道出了他为什么要杀允祀、弘时等人的原因。雍正在做了大量舆论宣传、组织准备后，将允祀、弘时等人先后“大义灭亲”，这不仅完全合乎雍正的一贯思想、性格和作风，也为当时斗争形势的种种客观事实所证实。

（2）早在雍正三年三月，雍正在给诸王的谕旨中就提出：“今尔诸宗室闻朕谕旨，心中以为是者有之，以为不是者亦有之，朕岂能必宗室皆以此旨为是而遵行乎，即朕之子亦不能保其必行。”雍正说，他所下达的谕旨，即使在皇家、皇族的宗室中，有人以为对，也有人以为不对而不执行。即使是自己的儿子，也不能保证其一定会执行。这个“朕之子”当然就是指弘时，说明弘时对其父的政策、行为，多有分歧乃至违抗，已确是事实。否则，当皇帝的老爸怎么会向外抖出这样的事情来？这实际上是又一次公开点了弘时的名。

（3）弘时死后二年，雍正又一次在上谕中提起此事。雍正说：“……阿其那、塞思黑相继皆伏冥诛。朕之办理此事，皆默告天地，虔对皇考，熟思审慎，量其轻重为宗社国家之大计，置此身于度外之举，此心可以对上天、皇考。至于众口之褒贬，后世之是非，朕不问也。从前储位未定时，朕之兄弟六七人，各怀觊觎之心……朕既亲见而深知，若苟且姑容，不加以惩创儆戒，则凶恶之徒竟以悖逆为寻常之事，其贻害于后世子孙，将不可言矣。况古人云：‘抚我则后，虐我则仇’。是君臣、上下之间有天冠地覆之义，尚言施报之情，岂有臣下之分，作乱犯上，显然昭著，只因系出宗亲，遂可纵恶长奸，置宗社大计于不问乎！……忠我则臣，背我则敌，此一定之情理、千古之通义也。且孟子曰：‘民为贵、社稷次之、君为轻’，夫与君与社稷相较君尚轻于社稷，则兄弟宗亲更不待言矣……总之，人君不幸迂此等之事，若见之既真、知之既确，则当权其厉害之轻重而毅然决断，勿存不小忍之见，顾己身之毁誉，以贻祸患于无穷。”

雍正说“朕之办理此事，皆默告天地”，一语泄漏了天机，不打自招地供认了八阿哥、九阿哥被害，都是他下的命令，且把他当时为什么要诛杀允祀、弘时的动机、原因，他当时的思想、心态，终于亲口真实地表露了出来。只不过对八阿哥、九阿哥的诛杀，说得露骨一些，对下令杀害弘时（或令其自裁），还要半遮半盖。毕竟，弘时是他的亲生儿子，说得太白也未必能取得天下人赞同。

雍正深知杀弟、杀子必会给自已带来毁誉，但雍正决心已定：不可存妇人之见，行妇人之仁政，必毅然决断，必置宗社国家之大计于“万全之策”，必“大义灭亲”，“后世之是非，朕不问也”。

对弘时，雍正认为“宽以容之，不可；放纵之，不可；禁锢之，亦不可；果如何措置而后可以除国家之大患乎”？唯有杀之。

对弘时之死，不能孤立地去看待。雍正三年令年羹尧“自裁”，雍正四年八月允禟之冥诛、同年九月允祀之死，五年八月弘时之死，六年六月隆科多、延信死于同一囚所等一系列事件，都是雍正精心谋划的“忠我则臣、背我则敌”这一“系统工程”中的其中一个环节而已！

对雍正杀子事件如何评价，读者尽可以仁者见仁、智者见智。然仅就历史事实本身而言，雍正逼母、杀子，确有其事，并非政敌谣传、攻击也。

五、雍正帝与圆明园

1. 雍正帝为何冷落畅春园，大扩圆明园

如果单从赐居而言，康熙帝赐房给三阿哥的数量，远远超过给四阿哥。有关雍正帝与圆明园的关系，四阿哥称帝后在御制的《圆明园记》中有云："圆明园在畅春园之北，朕藩邸所居赐园也。昔在皇考圣祖仁皇帝听政余暇，游憩于丹陵沜之涘，饮泉水而甘，爰就明戚废墅，节缩其址，筑畅春园。熙春盛暑，时临幸焉。朕以扈跸，拜赐一区……宅居于兹安吉也。园既成，仰荷慈恩，锡以园额曰：圆明。"这说明，圆明园是四阿哥在畅春园向康熙帝求赐而得，却又并非一求就得，中间还有一个搁置拖延，即使同意赐居后，还有一个修葺整理的过程。

现在常见有些研究者以圆明园作为康熙帝对四阿哥有特别宠爱之证据，并非历史真相。

康熙四十六年正月十八，共有七位皇子（包括四阿哥在内）上折，请求在畅春园周围赐地建房。康熙帝御批："北面新建花园（注，康熙二十七年康熙帝为嫡母孝惠皇太后营建的北新花园）以东

空地，赏与尔等建房。”于是，四阿哥、八阿哥、九阿哥、十阿哥均在此建房，并非四阿哥一人专有。而且，四十六年所建之房与圆明园无关。四十六年至五十六年这十年里，康熙帝从未去过四阿哥花园，直至五十八年以后才去过。

乾隆帝在《圆明园后记》里，也是说“昔我皇考因皇祖赐园，修而葺之。”赐园，即今日之居住权房，非产权房，不能世袭继承。也就是说，圆明园最早是为康熙帝的皇太后营建，并非为四阿哥营建。①

康熙四十六年十一月，四阿哥在畅春园向康熙帝拜求，恩准能在圆明园赐他一块地方。但康熙帝并未当即恩准，至第三年，即康熙四十八年三月，二阿哥复立太子的同时，三阿哥、四阿哥、五阿哥均已晋升为亲王，这时，扩大改善四阿哥的居住质量和待遇，不仅必要，而且理所当然，条件成熟了，也符合规制了。康熙帝乃正式恩准。

雍正御制的《圆明园记》中所谓“园既成”，当然就包括并经历了康熙四十六年、康熙四十七年的不断修葺、小规模扩建的过程。由于康熙四十八年“园既成”，才有康熙帝“锡以园额曰：圆明”之结果。

但当时所修建的圆明园，无论在面积上还是在规格规制上，都不可能超过圆明园南面的畅春园。据园林专家推测，雍亲王藩邸的圆明园，“具体范围大致是前湖及其周围，面积为六百亩左右的略近方形的地段。园门设在南面，与前湖、后湖恰好在一条南北中轴线上，成较为规整的布局”。至雍正二年，设立圆明园八旗，管领5252人，专司旗卫圆明园之责。

---

① 参见李大平、朱诚如：《圆明园营建始因新考》，《清史研究》，2009年第4期。

雍正三年八月二十七日至二十九日，雍正帝首次驻跸圆明园。自此，圆明园正式成为雍正皇帝御园。本年，雍正御制《圆明园记》谓："即位三年，修葺台亭丘壑，辟田庐，营蔬圃，建设轩墀。又于园之南构殿宇朝署值所，御以听政"。说明雍正朝第一次扩建完成，是在雍正三年。

雍正四年（1726）正月，雍正驻跸圆明园，谕："每日办理政事与宫中无异"，廷臣皆应"照常奏事"。本年，弘历赐居于桃花坞桃源深处。缩春轩、品诗堂、乐善堂皆是书室。于此又可知，弘历正式入住圆明园，是在雍正四年。

筑圆明园历时 60 多年，前后经历了康熙时 600 亩左右、雍正时 3000 余亩、乾隆时 5200 余亩三个扩建阶段。

雍亲王时期，圆明园面积 600 亩左右，不足康熙帝行宫畅春园的 1/2。雍正上台仅三年，一下子就扩大了 5 倍，达到 3000 余亩。

雍正为什么要如此迫不及待地大规模扩建圆明园？难道 1200 余亩的畅春园还不够他避喧听政？难道 8400 余亩、相当于 2 个颐和园、8 个北海、比历时 60 多年最终完成的圆明园还要大 1000 余亩的避暑山庄，也不够雍正避暑之用？仅此一项大规模扩建圆明园，赞誉雍正帝节俭、不大兴土木，恐怕就言过其实了。

雍正为什么要扩建圆明园？

因为雍和宫（当时的雍王府）并非雍正政治上的发迹之地，圆明园才是雍正真正的发迹之地，这便是雍正为什么要扩建圆明园的重要原因。

雍亲王时期，他正式入住圆明园，是在康熙四十八年至六十一年，时间共 13 年。雍正实际执政时间，也是 13 年。这当然只是一个偶然巧合而已。但康熙四十八年后，原来的雍王府他很少再去，圆明园才是他大部分活动之重要场所。因此，雍正朝13年里，雍和宫一直处于被冷落，被闲置状态。此事见乾隆九年（1744）乾隆帝《御制雍和宫碑文》，内有“旷而置之，日久萧寞”字句，即指此。

可见，四阿哥称帝后，13年中，雍和宫的地位并未因四阿哥称帝而突出。雍和宫地位的突出，反而是雍正死后，是继位人乾隆帝营造的。所谓弘历诞生于雍和宫说，更是乾隆帝为要突出雍和宫地位的另一个重大原因。实际上，将雍正梓宫移停雍和宫，就是为弘历诞生于雍和宫的前奏曲预先造势。

与雍正13年里雍和宫“旷而置之，日久萧寞”相反，雍正朝13年里，圆明园的规模、人气、地位、作用和影响，天天向上，日益繁荣。这是因为雍正不愿意将乾清宫、畅春园、避暑山庄作为国家的政治中心，他要改旗易帜，他要将养心殿、圆明园作为国家的政治中心，以此作为改朝换代的重大标志，也以此作为彻底倾吐、发泄过去长期以来不被父皇重视、重用的怨气与愤恨！

除此之外，雍正素有畏暑之疾。而圆明园依山傍水，地形宽广，这也是扩建圆明园的因素之一。

雍和宫与圆明园之关系

四阿哥成婚时，康熙帝将前朝明代的5间太监官房拨给四阿哥作为分府居宅。康熙三十三年五月，四阿哥正式迁住，此时为四贝勒府。康熙四十八年三月，四阿哥与三阿哥、五阿哥一同晋为亲王，四贝勒府随即升为亲王府。据研究分析，至迟康熙四十六年七月，四阿哥已向父皇要求将前朝明代废园（圆明园前身）赐其居住。康熙四十八年三月后，四阿哥才得以正式迁住圆明园。

四阿哥正式迁住圆明园，是其政治生涯中一个重要的转折点。其一，四阿哥已由贝勒晋为亲王；其二，四阿哥迁住圆明园后，大大缩短了雍和宫与畅春园的距离。其三，四阿哥真正下决心谋储，只能是在康熙五十一年十月康熙帝第二次废黜太子之后；其四，也因此，四阿哥真实实施谋储行动都是在圆明园内。时间上，就是康熙五十一年十月至康熙六十一年十一月这十年时间。正好应上“十年磨一剑”那句话。

所谓康熙帝默定弘历为第三代接班人之说，尽管人云亦云，几乎已路人皆知，却至今无一人一文能列出有效证据。在康熙帝一生所有重要的满汉文档案中，至今也未见有一条可证明康熙帝有默定弘历为第三代接班人之印记。

追根溯源，“默定”说是弘历继位多年后，他自己制造的，御用文人们又一再渲染而已。

雍正帝、乾隆帝筹建、扩建的圆明园，是中国园林史上的杰作，这一点，功不可没。但雍正帝、乾隆帝筹建扩建圆明园，完全是为皇帝、皇家享受服务，丝毫不是为广大百姓享受服务，这也是毋庸置疑的。

2. 雍正帝当了皇帝想成仙

雍正二年七月初二日，雍正帝在给年羹尧的朱批中，就对长生不老流露出渴求之意：“京中有一姓刘的人，久有名的，说他几百岁，寿不可考。”这是雍正帝当了皇帝想成仙的自我写照。

雍正六年上半年，雍正听说陕西有个叫“狗皮仙”的道士，又命岳钟琪密访：“此人果有些奇异否？朕若着他来京见朕，其意如何？”

雍正八年三月二十四日，雍正又下达求仙访道谕旨。仅一个多月后，怡亲王允祥逝世，年仅45岁。

允祥的过早去世，加之雍正身体的日益不支，更加大、加快了他渴求长生不老药的决心和步子。同年五月，雍正谕旨各省督抚访求名医及修道之人，“可留心访问，有内外科好医生与深达修养性命之人，或道士、或讲道之儒士、俗家，倘遇缘访得时，必委曲开导，令其乐从方好。不可迫之以势。厚赠以安其家，一面奏闻，一面着人优待送至京师，朕有用处。竭力代朕访求之。不必预存疑难之怀，便荐非人、朕亦不怪也。朕自有试用之道。如有闻他省之人，可速将姓名、来历密奏以闻，朕再传谕该督抚访查。不可视为具文从事，可留神博问广访，以符朕意。缜密为之。”

雍正以皇帝之权威要全国各省督抚竭力代访求之，规模之大、规格之高，这在有清200多年历史上，是史无前例、空前绝后之举，也是历史大倒退之举。

第一个响应者是浙江总督李卫，李卫很快就给雍正推荐来“脉理明白、方剂稳当”的监生谢鹏。雍正的另一位得力大臣田文镜也不示弱，推荐了修炼养生有奇术的道士贾文儒。山西巡抚石麟则推荐了医道通明的知县官钟元辅。福建巡抚赵国麟还邀道人同往山东崂山访求高人。由于雍正称帝前，曾有武夷山高人早就算出胤禛是“万字命”，因此，李卫又特别再派人赴武夷山访求仙道高人，但毫无结果。我一直怀疑，那个所谓的武夷山道人是戴铎编造出来的，但这一招对四阿哥起了强心剂的作用。

其实，雍正对炼丹极有兴趣并非始于称帝后，早在皇子时代，他就写过一首《炼丹》诗：“铅砂和药物，松柏绕云坛。炉运阴阳火，功兼内外丹。光芒冲斗辉，灵异卫龙蟠。自觉仙胎热，天符降紫鸾。”他的《藩邸集》中，就收有《赠羽士》2首，《群仙册》18首。由于父皇康熙帝厌恶、反对这一套，四阿哥又长期不得宠，不得势，他还不敢、也不能大规模搞。他称帝后，终于放开手脚，公开地、大规模地，自上而下地、无所顾忌地大搞特搞了。于是，炼丹、服丹就有着得天独厚、一路绿灯、要啥给啥、无比优越的条件。

雍正称帝后作的《蓬莱洲咏古》，颇能反映他在这件事情上的得意心态：

唐家空筑望仙楼，秦汉何人到十洲。尘外啸歌红树晚，壶中坐卧碧天秋。庙堂待起烟霞侣，泉石还看鹤鹿游。弱水三千休问渡，皇家自有济川舟。

可见，在雍正心目中，道家远在皇家之下，道家的望仙楼是空筑，道家的十洲，秦汉以来就无人真正到达。只有皇帝的统治，才是真正“普度众生”的舟桥。

雍正认为，张伯端的《悟真篇》，尽管是道家的著作，即在佛学论著中也是最上乘的。然无论是释迦佛教还是道家玄奥，“朕意训汝者，敬神更不如忠诚妙也。”

据国家第一历史档案馆专家介绍，已发现至少有 9 份雍正谕旨各省督抚访求名医及修道之人的密谕，台北故宫博物院也保存着 6 份。这些密谕，全是雍正用朱砂一份一份一笔一笔地书写，十分工整，可见雍正对此事的认真和重视。

四川巡抚宪德上奏折报告，当地有个叫龚伦的人，人们都称龚仙人，有长生之术，都 86 岁了，姨太太还给他生了一个儿子。雍正立即谕令召进宫来。但就在这时，那个龚仙人升天死去了。雍正没能见到龚仙人，很不甘心，又命四川巡抚宪德秘密查访，看龚仙人的儿子是否从他的父亲那里得到什么“秘传”。可见，雍正对 86 岁仍能生儿子，兴趣很浓。

烧炼内外丹要有炼丹炉，炼什么丹，就要耗用什么炉。其大小、形状、构造都有不同的要求。用炉就要耗用大量炭、煤。据“一史馆”史家查阅清代内务府《活计档》，有许多原始记载。内务府所记用煤 38.4 万斤、用炭 8.4 万斤，这仅是雍正晚年的部分用煤量。从《活计档》记载可以知道，雍正把圆明园东南隅背山面水、十分僻静的秀清村，当作开炉炼丹的实验基地。内务府《活计档》的相关记载，一直延续到雍正十三年。

但老天偏偏未能令他称心如意。正在全国各省大臣们纷纷暗中加劲求仙访道之时，雍正八年八月十九日上午九时至十一时之间，京城忽然发生大地震。地面开裂、冒烟、遍地黄水，其他地方尽流黑水、红水。紫禁城内太和殿一隅震颓；圆明园、畅春园等处宫殿，毁坏尤其严重。大臣们俱露宿，雍正则吓得跪在地上向苍天祈祷，然后疾奔到一条环绕宫殿河流的小船上“设幕以居”，连日躲在船上办公。此类消息经使节传到高丽（朝鲜），朝鲜国王英宗嘲笑雍正：“以万乘之王，避地震设幕泛舟而居，举措可谓骇异矣。”这同康熙帝遇到地震，仍端坐帐内镇定指挥，全然不同。

这次地震后的余震，竟达 50 余次，一直延续到九月中旬方息。共塌房屋 16000 余间，塌墙 12000 余堵。京城安定门、宣武门等城垣，裂口 37 处；北海的白塔、城内教堂、会馆、寺庙也遭破坏，死伤人数达 457 名之多。

雍正八年五月上旬允祥的去世，与八月中旬延续了一个多月的京师地震，特别是圆明园内突如其来的毁灭性天灾，对一直鼓吹天人感应的雍正，无疑是一个巨大的打击。在这个沉重打击下，雍正多少有了一些反省：寻仙访道，终究无济于事。于是，他不得不向苍天祈祷，向天下人谢罪，开始公开反省自己有什么失德之处。

八月二十日，他跪地表白，这次地震“非臣工之咎，其过实在朕”，因为朕躬违和“勤政敬事之心实不及平时”，“目今又有地震之异，仰蒙上天垂慈，显示儆戒。惟有夙夜祗惧，切加省改”。这大概是雍正一生中，最大的一次思想震动。

十月十八日，雍正在给大学士马尔赛的谕旨中寄语各省督抚：“从前修炼养生之人，不必送来。若有医学精通之人，仍着送来。”

但就在还有余震的九月上旬，福建巡抚赵国麟除了邀道人去山东崂山寻访高人外，还在向雍正奏报：“臣乡里中有关帝阁道人邱养庐者，与臣相识20余年，年已50余岁。虽无学问内养之功，然勤于修炼、颇异庸俗。臣已遣人邀至济宁州，托言臣有足疾欲访名医及修炼之人。”

很快，雍正就好了伤疤忘了痛。仅隔一年，雍正九年十月二十二日，又重蹈覆辙起访仙之路。于是，浙江总督李卫又给雍正上奏折，报告复访天台山张紫阳真人及葛仙翁道场仙迹情形。李卫在奏报中告称：“诸志俱载紫阳真人为张用诚，字平叔，乃台之临海籍。唯天台山寺则载，张伯端，字平叔，天台人，遇仙后，改名用诚，号紫阳真人。诸志稍异……至仙翁葛元，字孝先，志载、入赤城山学道得仙，为太极左仙翁，宋政和中封冲应真人。”雍正随即在李卫奏折上批道：“天台山闻得有紫阳真人洞府（说明雍正除向李卫布置外，还向别人布置，还有其他渠道），未知可有道场观宇否？可详细留心访查。若有可应修理振兴处，密议奏闻。向来知天台僧院亦甚多，可有大丛林、有名望寺院否？可将天台总景绘一图呈进。再随便徐徐，或如熬山用纸山米家做法，或堆一盆景。不用大，务小巧为妙，亦不急速制造，得时送来，以备玩玩。再，葛仙翁道场亦在天台山，未知与紫阳真人仙踪一事否？闻得仙翁道场俱皆消磨，符策皆归龙虎山，未知从何代废坠？今若振兴复旧，可能查其遗迹传闻整理否？朕有一心愿，可代朕详细查考议奏。若系两事，紫阳真人道场更为紧要。特谕。”雍正最后又叮嘱一句：“朕专为紫阳真人仙迹起见事也，卿可知否？”看来，雍正不仅要李卫寻查紫阳真人的仙迹，还有要把天台山有名望的寺院、道观及环境做出模型，大有在京城或圆明园仿造之意。

雍正帝在圆明园如此热衷炼丹，除了当上皇帝想成仙、想长命百岁外，同圆明园已成后宫美女云集之基地有关。

十二美女图

现在已可知，雍亲王在圆明园藩邸时代，就作过不少美女图。雍正称帝后，又命人将十二美女图做成屏风，可时时欣赏。雍正称帝后的《行乐图》，几乎每一张都有美女出现。

多数人只以为，雍正帝在圆明园如此热衷炼丹，只是想长生不老。其实，长生不老里有两个概念、两个内容。长生，是延长人的寿命。而不老，是延长或保持人的性功能。因此，雍正炼的丹有两种。一种是延寿用的，还有一种是增强性生活能力用的。

从康熙朝开始，康、雍、乾三帝后宫充满了汉族年轻漂亮的女子。而康熙、乾隆二帝从不炼丹，整个清朝，唯雍正热衷、痴迷炼丹，这是雍正与康熙、乾隆二帝的不同之处。

声色犬马，无过于女色。帝王之乐，多数不离此道。雍正执政五六年后，便大量扩充后宫。雍正七年新增或晋爵的女人先后有：郭贵人、李贵人、安贵人、顾常在、马常在、高常在、那常在、张格格、伊格格、吉常在、英答应、汪答应、德答应、云惠，八年有常常在，直到雍正十三年，还封了一个春常在。

奇怪的是，自雍正七年到雍正十三年，7年来，这些年轻女子无一为其生育，促使雍正更加依赖丹药。雍正七年，初为答应，八年晋贵人，十一年封谦嫔的刘氏，为雍正生育了弘瞻。这是雍正七年后，雍正帝后宫唯一的一次生育。

朝鲜使节有见过雍正者，向本国国王报告，雍正帝腰部以下已不能转动，很可能已是中风症状，也可能是肾脏严重亏损的症状，更可能是雍正贪图享受女色的结果。

3. 雍正帝将春药作奖品赐给心腹

雍正帝将春药先后赐给年羹尧、鄂尔泰、张廷玉、田文镜、岳钟琪等心腹，作为特享。他对田文镜道，“朕知道你年已70，仍希望你多生儿子唷。”类似的话，对鄂尔泰、张廷玉等人也都说过。可见，雍正帝常用圆明园御制的春药，作为笼络心腹的手段。

直至雍正十二年三四月间，据清宫《活计档》载，雍正皇帝曾两次赏发“丹药”。三月二十一日，圆明园送出的帖子说，内务府总管大臣海望交来丹药四匣，并传达雍正的旨意，将丹药配上好看的匣子，分头赏给署理大将军查郎阿、副将张广泗、参赞穆登、提督樊廷四人。四天后，也就是当月二十五日，四份丹药分别配上杉木匣，黑毡包裹，棉花塞垫，由领催赵牙图交给柏唐阿巴（满语，指各衙门管事而无品级者）兰太拿去。四月初一日，圆明园送出的帖子说，委署主事宝善传话，内务府管大臣海望交来丹药一匣，雍正的旨意是：配上精致些的匣子，赏给散秩大臣达奈。这两份档案，都直接使用了“丹药”二字。特别要注意的是，这两次赏赐的旨意，都是从圆明园发出的帖子传达的，又是内务府总管海望亲手交出。

由此可知，这些御赐“丹药”，都是圆明园御用炼丹炉烧制的。

从雍正八年起，雍正帝在圆明园的秀清村的炼丹炉一开，直至其暴亡止，炉火便再未熄灭。在雍正九年到十三年内务府的《活计档》中，有关雍正炼丹的记载越来越多。如雍正九年的“六所档”，雍正十年的“南薰殿并圆明园头所、四所、六所、接秀山房总档”，雍正十一年的“四所等处档”，雍正十二年、十三年的“六所档”，都有这类内容。在圆明园为雍正炼丹的道士，主要有张太虚、王定乾等人。

根据清宫内务府造办处记载，自雍正八年十一月至雍正十三年八月，在这五年间，雍正下旨向圆明园运送炼丹所需物品共157次，平均每个月有两三次。累计算来，共有黑煤192吨，木炭42吨，此外还有大量的铁、铜、铅制器皿，以及矿银、红铜、黑铅、硫磺等矿产品，并有大量的杉木架、黄纸、牌位、糊黄绢木盘、黄布（绢）桌围、黄布（绢）空单等物件。所有这些物品，都是炼丹必不可少的。圆明园大肆炼丹不仅愚昧迷信，也污染了圆明园的自然环境。

4. 雍正帝个人奢侈豪华远超康熙帝

（1）象牙席

顾名思义，是先把象牙切割、加工成象牙丝，再由工匠人工编织而成象牙席。象牙的主要成分，是一种由磷酸钙和有机体构成的类似骨的材质，因含有弹性硬蛋白，弹性和光泽都非常好。象牙的这些特性，使它成为高级工艺雕刻的一大门类和主要用材之一。

将象牙加工成象牙丝，再用象牙丝编织成象牙席，不仅材料质地极其珍贵，其消耗的人工，更是令人惊叹咋舌。因此，康熙帝执政六十一年，从未闻有人上贡，当然也从未闻康熙帝享用。

雍正帝享用象牙席，见之雍正十二年四月的清《世宗实录》："庚午，谕大学士等：朕于一切器具、但取朴素适用，不尚华丽工巧。（此决非真话，更决非真情，实是雍正帝作秀、虚伪假话之语）屡降谕旨甚明。从前（可见已非是雍正十二年，而是更早）广东曾进象牙席。朕甚不取。以为不过偶然之进献。未降谕旨切戒。今则献者日多，大非朕意。夫以象牙编织为器。或如团扇之类。其体尚小。今制为座席，则取材甚多，倍费人工，开奢靡之端矣。著传谕广东督抚，若广东工匠为此，则禁其毋得再制。若从海洋而来，从此屏弃勿买。则制造之风、自然止息矣。"

常见有研究者引用这段史料，以此论证雍正帝节俭，我并不以为然。首先，上有所好，下必所迎。雍正帝一生，与其父皇康熙帝相比较，其日用乃至嗜好，非但不是"但取朴素"，事实真相恰好与此相反，他是个极其讲究奢侈之人。广东地方官吏上贡，正是迎合了雍正帝生活极其讲究，才进贡象牙席的。

而席子的使用率甚为有限，一年之中，仅夏季三四个月。新中国接受故宫后，在清点库存文物时，从杂物堆中发现了用草席裹着的象牙席，虽经数百年，仍完好如初。

雍正帝下谕不再复制、或不再进口，是否就是节俭，这要从雍正帝其生活的总体理念及其大量真实的日用习惯去分析，才可论断，其论断才较为公允客观。

雍正帝其人，"天无二日"专断独尊的性格作风极强。因此，雍正帝下谕不再复制或不再进口，表面上是停止，实际上仍是接受，只不过下不为例。下不为例的本质，是终结顺、康二帝从不使用象牙席的历史，开启雍正帝第一个使用象牙席的新历史。

乾隆帝非常孝敬母亲，则皇太后也必会享用这种稀世珍品。乾隆帝又经常去热河避暑山庄，则避暑山庄寝宫也可能会备份一张也。

（2）鼻烟壶

康熙帝是严禁皇子抽烟的，因此，康熙朝的阿哥们乃至整座紫禁城，都是禁烟区，这就使没有明火的鼻烟很快流行起来。鼻烟的流行，又带动了鼻烟壶手工艺的发达。

鼻烟本起源于美洲，1503年，西班牙修道士帕尼随同哥伦布第二次到美洲探险，发现了印第安人的奇特习俗——吸闻鼻烟，鼻烟由此被带回欧洲，并于17世纪盛行起来。

鼻烟传入中国，是在明代隆庆年间，到康熙末年、进入雍正帝时代，鼻烟在中国已有150年的历史。

据说，鼻烟壶在传入中国之前，在国外，向来称之为“瓶”，而非称为“壶”。“瓶”，口小腹大的器皿，如酒瓶、油瓶、药瓶、花瓶等，鼻烟瓶显然都符合这些要件。“壶”，是有手把、有嘴口、使用轻巧方便的器皿，如酒壶、油壶、夜壶等。被称之鼻烟壶的玩艺，既无手把，又无嘴口，并无构成壶的要件，为什么也要称之壶呢？

清朝赵之谦《勇庐闲诘》中，对此有所提及。明万历九年（1581），意大利传教士利玛窦携带鼻烟、自鸣钟、万国图等贡礼，进行传教活动，后进贡给皇帝。但从现存明代宫廷档案“利玛窦所献方物”的名单中，未见进贡鼻烟的记载。鼻烟刚传入时，中文称为“士拿乎”、“士那富”、“西腊”、“布露珲庐”、“科伦士拿乎”等，均为外来语译音。清代王士祯在《晋祖笔记》中写道：“鼻烟以玻璃为瓶贮之。瓶之形象种种不一，颜色具红黄紫白黑绿诸色，白如水晶，红如火齐，极可爱玩，以象齿（牙）为匙，就像鼻子，远纳于瓶”。可见，原先称鼻烟瓶，且多以玻璃为之。

国外的鼻烟瓶进入中国后，才慢慢于无形之中改名鼻烟壶，一个十分重要的原因，同中国关于“壶”的文化内涵大有关系。鼻烟瓶进口到中国后，无论明代还是清代，一直是宫内用品。开始时，只是简单的小瓶。由于是宫内用品，瓶的用料开始向贵族化、珍贵化发展，于是，玉石、玛瑙、象牙，就首先多被选中。在今天，玻璃是个极为普通的东西。但几百年前，玻璃在中国，是极为珍贵的进口货。犹如今日之钻石，稀少而贵重。

16 世纪后，鼻烟通过欧洲和菲律宾、日本、朝鲜传入中国东北地区。那里的游牧民族在马背上不方便用烟筒吸烟。因此，鼻烟的传入正适合他们野外方便吸闻的特点。为了让鼻烟瓶具备坚固，不怕摔碰，游牧民们用了各种玉器、金属、骨角材料来替代玻璃制作。因为当时，中国还没有玻璃制作技术。鼻烟壶便与酒壶、水壶一样，成为游牧民族随身携带的常用物品，这也是由瓶名改为壶名的重要原因之一。

康熙朝后期，年羹尧为巴结大将军王，就曾向十四阿哥胤祯赠送过鼻烟壶、望远镜（清代叫千里眼）。康、雍、乾三帝，也都向大臣赠赐鼻烟壶。俄国钦差大臣到中国朝拜康熙皇帝，献上了彼得大帝送给康熙皇帝一大批珍贵礼物，而康熙皇帝回赠的礼品，是每人一件由皇室造办处制作的精美的鼻烟壶。可见当时中国鼻烟壶的制作工艺已比外国的精美、珍贵。

鼻烟壶虽小，但中国传统艺术的全部技艺：绘画、书法、烧瓷、施釉、碾玉、冶犀、牙刻、竹雕、剔漆、套料、荡匏、镶金银、嵌螺钿、贴黄等，都用上了。中国古代鼻烟壶工艺之所以优秀于西方外国，直至今日仍有可观的收藏价值，同其用料珍贵、工艺精致，特别是具有浓厚的文化历史内涵，是分不开的。它就像名贵手表、首饰一样，成为一种显贵、显富的符号与标志，也成为拥有者审美价值之体现。雍正帝之所以一上台就对鼻烟壶情难自禁，原因盖在于此。

以下，再来看看雍正帝对鼻烟壶是如何热衷、又是如何讲究的。

雍正元年，雍正朝开局，有多少大事、急事要做。人们都知道雍正帝勤政，却很少知道雍正帝还是一个地地道道、十分挑剔豪华型的大玩家。他当皇帝十三年，其实也是当大玩家的十三年。

雍正元年正月初九，十三阿哥怡亲王允祥接谕："尔等照金星五彩玻璃鼻烟壶样式烧珐琅鼻烟壶几件。遵此。"二月初四日，做得铜胎画红福万寿黑珐琅鼻烟壶一件、铜胎玉兔秋香珐琅鼻烟壶一件。三月十五日又一件铜胎画红福万寿黑珐琅鼻烟壶一件。四月十一日做得铜胎岁寒三友珐琅鼻烟壶一件、铜胎节节双喜珐琅鼻烟壶一件。四月十八日做得金胎錾花五彩鼻烟壶一件。怡亲王呈进讫。

"四月二十九日做得铜胎黑地五彩瑶池王母珐琅鼻烟壶一件、红福百安珐琅鼻烟壶一件、莲艾中心珐琅鼻烟壶一件。八月初四日做得铜胎节节双喜珐琅鼻烟壶一件（此件是重复制作）。郎中保德呈进讫。"

"九月十二日做得秋瑛十锦珐琅鼻烟壶一件、福寿长寿鼻烟壶一件。郎中保德呈进讫。""九月二十二日做得铜胎画珐琅鼻烟壶一件、莲瑞同心珐琅鼻烟壶一件。九月二十七日做得黑地画西番花铜胎珐琅鼻烟壶一件、黄地画西番花铜胎珐琅鼻烟壶一件。怡亲王呈进讫。"

从雍正元年正月怡亲王奉旨，到九月下旬，在不到一年的时间里，宫内造办处已至少按雍正的特殊要求特制了 17 把鼻烟壶，平均每月制作 1.5 把，即每月不停制作。

雍正二年正月，造办处奉怡亲王谕，于五月初四日做得五毒鼻烟壶一件，镶嵌福儿鼻烟壶一件。八月十四，镶嵌玉兔秋香鼻烟壶一件、镶嵌蟾宫折桂鼻烟壶一件。

因雍正帝喜好鼻烟壶，很快便远近闻名，外国使节来华，便常送此物。雍正三年，罗马教皇派使节噶萨杜易德丰来京，祝贺雍正登极。在所带“贡物”中，就有各色玻璃鼻烟壶 12 件，镶象牙鼻烟壶 16 件，咖石咤鼻烟罐一对，银花素鼻烟盒各一，玛瑙鼻烟壶一件，鼻烟 50 罐，共 80 多件。数量之多，前所未有。

雍正五年，葡萄牙使节麦德乐晋见雍正时，仅一次就进献上品鼻烟 12 瓶。其他传教士贡送的尚不在其内。当时麦德乐来华还有一项特殊使命，他是带了政府的外交函件，以拯救身在青海大通的葡萄牙传教士穆经远。雍正帝一面对葡萄牙使节麦德乐进献上品鼻烟 12 瓶，照单全收。但对葡萄牙传教士穆经远，仍照杀不误。其实，雍正早就将穆经远毒死于西宁，并枭首示众。

雍正七年八月十六日，郎中海望（此人因得宠，后来升为太监总管、内务府总管）持夔龙式嵌蜜蜡鼻烟壶、象牙嵌玳瑁、沉香夔龙块式鼻烟壶送呈。奉旨：“此鼻烟壶样式俱好，着存下样式仍交进。钦此。”

雍正八年三月初六日，据圆明园来帖内称，郎中海望持进画飞鸣食宿雁珐琅鼻烟壶一对呈进。奉旨：“此鼻烟壶画得甚好！烧造得亦甚好！画此珐琅是何人？烧造是何人？钦此。”海望随奏：此鼻烟壶系谭荣画的，炼珐琅是邓八格，还有太监几名、匠役几名协助办理烧造等语奏闻。奉旨：“赏给邓八格银 20 两、谭荣 20 两，其余匠役等尔酌量，每人赏给银 10 两。钦此。”这些银子在当时已足可买地、买房，可见雍正为喜欢鼻烟壶而赏赐之重。

雍正九年二月初四，做得黑地珐琅一树梅鼻烟壶、蓝地珐琅画芍药鼻烟壶、黑地珐琅五彩流云画玉兔秋香鼻烟壶雳烟、桃红地珐琅画牡丹花鼻烟壶。一个月内，连续特供 4 把。每周 1 把新的，等于造办处每天都在不停地按雍正的特殊要求在制作……

雍正十一年二月二十二日雍正传旨："黑地画珐琅白梅花鼻烟壶胎子款式甚好，嗣后俱要照此样做。钦此。"至十二月，黑地白花鼻烟壶已共烧造 9 对。

雍正十二年四月初一，传旨做端阳节江山锦锈象牙瓶花一对，五月初二做得。做端阳节各色玻璃鼻烟壶 60 件，俱配铜镀金盖、象牙匙，于五月初三做得。一批一下子做 60 件，显然是用来赏赐臣下之用。居然全部用镀金盖、象牙匙，不仅精巧气派，也相当奢华。雍正帝为鼻烟壶如此倾心，不厌下旨，其他种种鸡毛蒜皮小事也要奏折朱批，难怪雍正朝奏折如此繁琐量大也。

(3) 雍正瓷

早在欧洲掌握制瓷技术之前一千多年，中国已能制造出相当精美的瓷器。中国陶瓷瓷历史长四千多年，真正意义上的瓷器，产生于东汉时期（25—220 年）。浙江上虞地区以其得天独厚的地理条件早已成为中国瓷器的发源地。到唐代，制作技术和艺术创作已达到高度成熟；宋代制瓷业蓬勃发展，名窑涌现；明清时代从制坯、装饰、施釉到烧成，技术上又都超过前代。景德镇、湖南醴陵、广东石湾和枫溪、江苏宜兴、河北唐山和邯郸、山东淄博等，均已成为中国瓷器的著名产地和发展瓷器研制的重要基地。

康熙年间，管理养心殿造办处的，原先只是皇长子胤禔一人，及少数几个传教士。到雍正年间，仅最高级管理人员，就有怡亲王允祥，庄亲王允禄，裕亲王允祺，淳郡王允祐；以下还有中层管理人员，如郎中保德，后来升头等侍卫；员外郎海望，雍正八年升内务府总管，后又升为大臣；员外郎赵元、满毗、沈喻、唐英、玛律汉等多人。

养心殿造办处由前朝康熙年间只不过一名皇子管理，到雍正年间由4位王爷管理，说明雍正帝对造办处之格外重视，大大超过了康熙帝；同时当然也说明，雍正年间养心殿造办处以皇帝为中心的宫廷服务的规模与任务，也大大超过了康熙朝。雍正对养心殿造办处管理力度前所未有的加强，当然也说明雍正在宫廷享用的花样、等级、范围和规模上，都大大超过了康熙帝。

以瓷器烧制为例。由于清康、雍、乾三帝的汉文化水准较之顺治帝刚入关时更为博大、深厚、扎实，加之三帝的审美情趣各有差异，致使清代的瓷器制作，无论在形状、胎体、品种、品相和颜色之艳丽、制作之精巧上，都大大超过了前代。

瓷器烧制向来有官窑、民窑之分，始于宋代。清康、雍、乾三帝对中国瓷器的发展，主要是通过官窑制作宫廷用器的发展。而实际上，官窑也是从民窑而来，只是宫廷官方对之提出了更高要求，将民窑精品化、贵族化、垄断化而已。前者以清雅秀美、精致华贵为目标，后者以粗犷、简单实用为目标。即使装饰、摆设用花瓶，大致也是如此。

康熙朝后期，景德镇的粉彩瓷就已问世，到雍正时已相当精致，乾隆年间更是达到很高的艺术水平。在这方面，因雍正帝特殊的审美要求使之瓷器制作既承前启后，又有所创新，有所突破。

雍正年间养心殿造办处，据北京故宫专家介绍，共分画作、玉作、珐琅作、油漆作、刻字作、（象）牙作、裱镶嵌作、眼镜作、铜炉作、木作（分楠木、广木）、镟作、玻璃厂、自鸣钟、匣作、藤作、舆图作等十七个大内作坊。其匠员，仅奏档中可见姓名者，就有 160 多人。

康熙年间已开始创烧用 9 种颜色的西洋珐琅料，从雍正元年至十三年间，又有了很大发展。总理大臣怡亲王十三阿哥命柏唐阿宋七格、邓八格试烧珐琅料 9 种，全部成功。之后又烧炼成 9 种西洋料所没有的色料，使得造办处内的洋料之外，又有了前所未有的新色料，这是中国式的创新。雍正朝的十三年中，无论是珐琅彩瓷器的器型、胎骨、釉色，还是画面的内容如水、人物、花卉等，均可称丰富多彩，使中国瓷器的艺术价值达到了一个新的高级境界，这与新色料的成倍增加，大大丰富了表现、再现的自然元素，大有关系。

后人评价雍正珐琅彩瓷有四绝："质地之白白如雪，一绝也；薄如卵幕，嘘之而欲飞，二绝也：以极精之显微镜窥之，花有露珠，鲜艳纤细，蝶有茸毛，且颈颈竖起，三绝也；小品而题极精之楷篆各款，细有蝇头，四绝也"，甚为具体而又生动。当也是因雍正奢华、化腐朽为神奇之结果。

雍正青花瓷中的堂名款，与康熙青花相比要少得多，主要有"郎吟阁制"、"敬恩堂"、"椒声馆"、"庆宜堂"、"养和堂"、"燕喜堂"、"立本堂"等。

雍正朝瓷器制作的发展，除了得力于雍正帝的推动外，与具体负责督造的总理大臣允祥，督造官年希尧、唐英的有力领导悉心努力是分不开的；与各地匠心独具的艺术家和工人的辛勤劳动是分不开的。雍正帝对瓷器主观上的特殊癖好，客观上推动了雍正朝瓷器制作的发展。这有点像晚清西太后扩建颐和园本来纯是为个人及少数人享受，客观上也为后人留下了一座园林精品一样。功也太后，过也太后也。当我们赞美雍正朝瓷器时，既要肯定雍正帝的作用，也不必、也不可完全归功于雍正帝个人。无论是画稿、胎体、烧制，都是人民百姓在实际运作。没有他们的智慧和实干，雍正帝个人喜爱推崇的雍正瓷，一件也生产不出来。

海外学者杨启樵先生根据北京故宫所存清代内务府《活计档》之记载得出："雍正不但不节俭，他私生活的奢靡，可以说到了顶峰"，"雍正私底下的奢靡、阔绰，与官书中描述的判若两人"，言之有据也。

5. 圆明园炼丹加快结束雍正帝生命

雍正帝究竟因何而死，究竟如何登基称帝，一直是他身上的两大谜团，历来备受读者关注。其答案，也因治史者所握材料和解读角度不同而有差异。清代有 10 多位皇帝，为什么唯雍正帝身上的蹊跷、谜团特别多呢？盖雍正帝身上非正常之事特别多之故也。

梳理一下雍正帝生命的最后一个月、最后几天，特别是最后一天的生命迹象，取得较为可靠、较为直观的第一手材料，这应该是研究雍正帝死因较为可靠的基本方法。

以下，先按《世宗实录》所记，作些介绍分析。

雍正十三年乙卯，八月丁卯（初一日），遣和亲王弘昼、祭先师孔子。

戊辰（初二日），祭大社大稷。上命皇四子宝亲王弘历行礼。

己巳（初三日），谕办理苗疆事务王大臣等："从来经理苗疆之意。原因苗性凶顽。久为地方居民之害。是以计议剿抚……"

庚午（初四日），谕办理苗疆事务王大臣等。

辛未（初五日），谕办理苗疆事务王大臣等。

壬申（初六日），谕办理苗疆事务王大臣等。

甲戌（初八日），秋分。遣贝勒允禧行礼。

乙亥（初九日），太宗文皇帝忌辰，遣官祭昭陵。

丁丑（十一日），太祖高皇帝忌辰。遣官祭福陵。

己卯（十三日），谕办理苗疆事务王大臣等。

甲申（十八日），办理苗疆事务王大臣等遵上日仪奏。

丙戌（二十日），谕办理军机大臣等。

丁亥（二十一日），上不豫。仍照常办事。

戊子（二十二日），上不豫。皇四子宝亲王弘历、皇五子和亲王弘昼朝夕侍侧。

戌刻（下午7—9时），上疾大渐。召庄亲王允禄、果亲王允礼、大学士鄂尔泰、张廷玉、领侍卫内大臣公丰盛额、讷亲、内大臣户部侍郎海望、至寝宫前。大学士鄂尔泰、张廷玉恭捧上御笔密谕曰："命皇四子宝亲王弘历为皇太子，即皇帝位。"少顷，皇太子传上谕曰："著庄亲王允禄、果亲王允礼、大学士鄂尔泰、张廷玉辅政。"

己丑（二十三日），子刻（晚11—凌晨1时），上崩。

从以上排列中可知：一，雍正帝生命的最后一个月的前二十天，即八月一日至八月二十一日，连续21天中，雍正帝日常理政的重点，主要集中于苗疆事务上，并未出现任何威胁其生命的病症；二，雍正帝生命的最后一个月中其身体不豫，始于二十一日，但仍能照常办事，说明情况并不严重。但第二天，弘历和弘昼已朝夕侍侧，说明病情已经严重了。二十二日当晚7—9时，上疾大渐，已十分严重。当晚十一时至凌晨一时（22—23日交接之时辰），上崩。

这就说明：雍正帝从发病到去世，前后共有两三天时间，尤其是二十一日，二十二日两天。从皇四子宝亲王弘历、皇五子和亲王弘昼朝夕侍侧，到雍正帝去世，前后约有20个小时左右。由此可见，雍正帝从不豫到死，至少经过了两天时间，弘历和弘昼朝夕侍侧，至少也有20个小时左右。照此记载，雍正帝并非是在毫无症状下突然死去。这就从根本上完全可以否定雍正帝是遇刺身亡之流传。

那么，雍正帝暴亡、暴卒的说法，又是从何而来的呢？官书对雍正帝之死的记载如此简单，很难说清楚当时真实的具体情况。倒是鄂尔泰和张廷玉这两位目击者的私人记录，稍为具体一些。

据张廷玉所记：八月二十日，“圣躬偶尔违和，犹听政如常，廷玉每日进见，未尝有间”。（张廷玉文字功底了得，他用的是“听政如常”4字。“听政”，听取汇报也。虽然也是办公理政，但同伏案朱批，工作方式上是大不一样的，其体力之付出，更是很不一样的。）

> 二十二日漏将二鼓，方就寝，忽闻宣诏甚急，疾起整衣，趋至圆明园，内侍三四辈持于园之西南门，引至寝宫，始知上疾大渐，惊骇欲绝，庄亲王、果亲王、大学士鄂尔泰、公丰盛额、纳亲、内大臣海望先后至，同至御榻前请安，出，候于阶下。太医进药罔效，至二十三日子时（夜11时—凌晨1时），龙驭上宾矣。
>
> 廷玉与鄂尔泰告二王（弘时、弘昼）、诸大臣：“大行皇帝因传位大事，亲书密旨，曾示我二人，此外无有知者。此旨收藏宫中，应急请出，以正大统。”王、大臣曰：“然。”因告总管

太监。总管曰："大行皇帝未曾谕及我辈，不知密旨之所在。"廷玉曰："大行皇帝当日密封之件谅亦无多，外多用黄纸固封，背后写一封字者，即是此旨。""少须，总管捧出黄封一函，启视之，则朱笔亲书传位今上之密旨也。"

张廷玉是雍正帝的心腹重臣，又是雍正帝逝世现场的当事人，他对当日当时的记载又知之记之如此具体，当是可信之史。要害在于"惊骇欲绝"四字上。

张廷玉是文字高手，他用"惊骇欲绝"四字，隐藏着什么信息呢？二十一日"上不豫"，张廷玉是知道的。二十二日宝亲王弘历、和亲王弘昼朝夕侍侧于父皇，张廷玉也是知道的。不仅知道，当晚7—9时，他还奉召至寝宫前，与大学士鄂尔泰共同恭捧上御笔亲书传位密谕，已把后事都安排好了。在这种情况下，即使闻知雍正帝死讯，也不至于"惊骇欲绝"。更何况，张廷玉半夜奉召进宫时，雍正帝尚未死去。从张廷玉半夜奉召再进宫，到雍正帝死去，这其间尚有两三个小时。因此，张廷玉并非是得到雍正帝死讯后才"惊骇欲绝"，而是半夜奉召由太监引入寝宫后，雍正帝尚未死去前的两三个小时里，他在寝宫现场因亲眼所见到的雍正帝的临床症状，这才"惊骇欲绝"的。

在这段时间里，他亲见"太医进药罔效"，即抢救无效。但张廷玉"惊骇欲绝"，是在"太医进药罔效"之前，并非是在"太医进药罔效"之后。

照理，一旦雍正帝身体事态严重，即可急召太医。为什么事态严重后不是急召太医，而是先急召张廷玉？因雍正帝身体事态严重后太监不敢作主，也无权作主。那么，张廷玉急入雍正帝寝宫后，发觉事态严重而“惊骇欲绝”时，为什么仍不先急召太医，而是再召庄亲王、果亲王、大学士鄂尔泰、公丰盛额、纳亲、内大臣海望同至御榻前？这是因为，张廷玉急入雍正帝寝宫后现场之所见，是前所未见，是“惊骇欲绝”之状，连张廷玉也不敢自作主张，他担不起这么重大而又敏感的责任，必得再召庄亲王、果亲王、大学士鄂尔泰，公丰盛额、纳亲、内大臣海望同至御榻前，面对现状，才可再共同决定之。

张廷玉没有更具体、更直观地描述雍正帝的临床症状如何“惊骇欲绝”，那会是对大行皇帝之大不敬，是大臣所忌讳的。但“惊骇欲绝”四字，已足证雍正帝死前的临床症状是相当可怖！民间野史曾流传雍正帝死前的临床症状是七孔流血！

为什么会形容得如此具体，而不是形容成其他症状？很有可能，当时已经有太监先在宫内传播，很快再从宫内向宫外传播出去。否则，为什么弘历一继位，马上就三令五申，不许宫内相互传播流言？

至于民间野史曾流传雍正帝之首级已遇刺不见，我以为完全不可信！试问，如果张廷玉“惊骇欲绝”是因为发现雍正帝之首级已遇刺不见，怎么还可能存在众大臣请安后“候于阶下、太医进药罔效”之阶段、之过程、之事实？若雍正帝真的连头都没有了，太医还怎么进药？再说，当时也未见有任何急于要戒严，要侦缉抓捕凶手刺客之迹象，这与雍正帝之首级已遇刺不见之传说，完全对不上号。故，雍正帝之首级已遇刺不见说，基本已可以排除。

再据清人袁枚所记：“世宗晚年召公（鄂尔泰）宿禁中，逾月不出，人皆不测其意，公亦自危。八月二十三日夜（应为二十三日凌晨）世宗升遐，召受顾命者为公一人。公恸哭，捧诏从圆明园入禁城。深夜无马，骑煤骡而奔，拥今上登极，宿禁中七昼夜始出，人惊公左绔红湿，就视之，髀血涔涔下，方知仓卒时为骡伤，虹溃未已，公竟不知也。”

这条记载与张廷玉记载有明显出入。按袁枚所记，“世宗升遐（前），召受顾命者为公一人”，张廷玉记载是张与鄂尔泰二人。再则，张、鄂二人不和，袁枚出于私谊，有意著文抬鄂抑张而已。

世宗升遐，鄂尔泰骑煤骡奔入紫禁城，大概是第一个向弘历报讯之人，也可能是第一个急于向弘历表忠心“拥今上登极”之人，这里不去细究。即使如此为什么要“宿禁中七昼夜始出”？当时并无任何要推翻雍正朝的火苗，更无要推翻弘历继位人的风吹草动。且上面已论及，雍正帝之死，与是否刺客所为无关。那么，鄂尔泰奔入紫禁城后，“宿禁中七昼夜始出”，是出于什么原因呢？

在排除了以上种种可能之后，只有另一种可能性最大，即，雍正帝临死前的临床症状相当严重恐怖，是七孔流血，的确令人“惊骇欲绝”。那么，第一，要在宫内采取严厉措施严防扩散，更要对外严加保密；第二，当然要追查雍正帝暴卒原因，要追究责任，要对圆明园、紫禁城等所有相关人员如道士、太医、太监、警卫、宫女等作出相应严防扩散之措施。

如果以上这么分析是合情合理的，那么，雍正帝临死前的临床症状的确就不能不令人去遐想了。说雍正帝是暴卒、暴亡，就并非空穴来风，也并非纯是民间传说。

1985 年，冯尔康先生的《雍正传》面世。在《辞世及死因》一节中，冯尔康先生是这样写的：“雍正暴卒，官书不载原因，自易引起人的疑窦，再加上关于他为人的传说和评论，更易引人猜测，于是不得好死的种种说法便产生了。”

1999年，在北京中国第一历史档案馆专业从事清代档案研究的李国荣先生与他的导师张书才先生合著了《实说雍正》。在“烧炼丹药及其死因”一节中，是这样写的：“雍正究竟是怎么死的？随着清宫档案的挖掘和研究，史学工作者认为，雍正吃丹药中毒致死的可能性极大。”

6. 雍正帝破例不进东陵

清定都北京后，雍正帝的皇祖顺治帝、皇父康熙帝，逝世后都安葬在河北遵化西北30公里，西距北京市区125公里的东陵。东陵陵区南北长125公里、宽20公里，占地80平方公里，是中国现存规模最宏大、体系最完整、布局最得体的帝王陵墓建筑群。自顺治十八年（1661）开始修建，至雍正朝时，已由皇家直接管理、不断整修、精心营造了70多年。照理，雍正帝的万年吉地应在东陵内择址兴建，应该是毫无问题的。

但凡事都爱出其不意的雍正帝，又出其不意，执意不进东陵，执意不与先帝葬一陵。其理由，据说是东陵土质有问题，所谓“穴中之土又带砂石”，有妨碍陵寝风水与结构之垢。不少研究者也赞同以上理由。

令人不解的是，若东陵确实土质有问题、有碍陵寝风水，那么，从此就该停用才是。但雍正帝的继承人弘历，却偏将自己的万年吉地定在东陵内。不仅如此，乾隆帝还决定，自他以后，隔代皇帝死后都要入东陵。而且，连晚清笃信风水的慈禧太后，也毅然将自己的万年吉地定在东陵内。这就充分说明，雍正帝不进东陵，另建西陵，根本不是什么东陵土质有问题，那完全只是一条借口而已，完全只是雍正帝的个人意志在作祟，完全只是雍正帝自己心中有鬼、又千方百计掩饰心中有鬼的缘故。

雍正帝心中有鬼，处处要疏远先帝，并非始于执政中期选择陵址，而是从上台之初就开始了。先是，他不住乾清宫，改宿养心殿。搬入养心殿后不久，即在养心殿东暖阁供奉皇考、皇妣遗像，这是顺、康二帝在养心殿入住时从来未有之举；定先帝谥号时，他咬破手指，用指血圈出圣祖二字，这也是顺、康二帝从来未有之举，是作秀、表演的成分多于至诚至孝的成分；先帝入葬地宫时，按礼制，新君步上宝顶后，双膝跪地，将第一把土捧入宝顶埋入即可。雍正将步上宝顶，改为双膝跪行爬上宝顶，以示诚孝，其实也是作秀、表演的成分多于至诚至孝的成分；历来帝陵均为单碑，雍正将传统的圣德神功单碑改为双碑；在先帝常驻畅春园行宫旁建造寺庙恩佑寺，并在围墙处建立山门；胤祥生母为康熙帝生育过一子二女[二十五年（1686）生胤祥，二十六年（1687）生皇十二女，三十年生皇十五女]，但直到三十八年（1699）去世才封为敏妃。雍正为博得胤祥欢心，竟破例将已经去世24年的敏妃晋为康熙帝的皇贵妃，并将已经入土24年的敏妃迁出葬入康熙帝的景陵地宫。凡此种种，都是雍正帝作秀、表演的成分多多，也是雍正以个人意志强加于大行皇帝；如此等等，不一而足。

中国自古就有“过犹不及”的哲理之训。雍正帝如此花样百出、出奇料理，是至诚至孝耶，是作秀做戏耶，还是“过犹不及”，反而露出其内心虚伪？既然雍正要在父皇去世之后如此工于心计，动作花样百出，何不在先帝病危之时，实心实意救治？如果雍正在父皇之死上确实清白无愧，何以对父皇生前死后之真实心态与举止，竟然会如此对比强烈？雍正的心中之鬼，同其人内心的愧疚不安四字，果无瓜葛乎？

如果说，雍正疏远、避绕乾清宫，是因为康熙帝在乾清宫曾长期居住理政，雍正怕触景生情，故而“心有不忍”，那么，康熙帝去世后入葬的景陵，应该不存在这方面的原因了。但雍正对康熙帝入葬的景陵，实际上更是要极力疏远、避绕，不惜为此打破子随父葬之祖制。

地处河北遵化马兰峪的清东陵景陵，乃康熙十五年二月十日动工，康熙二十年完工。清东陵景陵动工时，四阿哥尚未出生；景陵完工时，四阿哥年仅4岁不到。在雍正元年九月初一日康熙帝入葬清东陵景陵之前，根本不存在因长期目睹、怕触景生情，故而“心有不忍”的问题。但雍正还是提出了借口，这个借口就是遵化马兰峪清东陵中他的那块百年吉地土质不好，故而，雍正的百年吉地必须另行选择。

从地理位置上看，清东陵坐落在河北省遵化市郊，西陵坐落在河北省易县，东西陵之间直线距离在250余公里以上、将近600里。雍正为什么要破坏“子随父葬”的礼制，将自己的陵墓与父皇先帝陵墓要相距600里之远？

对此，有两种意见解释之。一种意见是雍正在康熙之死、矫诏篡位上对先帝心存愧疚，故而，对先帝常驻之处包括东陵之景陵，自然要避开。

平心而论，雍正对天人合一、鬼神报应、皇考在天之灵等，确实经常挂在嘴上，以此作为吓唬别人的咒语。例如，在处死年羹尧时，就有如下谕旨：“即尔苟活人世，自思负恩悖逆至此，尚可以对天地鬼神、何颜与世人相见乎？今宽尔殊死之罪，令尔自裁。又赦尔父兄子孙伯叔等多人死罪。此皆朕委曲矜全莫大之恩。尔非草木，虽死亦当感涕也。”雍正的意思是，你年羹尧如此负恩，就不怕天地鬼神对你惩罚？还有什么脸面活在人世？我下令命你自裁了结自己，尚未株连你九族，你即使死去，也要感恩于我；你即使死后，也不可怨恨于我。如此看来，雍正当然是相信世上有鬼神之说的！

雍正在处死八阿哥之前，对其咬牙切齿。在列举八阿哥种种大逆不道后，也曾这样归结：“竟敢指天誓日不畏天地鬼神！”照此谕旨看来，雍正相信世上有鬼神之说，并用鬼神之说吓唬、打压政敌，乃是事实。雍正在为自己申辩或美化宣传时，还经常将一句“朕何以对圣祖在天之灵乎”挂在嘴边。可见，雍正对先帝的“在天之灵”很是在乎，当也是事实。

有人提出，既然雍正深信或畏惧天地鬼神报应，怎么还敢做伤天害理之事？有人还提出，既然雍正信佛，就不会再做伤天害理之事。并举例，他执政13年，曾8次去景陵祭拜。如果他心中有鬼害怕，怎会8次去景陵祭拜？如果他心中有鬼心中有害怕，即使与父皇先帝陵墓相距600里之远，又何能真正解决问题？问得好，问得有理。

试问，一手持念珠、一手拿屠刀的人与事，从古至今，还见得少么？明知故犯的人与事，从古至今，还见得少么？杀人要偿命，杀人者会不知乎？贩毒要受法律严惩，贩毒者会因此而罢手乎？在宫廷权力斗争中，尤其是在争夺皇位的宫廷权力斗争中，哪里还会念及父子兄弟之情？哪里还会顾及天地鬼神报应之说？至于雍正曾8次去景陵祭拜，这不能成为什么理由。

又试问，无论雍正心中怎么有鬼，怎么害怕，怎么想回避，怎么想绕开，他又怎么回避得了？他敢公开宣称上台后从此不去祭拜景陵？

雍正采用的对策是3条：其一，尽量远离先帝一切常驻之地，眼不见为净。虽不能绝对做到，也可尽最大力气实施之。康熙帝死后，他从此再未入住畅春园，即是铁证。其二，对先帝的祭祀礼拜出奇料理，花样百出，既是做给死人看，更是做给活人看。做戏也好，作秀也罢，以此多少取得一些个人心理上的补偿与平衡；其三，勤政、兢兢业业，既以此作为显示个人才华抱负，也以此作为显示个人对先帝愧疚、不安的平衡与补偿。

另一种意见是，之所以已有东陵、再另建西陵，真正的原因是雍正帝对万年吉地的标准要求过高、过严，条件苛刻，毫不迁就。雍正本人执意要选择一个十全十美的上吉佳壤，这在谕旨中讲得十分清楚："朕之本意原欲于孝陵、景陵之旁卜择将来吉地，而堪舆之人俱以为无可营建之处。"（按，雍正向来有把自己的真实意图或计划隐蔽起来深藏不露，而借他人之口或他事为由头，再牵扯出他自己的真实意图或计划。）所谓"堪舆之人俱以为无可营建之处"，就是东陵内已没有一处能使雍正满意的理想之地。后来在东陵昌瑞山一带建起的9座陵寝，虽然都称得上风水宝地，但也绝非十全十美、毫无缺憾。比如乾隆帝的裕陵所在的胜水峪在堪舆家的口中虽被称为是"诚天造地设之大地，应万年吉祥之佳名"的上等佳壤，但也存在着"惟左边贴身界气之砂稍低，须用人力培补"之不足。在这种情况下，他才不得不到其他地方相度，不久，相中了遵化州境内的九凤朝阳山，很快就确定了下来。后来经精于堪舆之术的大臣再次相度，发现九凤朝阳山吉地"规模虽大而形局未全，穴中之土又带砂石"。雍正帝绝不容忍自己的万年吉地存有如此重大缺陷，因此毅然废弃九凤朝阳山，派人再次到他处遍行相度，终于在易县泰宁山下发现了太平峪这个"龙穴砂水无美不收，形势理气诸吉咸备"

的理想宝地，并于雍正八年破土兴工，历经6个寒暑，才全工告竣，定陵名为“泰陵”。

以上一大段论述，无非是说，不入东陵纯是因为东陵风水有问题，纯是因为孝陵、景陵俱无可营建之处，雍正帝这才另建西陵。

据《清朝文献通考》对西陵记载：陵曰泰陵，孝敬宪皇后合葬，敦肃皇贵妃从葬，在易州西三十里永宁山，本名太平峪。山势自太行来，巍峨耸拔，脉秀力丰。峻岭崇山远拱于外；灵岩翠岫环卫其间。前则白涧河旋绕，而清、沔、沙、滋诸水汇之；后则拒马河潆流，而胡良、琉璃、大峪诸水汇之。信天设之吉地也。

又据《续文献通考》载：秀若拱璧，簇若云屯。考其潆洄，延袤千里计，所汇纳襟带百川。崇寝殿之駊騀，信天造之吉壤也。

于是有研究者认为，“清西陵称得上是在风水理论指导下，将建筑的人文美与山川形胜的自然美高度有机结合的杰出典范”。

可是，这样一块千挑百选、十全十美、杰出典范的理想宝地，在规划泰陵地宫时，乾隆帝生母、皇太后钮祜禄氏却竟然谕旨，她决不与世宗宪皇帝同穴！不仅钮祜禄氏如此，乾隆帝逝世后（当然也是他在世时本人的意志），也并不葬于这样一块千挑百选、十全十美的理想宝地，居然也子不随父葬，宁入东陵，不葬西陵。乾隆帝还规定，以后皇帝安葬，东西陵隔代相间。

如此看来，十全十美的理想宝地风水决定说，也未能真正解决东西陵分陵的原因。如果东陵的孝陵、景陵旁真的再无可营建之处，如果西陵真的是十全十美的理想宝地，乾隆帝、慈禧太后等为什么不去西陵，仍葬在东陵？

依笔者之见，已有东陵、再另建西陵的真正原因，是世宗皇帝雍正本人坚决坚持不愿与先帝康熙同葬于东陵，而雍正的继位人乾隆帝，也坚决坚持不愿与先帝雍正同葬于西陵，这才是有了东陵、又有西陵的真正原因！是当事人的意志决定风水云云全是借口而已。

所谓十全十美的风水理想宝地说，或云“雍正帝对万年吉地的标准要求过高、过严，条件苛刻，毫不迁就”说，早就受到了乾隆帝本人的公开批驳与否定。

嘉庆元年（1796 年）十二月二十二日，乾隆帝特就建陵一事发出谕旨：“向例皇帝登基后，即应选择万年吉地。乾隆元年，朕绍登大宝，本欲于泰陵附近地方相建万年吉地。因思皇考陵寝在西，朕万年吉地设又近依皇考，万万年后，我子孙亦思近依祖父，俱选吉京西，则与东路孝陵、景陵日远日疏，不足以展孝思而申爱慕。是以朕万年吉地即建在东陵界内之圣水峪。若嗣皇帝及孙曾辈因朕吉地在东择建，则又与泰陵疏隔，亦非似续相继之义。嗣皇帝万年吉地自应在西陵界内卜择。著各衙门即遵照此旨，在泰陵附近地方敬谨选建。至朕孙缵承统绪时，其吉地又当建在东陵界内。我朝景运庞鸿，庆延瓜瓞，承承继继，各依昭穆次序，迭分东西，一脉相联，不致递推递远。且遵化、易州两处山川深邃，灵秀所钟，其中吉地甚多，亦可不必于他处另为选择，有妨小民田产，实为万世良法。我子孙惟当恪遵朕旨，溯源笃本，衍庆延喜，亿万斯年，相承勿替，此则我大清无疆之福也。”

为什么乾隆帝建陵，首先考虑的是“展孝思而申爱慕”，其他均在其后？乾隆帝特谕“遵化、易州两处山川深邃，灵秀所钟，其中吉地甚多，亦可不必于他处另为选择”，这就完全对所谓孝陵、景陵附近没有理想的上吉佳壤，无可营建之处的风水说作出了有力批驳与公开否定。连乾隆帝都已经明明白白、确确凿凿有力批驳与公开否定的东西，居然今天仍有人用风水说、用东陵已无可营建之处等为雍正帝作辩解，实在不能服众，也决非已有东陵雍正帝弃之不用，另建西陵之真相矣。

乾隆帝以上谕旨发出不到三个月，再次颁谕强调："前经降旨，以嗣后万年吉地当各依昭穆次序，在东西陵界内分建，不必另卜他处。但堪舆术士每多立异邀功之习，所言最不可信。即如朕选千年吉地时，定孟东陵界内之胜水峪，而进爱又欲改卜，经朕查出，即将进爱治罪示惩。万世子孙皆当以此为法，庶不为形家之言所惑。且遵化、易州两处山川灵秀宽广，其中吉地甚多，我子孙务须恪遵前训，永垂法守，断不必另择他处，有妨民业。"

乾隆帝看得很清楚，"堪舆术士每多立异邀功之习，所言最不可信。"风水术士为了邀功，便生出种种奇谈怪论，故"所言最不可信"。其实乾隆帝是在批判雍正朝风水术士"所言最不可信"，也是间接批评了雍正帝在无事生非、瞎折腾，"另择他处，有妨民业。"

雍正之所以把风水作为首位，而不是把亲近先帝以"展孝思而申爱慕"放在首位，是因为雍正在内心深处实不愿与先帝康熙同葬于东陵。因此，风水、砂石等均是借口而已，或者，臣僚与风水术士以风水、砂石论去迎合雍正内心深处实不愿与先帝康熙同葬于东陵之借口由头，正中雍正下怀。雍正将计就计，只是顺水推舟、假戏真做罢了。

如果雍正愿意身后与先帝康熙同葬于东陵，所有的风水、砂石等借口，都将不复存在。即使真的存在以上问题，也都可找到解决办法。乾隆帝、咸丰帝、同治帝、西太后不是都不存在以上问题，不是都解决了吗？雍正不愿身后与先帝康熙安葬于东陵，与他不愿住乾清宫，改入养心殿；不愿住畅春园，扩建圆明园；不愿去承德和木兰等种种举止一样，当然会、也必然会找到种种借口。

不考虑这些时代背景中的政治因素，不考虑乾隆帝提出的相反意见，完全采信雍正的风水理论，就无法解释、也无法客观全面地解决以上众多历史之谜，就无法自圆其说。

从“朕心不忍”到“朕心始安”

当雍正决定对九凤朝阳山一处弃之不用后，随即派大臣去盛京（辽宁沈阳）勘察，居然选了11处之多。如果没有雍正的同意、暗示或默许，大臣属下怎敢轻易破坏子随父葬的礼制？如此作为说明雍正早就有了自己万年吉地要远离先帝东陵的心思，只不过不肯、也不能直截了当吐露而已。大臣的重新选址，完全是揣摩到、接到雍正不想入葬东陵之意，为讨好、邀功之举。

当允祥等人奏说：“相度得易州境内泰宁山太平峪万年吉地实乾坤聚秀之区，为阴阳和会之所，龙、穴、砂、水无美不收，形、势、理、气诸吉咸备”后，雍正帝阅毕也认为太平峪“山脉水法，条理分明，洵为上吉之壤”，心中非常满意。如果把陵寝建在易县太平峪，显然是违背清入关后宫廷帝、后、子随父葬的制度，会背上不孝的骂名。因而他也不得不表示太平峪吉地虽美，但远离孝陵、景陵“朕心不忍”；而且，远离祖陵是否符合古帝王陵寝规制典礼？于是他谕令大学士、九卿“详细会议具奏”。大臣们很理解皇上的心意，他们从浩如烟海的史籍中查找历朝远离祖陵、另辟陵区的实例，旁征博引，为能在易县建陵寻找合理合法的依据。他们联衔向皇帝奏道：

“臣等谨按《帝王世纪》及《通志》《通考》诸书，历代帝王营建之地，如夏禹在浙江之会稽，而自启以下在山西之夏县，少康又在河南之太康，其间相去奚止千里……至若汉唐诸帝并在陕西，然汉高帝、文帝、景帝、武帝分建于今之咸阳、长安、高陵、兴平等县；

唐高祖、太宗、高宗、元宗分建于今之三原、礼泉、乾州、蒲城等处，其间相去远者四五百里，近者两三百里。今泰宁山太平峪万年吉地虽与孝陵、景陵相去数百里，然易州及遵化州皆与京师密迩，同居畿辅，并列神州，实未为遥远。……地脉之呈瑞，关乎天运之发祥，历数千百里蟠结之福区，开亿万斯年之厚泽。……又泰宁山雄高群巘，脉自恒岳而来；襟带百川，分水以拒马、滹沱为界。相其形局，既属大地之凝庥；稽之典章，又合三代而同揆。伏乞钦派大臣，遵照定制，敬谨办理。自集纯嘏于万年，流嘉祉于奕叶矣。”

经过大臣们这番引经据典的慷慨陈述，雍正帝才表示“朕心始安”。

易县泰宁山下的太平峪万年吉地，于雍正七年十二月初二被确定，雍正八年八月十九日兴工营建。

据文献记载，为了营建泰陵，在划定的范围之内，迁走了19个村庄。拆除了民间瓦房73间、石板房14间、草房1336间、草棚461间。搬迁山厂200处，砍伐树6154棵，圈占各种地亩84顷13亩5分7厘5毫8丝。如果雍正陵寝就在东陵解决，何须再如此大规模征地拆迁？后来乾隆帝反复谕旨若“吉地……（若）他处另为选择，有妨小民田产”，这是从民生角度公开批评已有东陵，另建西陵实为劳民伤财、多此一举之折腾也。

雍正执政后，从其一开始，就想方设法处处避绕、疏远先帝影子，死后也决不入东陵，这才是雍正心中的主旋律。雍正生前就决定，他死后，要入葬在远离北京120多公里、远离先帝东陵200多公里、周界约100公里、面积达800余平方公里、不惜工本新建的西陵。雍正十三年八月二十三日雍正暴亡，雍正梓宫当夜送乾清宫。19天后，九月十一日移停雍和宫。梓宫移此前，雍和宫的中路殿宇已按乾隆帝之命加班突击，将原绿色琉璃瓦改为黄色琉璃瓦，雍和宫这才重新受到世人关注。

乾隆二年（1737）三月，雍正梓宫送易县清西陵泰陵。

根据乾隆隔代分葬东西陵的旨意，嘉庆的儿子道光帝本应该埋葬在东陵，但他刚为先死的皇后建陵时，地宫就渗漏地下水，道光认为不吉利，决定迁移到西陵。由于道光安葬到西陵，他的儿子咸丰帝就得安葬到东陵。咸丰的儿子同治帝年轻时丧命，由慈禧太后做主，仍然安放到东陵。如此看来，乾隆帝隔代分葬东西陵的制度，也并未能真正得到贯彻。故真正的决定因素是皇帝的个人意志，在皇帝的个人意志面前，风水说也好，制度规定也罢，都将被打破、搁置一旁，而且还可按照个人需要，搬出种种“理由”和“根据”来！

已有东陵、另建西陵的实质原因，是雍正处处要与先帝分道扬镳，要标新立异的意志所为。也集中反映出、顺带发泄了雍正对先帝康熙的长期不满！

雍正帝深知，他的治国安邦政绩以及在中国历史上的地位均不可能超越先帝康熙帝，但他完全可以做到在台上时生活奢华超越先帝康熙，也完全可以做到死后陵墓之规模永久性超越先帝康熙。若研究者不从这个大格局、大背景去观照，就无法解释为什么雍正上台后总是想方设法用各种借口处处避绕、疏远先帝影子；仅孤立地、单一地去看东西陵事件，就只能看到表象，只能为雍正的宣传所骗所惑，就不能抓住其本质！

7. 乾隆帝生母谕旨不与雍正帝葬一穴

康熙六十一年三月，康熙帝首次在圆明园接见年已 12 岁的皇孙弘历，为什么不同时召见其生母钮祜禄氏呢？为什么同年七月不在畅春园内、不在紫禁城宫内、也不在热河山庄内召见钮祜禄氏，却要到避暑山庄西北门外的狮子园对四阿哥及弘历吩咐“令其生母一同来见”？这是不是已可充分暗示：自从康熙五十年钮祜禄氏在狮子园生育弘历之后，直至六十一年夏康熙帝召见她时止，钮祜禄氏一直就在狮子园生活、从没有离开过？

钮祜禄氏生育弘历时，年方 19 岁，到康熙帝召见她时，正好 30 岁。在长达 12 年的这个阶段，对于年轻体壮的钮祜禄氏来说，应是生育的黄金时期。弘历诞生时，四阿哥 33 岁。四阿哥称帝时，年 45 岁。就四阿哥而言，33 岁到 45 岁，也正是年富力强阶段。这个阶段，钮祜禄氏与雍亲王理应还有生育。雍正十一年时，谦妃刘氏还为雍正生下弘瞻。说明雍正生育能力没有问题。而钮祜禄氏 12 年里从此再未生育，一方面说明她生育弘历极其偶然，另一方面又说明她生育弘历后，四阿哥对她极为冷淡。如果这 12 年中，她一直远离京城，长期在狮子园单身生活，以上这个问题就完全合乎情理、也就容易理解了。

问题是，胤禛称帝后，钮祜禄氏已封为熹妃。在封妃之后的 13 年中，她仍未再生育。自从钮祜禄氏 19 岁生育弘历后，直到雍正去世时她 44 岁，她人生中最为宝贵的 26 年年华，全部献给了胤禛。

由于胤禛称帝前，可能因未能在王府中摆平搞定，致使钮祜禄氏远离京城 12 年。但胤禛称帝后，因为又有了更多新欢，致使钮祜禄氏即使有了名分后，在胤禛称帝的 13 年中仍再无生育。据此可知，钮祜禄氏生育弘历后，直至雍正去世，在长达 26 年的长时间中，身心一直处于不得宠、被冷落、受压抑的扭曲之中。也就是说，她虽然为雍亲王生育了一个儿子，雍亲王及之后的雍正帝对她却并无很深感情。

四阿哥称帝前后与钮祜禄氏的关系真相，已大致简述如上。那么，虽然钮祜禄氏口中从不吐露，她心中对四阿哥如何之评价、如何之心情，就可想而知了。

有人以为，电视剧《甄嬛传》里甄嬛的原型，就是钮祜禄氏，大错矣。我们从钮祜禄氏的经历可知，她是个逆来顺受的人，从来没有因为她生下了当今皇帝白白胖胖的皇孙，而同四阿哥大闹条件、大争名分。更不存在因为有了弘历，就去排挤、凌逼四阿哥身边从未生育的其他女人；也更不存在因争风吃醋而在宫中钩心斗角，因政治利益而你死我活。至少在康、雍两朝，后宫中从未有过这样的事情。

雍正元年雍正秘密立储弘历后，特别是雍正八年春天因雍正帝大病不起，从而弘历的太子身份已被公开、大家已在为弘历登台作准备后，钮祜禄氏也并未以高人一等趾高气扬的面孔出现。

即使雍正九年九月，雍正的皇后病逝后，钮祜禄氏也并未因太子生母而以高人一等的面孔出现。因此，电视剧《甄嬛传》里甄嬛的原型，无论其性格，还是经历，都与钮祜禄氏毫不相干，她们完全是两个人。再者，雍正的37个女人中，也没有一个是叫甄嬛的。

电视剧是戏剧的另一种形式，只要好看就行，不必去较其真。

这里要说的是，钮祜禄氏虽然性格温柔，从来不争不闹，那是她的贤德与个性，她的心里仍有面镜子。26年的风雨冷暖，使她对雍正这个人看得很清楚，很了解，只不过她从不开口罢了。

这种状况，直到雍正帝去世后，身为皇太后的钮祜禄氏，才终于开口说话了。

那是因为钮氏经历了人生的大起大落，已由一个普通宫女，化蝶升华为皇太后。她与雍正皇后乌喇那拉氏、贵妃年氏这三个女人中是最幸运者。因为，前两者虽然曾经都比她身份高贵，却都与皇太后地位毫无缘分。而她是有清300年内最长寿的皇太后，寿86岁。

这一切，均是“母因子贵”的缘故。弘历继位时25岁，钮氏已四十四五岁。那么，皇太后钮祜禄氏开口说了什么呢？正是不鸣则已、一鸣惊人。

乾隆元年九月初四日，负责清西陵泰陵工程的恒亲王弘晊、内大臣户部尚书海望等人向乾隆帝奏请，在泰陵地宫内，是否为现今的皇太后预留出棺椁位置的事：“世宗宪皇帝梓宫安奉泰陵地宫，请照景陵之例，安设龙山石，其随入地宫之分位，并万年后应留之分位，相应请旨”。

事关重大，乾隆帝马上奏请皇太后定夺，孝圣皇太后为此特降懿旨：“世宗宪皇帝奉安地宫之后，以永远肃静为是。若将来复行开动，揆以尊卑之义，于心实有未安。况有我朝昭西陵、孝东陵成宪可遵，泰陵地宫不必预留分位。”

这实际上就等于是正式宣布，她百年之后，决不与雍正帝合葬在一起。

乾隆帝的皇太后宣布，她死后坚决不与雍正帝合葬一起，其理由是卑不动尊，并且还特意强调，自己死后要按照昭西陵、孝东陵先例可遵。昭西陵是孝庄文皇后博尔济吉特氏的陵寝，位于北京市清东陵大红门外东侧。始建于雍正三年二月初三日，同年十二月初十日孝庄文皇后入葬地宫。昭西陵是清王朝皇后陵中级别最高的陵。孝东陵则是清王朝营建的第一座皇后陵，里面埋葬着顺治皇帝的孝惠章皇后以及28位妃嫔。

乾隆帝的生母皇太后坚决不与雍正帝合葬同一地宫，这分明是对雍正帝的不满，而在与雍正帝分庭抗礼、分道扬镳。

乾隆二年，乾隆帝遵照皇太后的本意，在泰陵东北约三华里的东正峪，为自己生母选择了吉地，营建了一座占地56亩附带敬佛楼的泰东陵。

也就是说，在皇太后与乾隆帝的母子共同策划主持下，乾隆帝生母皇太后的泰东陵，与雍正帝泰陵，两处要相隔三里之远！

一生不争不闹、逆来顺受的钮祜禄氏，终于在雍正帝死后，用一个冠冕堂皇的理由，实现了决不与这无情无义的负心汉合葬一起的心愿，一吐深埋44年之久的心中之怨气。

如果说，雍正帝上台时面临的是众叛亲离，那么，即使他死后，也并未摆脱众叛亲离之阴影。因为，不仅是他的继位人的母后不肯与他合葬一穴，后来就连他的继位人本人乾隆帝弘历，也不肯百年后安身西陵，这可能也是雍正帝始料所未及的吧？

8. 乾隆帝圣谕不与雍正帝葬一陵

若从传统的常规常例上考虑安排，弘历逝世后，理应与先帝雍正帝同入于西陵。因为，虽然雍正继位疑问重重，弘历继位，则清清楚楚、明明白白、正大光明、无任何疑问。可是，早在乾隆七年（1742）三月，乾隆帝已在实地确定清东陵的胜水峪为自己的万年吉地，乾隆八年（1743）二月起，清东陵的裕陵就已正式破土动工了。

弘历为何不与生身之父先帝雍正同入于西陵？我以为至少有三个原因：

（1）雍正帝本人就破了传统的常规常例，没有随先帝康熙帝同入于东陵。

(2) 弘历生母即皇太后钮祜禄氏的态度对他影响很大。雍正帝去世后，乾隆元年九月初四日，皇太后钮祜禄氏明确有谕，不入西陵雍正帝的地宫，即不与雍正帝葬在一起。

(3) 乾隆帝本人的态度起了决定性作用。乾隆帝在感情上，对生母皇太后的孝敬，明显要超过对雍正帝。皇太后特谕不与雍正帝合葬在一起的决定，必然会对乾隆帝产生极大的思想震动。再则，弘历对皇爷爷康熙帝的敬仰之情与报恩之情也都要大大超过对其生父雍正帝的亲情。

从政治上说，12岁的弘历在康熙帝身边的日子并不算长，不过半年多一点，但却对弘历产生了深刻的影响。特别是自雍正元年至雍正十三年，即弘历12岁至25岁这个阶段，弘历已在政治上成熟起来。雍正八年春，雍正帝大病一场差点一命归天，宫内已在为弘历作接班准备。雍正帝虽然挺了过来，但勤政已大不如前，宝亲王弘历实际上已开始担当起储君的角色。雍正八年后至雍正十三年，弘历在治国理念与执政风格上，更敬仰、更愿意学习继承康熙帝。雍正帝虽然是其生父，但对弘历母子负情负义不止三年五载。雍正帝虽然是其生父，并把皇位留传给了自己，但弘历对其生父在皇祖父、皇祖母、皇太后、皇伯、皇叔的生死处置上，极不赞同；对其生父谋位的手段与过程，极为不齿。这些因素集合在一起，促使他果断作出——首先，迅速为皇伯、皇叔们政治上平反、恢复宗籍爵位；之后又决定自己将来不与生父雍正帝合葬在西陵，而将清东陵的胜水峪定为自己的万年吉地。

乾隆四十七年乾隆帝命郎世宁作写真《雍正父子图》即《春信平安图》，包括乾隆帝不入西陵、安入东陵，竟还潜伏有以上这么多内幕。

六、余言未尽

雍正帝执政虽然只有短短13年，其身上的谜团、迷雾，却总是给人剪不断、理还乱的感觉。包括对他13年执政的功过是非，盖棺也未能定论。有人认为已可定论了，我却很不以为然。

例如，关于雍正帝勤政说。有人认为，雍正帝执政13年，勤政一生，是鞠躬尽瘁死而后已。我以为，雍正帝执政的头七年，确实勤政。但这仅是雍正帝执政生涯的前半部分。而这期间之勤政，其重心在于扫除政敌。

再例如，关于雍正帝继位的真相与其继位的历史作用。研究探索雍正帝继位真相，不是为猎奇，而是因为“一切历史都是当代史”。无论雍正是用阴谋篡位，还是用欺骗取得康熙信任而上位，都不是正取，都应受到揭露和历史鞭挞。因为，这一切是社会所不齿，民心所反对的。但有人千方百计要为其辩护、洗刷，这就有必要正本清源，把雍正帝继位的真相弄弄清楚。

这就又牵出了下面问题，即，政治与道德、政治家与道德家的关系问题。我在文化讲座中与听众互动交流时，常有人向我提出：政治家与道德家是两回事，不能用对道德家的要求，去要求政治家；

政治斗争不讲道德，讲道德就没法搞政治斗争。

我以为，这个观点似是而非。表面上似乎也有几分道理，其实是站不住脚的。一个意志刚强的人同一个生性懦弱的人，一个施仁政的人同一个施暴政的人会在政治统治上一样吗？一个喜欢搞阳谋的人同一个喜欢搞阴谋的人，会在政治统治上一样吗？

如果我们承认任何历史都是人的历史，那就不能不承认，人与人是有差异的。人的个性、气质、理念、价值观乃至个人经历、家族背景，甚至民族传统，这些本是伦理上的因素，就其大而言，都会对某个人的政治统治产生影响；就其小而言，都会对某个人的人生道路产生影响。

例如，清朝是满族贵族阶层执政，尽管嘴上说满汉一家，其实，国家的要害、实权部门，始终都在满族贵族阶层手里。再例如，康熙、雍正、乾隆三人的个性、气质并不一样，治国风格也并不一样。康熙喜欢阳谋，雍正喜欢暗箱操作、喜欢密折制、喜欢特务统治。

康熙执政 61 年，这期间当然也会要杀人、抓人、关人、流放，也会搞罢官、降职或破格提升。但，诸如在某官员府宅大门上公开挂上"名教罪人"匾额，发动官员每人一首诗口诛笔伐，甚至于在某大臣墓碑上刻写"不忠不孝"，这类侮辱人格的事情，康熙帝是不会去做的。这类事情只有雍正帝想得出来，也只有雍正帝喜欢去做。清朝二百多年中有十几个皇帝，也只有雍正帝一人这么做。这同雍正帝个人的个性、气质、行事风格大有关系。

有些人显然是把政治斗争不讲情面，同政治斗争不讲道德，混为一谈了。所谓政治斗争可以不讲道德说，同政治斗争可以不讲法律、不讲制度、不讲规矩、不讲程序、不忌惮舆论、心中无任何敬畏、不要任何思想信仰一样，是目的压倒一切，手段可以不论的丑恶的“变形金刚”；是唯我独尊、唯利是图；都是不应宣扬，不应标榜，不应效仿的；这是将个人意志凌驾于或强加于国家和人民之上的潘多拉魔盒。

政治斗争需要激情和智慧，政治斗争需要阶段性胜利和最终胜利，政治斗争当然要讲输赢，政治斗争更需要纲领和清晰目标，政治斗争当然不讲情面，只分敌、我、友，但，决非是不讲道德。如果政治斗争可以不讲道德，那么，社会其他一切领域都可以不讲道德，天下岂不大乱？社会还成什么社会？

美国是西方国家中最标榜尊重个性自由、人权民主的国家。美国前总统尼克松因水门事件而受累，美国前总统克林顿因莱温斯基事件而受损。前者因政治道德出问题而受累，后者因生活道德出问题而受损。2016 年美国总统竞选，民主党候选人希拉里同共和党候选人特朗普在电视辩论中，就公开当面指责对方道德有毛病。政治领袖、政治斗争怎么就同当事人的道德没有关系了呢？

中国传统文化向来提倡“修身、治国、平天下”。修身就是修自身道德，就是不断完善自己。“人能弘道，非道能弘人”。修身或“修己”，是儒、墨、道各家所共同强调的一个观念。

《论语·宪问》：“子路问君子，子曰修己以敬。”《墨子·贵义》：“世之君子欲其义之成，而助之修其身，则愠。”《老子》第五十四章：“修之于身，其德乃真”。《孟子·尽心》中孟子说：“故士穷不失义，达不离道。……古之人，得志，泽加于民；不得志，修身见于世。穷则独善其身，达则兼善天下。”《解蔽》荀子说：“人何以知道？曰：心。心何以知？曰：虚壹而静。”《荀子·修身》里荀子又说：“志意修则骄富贵，道义重则轻王公；内省而外物轻矣……士君子不为贫穷怠乎道。”

康熙帝在执政的一生中，始终如一地强调，人必须修身或“修己”，必须存敬畏之心。而雍正的价值观是万事唯我独尊，万事皆可为所欲为。因此，康熙帝执政中实施仁政，他很在乎社会舆论及身后是否受议论，他对自己、对皇子、对臣属，始终都有修身或“修己”的道德要求；雍正帝执政中实施暴政，他根本不在乎社会舆论及身后是否受议论。雍正帝的敢做敢为，有其刚毅、果断的一面，也有其完全将道德、社会舆论及身后是否受议论踩在脚下、置之不顾的一面。他对臣下有道德要求，要为官者有一个好名声，特别对臣下强调一个忠字，他自己却对在世或身后是否有好名声，“朕不顾也。”

政治家是不能不讲心性修养的。300年来，历代史记与历代的民间口碑对康、雍帝有不同评价，已经对政治斗争与道德、政治家与道德的关系，作出了历史判断与人心所向的回答。

历史是一面镜子。无论是一个单位领导、一个部门领导乃至一个个人，可以只看政绩，不讲道德乎？难道贪官都是毫无政绩可言的吗？难道贪官可以用政绩作为其巨贪免罪之挡箭牌吗？所谓政治斗争可以不讲道德，于情于法于理，都说不过去。

历史上确实有政治斗争不讲道德之人之事，但决非我们应该学习之、歌颂之，而应该对其揭露之、批判之。

余言未尽的另一个话题，也是一个老生常谈话题了，即我们应该如何评判历史人物？

触发这个话题的直接原因，是因为：纵观横览几十年来对历史人物的评判状况，发现跳棋式、极端化的倾向相当严重。说某个历史人物好，就好得无以复加，就好到极致，没有任何缺点；说某个历史人物不好，则就从头坏到脚，就一无是处，这种病症时有所见，已习以为常。

以雍正为例。传统的评判是：野心家、阴谋家、以阴谋得位、极其阴险、极其虚伪、极其残暴；用曾静的话归纳之，就是谋父、逼母、弑兄、屠弟、贪财、好杀、酗酒、淫声、诛忠、好谀、任佞。

当下时尚的评判却是：改革家、忍辱负重、一生勤政、承上启下、开启了一个新时代、他的许多改革都是史无前例，清朝没有他早就完了，他为乾隆时代打下了良好的经济基础，我们应该向雍正学习反贪，他是累死在工作岗位上的，所有对他不利的罪名臭名，都是他的政敌造谣攻击、或者全是民间传说捕风捉影的无稽之谈，我们应当为他正名，因为雍正的政绩与贡献相对于康熙帝，实在是有过之而无不及，等等。

这是两种截然不同的评判，也是从一个极端走到另一个极端的评判。而且，两种截然不同的评判，似乎都有史料，似乎都有根据。正是，公说公有理，婆说婆有理。

其实，雍正这个人既不是一无是处，也决非如当下时尚评判的那么高、大、上。至少，在康熙帝之死、太后之死、兄弟之死、年妃之死、年羹尧之死、弘时之死、戴铎之死、苏努父子之死、乃至八阿哥嫡福晋之死上，雍正确实表现得极其阴险，极其虚伪，极其残暴，令人齿冷。他谋父篡位的嫌疑，无可否定或洗白。试问，一个对父、母、妻妾、子女、兄弟、心腹、功臣都十分虚伪、阴险、残酷之人，会一心一意为百姓谋利益？

关于康熙遗诏真伪。从 2004 年至今，我已先后撰文指出：在满文康熙遗嘱记录中，及在康熙布置完成的海峡两岸分别珍藏的满文康熙遗诏原件中，在理应且必会有继位人名字的部位都出现了空白、断档、缺损，决非偶然，据此完全可以判断——满文康熙遗诏原件中原先应有、应出现的继位人名字，决非皇四子胤禛；康熙六十一年十一月十四日即康熙帝去世第二天胤禛在乾清宫要隆科多重新草撰满文传位诏书，此举更加有力证明，十一月十三日康熙布置完成的海峡两岸分别珍藏的满文康熙遗诏原件中，继位人名字不是皇四子胤禛，而是另有其人，已可定论。这两个考证，都是笔者最新研究成果。有人不认为这是最新研究成果，但既未看到对此的否定性、推倒性史证（我说的是史证，非空对空的议论），也未看到对此有说服力的质疑或所谓驳难，更未看到有比此更新的研究成果。

例如，关于所谓十四阿哥奉雍正谕旨回京奔丧问题。这个问题不仅证明雍正极其虚伪、狡诈，还牵连到“先帝欲将大统传于允禵，圣躬不豫时，降旨召允禵来京，其旨为隆科多所隐，先帝宾天之日，允禵不到，隆科多传旨遂立当今”——究竟只是一个传说，还是历史真相？

康熙帝去世后，“隆科多乃述皇考遗诏”这句话，是雍正本人在《大义觉迷录》中亲自书写的，怎么就成了民间传说了呢？笔者从十四阿哥与康熙帝的满文奏折朱批中查到，早在康熙六十一年九月，十四阿哥与康熙帝已在满文奏折朱批的来往中商议回京事宜。最迟十月份，十四阿哥早已经离开甘州返京了。十四阿哥决非是接雍正谕旨才回京奔丧，早在康熙帝去世一个月前，就已动身返京了。这也是笔者就相关问题的最新研究成果。此文的相关内容已分别刊于2011年2月北京故宫《紫禁城》、2011年第2期中国人民大学《清史研究》、2012年9月台湾知本家出版社《雍正称帝与其对手》(下) 228页。

又例如，关于雍正朝的经济发展成果。一个长期流传的传统说法是，雍正继位时，接手的是一个烂摊子，康熙朝国库只有800万两银子，但历史事实根本不是这回事。相关内容已分别刊于2011年

4月北京故宫《紫禁城》、2012年9月台湾知本家出版社《雍正称帝与其对手》（下）263页。15年来，也并未见到公开的、严谨的、有理有据之商榷意见。

以上这个问题除我之外，日本的中国清史专家岸本美绪教授也对所谓康熙朝末年国库只有800万两银子提出了质疑和重新考证［见2011年6月山东画报出版社（日）石桥秀雄编，杨宁一、陈涛译《清代中国的若干问题》197页］。目前流传的康熙朝国库只有八百万两银子说，与历史真相差异很大。

还有一个流行更广的说法是，雍正帝为乾隆时代打下了良好的经济基础。据我考查，雍正元年户部银2360余万两，尚不及康熙末年2700余万两；雍正二年户部银3160余万两，三年4040余万两，四年4740余万两，都未突破康熙朝中期水平。

雍正朝的经济高峰，是在雍正七年和八年，突破了6000万两，但仅此两年。从雍正九年起，就年年下跌，直至雍正朝结束。雍正朝的最后三年时，均只有3000余万两。这个数据不仅相对于雍正三年是大倒退，甚至相对于康熙朝中期，也是大倒退。乾隆五十一年（1786）闰七月十八日，乾隆帝谕："朕即位初年，户部银库计不过三千余万两"。可见，乾隆帝接手的，才是名副其实的烂摊子。因为乾隆帝接手时，户部库银还远不及康熙三十三年的4100余万两的水平。即，早在雍正帝之前三四十年，户部银就已在4000万两以上了。三四十年后到雍正朝末年，只有3000余万两。而且是连续三年都只有3000余万两，已多年大步倒退、大步下滑1000余万两。对雍正朝的经济形势，还有什么可为他吹嘘的呢？

乾隆帝接手后至乾隆二十年（1755），也并未达到康熙朝中期水平。直到乾隆二十九年（1764）后，才开始突破康熙朝中期水平，突破5000万两。可见，乾隆帝是花了30年时间，才恢复并开始突破康熙朝中期水平。纵观这一漫长过程与乾隆帝接手时的烂摊子，能从中得出雍正为乾隆时代打下了良好的经济基础之结论吗？

数据与事实俱在，然至今居然仍有许多人还在公开著文宣传：雍正朝及雍正末年户部库银6000余万两。居然仍将6000余万两作为整个雍正朝甚至是雍正末年户部库银的雍正政绩向读者宣传介绍。如此罔顾事实，是严谨，还是在误导？

就乾隆帝本人而言，自康熙五十年八月十三日（1711年9月25日）诞生后，300年来，弘历出生地始终是个历史谜案，雍和宫说与避暑山庄说也争执了300余年。2009年，我作的新证《乾隆帝与狮子园》首刊于《避暑山庄博物馆纪念建馆六十周年文集》；继之，2010年中国社科院《清史论丛》全文刊发了拙作《弘历出生地考》。以无可质疑的权威性史料，否定了弘历出生地雍和宫说，详细考证、论证了弘历出生地实为热河说的正确性；同时指明，弘历出生地具体地点是在避暑山庄围墙外的狮子沟（后改名狮子园）草房，草房之名及弘历在草房之经历，大量见于乾隆帝御制诗内。我还从《胤禛耕织图》内雍亲王胤禛的大量亲笔题词中，详细考证、论证了弘历乃雍亲王私生子及弘历少年时长期在狮子园生活的真相。这是300年来迄今为止对弘历出生地的最新考证、论证成果。

历史理应为政治服务，这是历史的使命，也是一切从事历史研究者的使命。历史或历史研究者为政治服务是有先决条件的，这个先决条件就是必须坚持讲真话，必须在历史人物、历史事件本来面目的基础上，作历史借鉴，进行历史批判，为时代和社会服务。

历史人物的历史是错综复杂的，是有其过程的。历史人物不可能每一句话、每一件事都正确、都伟大，也不可能每一句话、每一件事都错误。但凡是历史人物，必会有一个历史走向。即他的发展轨迹中的核心理念是什么、他的发展目标、他的发展结果最终给个人带来了什么，给国家、民生带来了什么，给时代社会又带来了什么变化。

雍正帝13年的历史走向是什么呢？他给国家、民生带来了什么，给时代社会带来了什么变化，这个变化把中国在国际上的地位更提高了，把中国老百姓的生活水平更提高了？其制度、政策的历史走向是更向前进步了，还是相反？这已不是这本书之纲目，当容我再思考，再核查史料，再作论述。

但雍正帝13年前后给其家人带来了什么变化，从本书中已可略知一些大概。能否由此再延伸扩大，再研究探索介绍一下雍正帝13年的历史走向是什么，这于本人而言，可能只是一个不自量力的美好愿望、美丽梦想。非东拼西凑可解决之，必要系统分析、论证才能说明一二。但愿我（当然还有许多其他研究者）最终能早日实现这个美好愿望、美丽梦想，并期待着各方读者继续给予宝贵支持和宝贵批评。

2016年10月8日完稿，2017年6月修订于淀浦河畔清源斋